Jens-Uwe Meyer ist Geschäftsführer der Firma »Die Ideeologen« und einer der bekanntesten Kreativtrainer für den Medienbereich im deutschsprachigen Raum. Er trainiert Mitarbeiter von ARD und ZDF und ist Dozent an Journalistenschulen wie der Axel-Springer-Akademie, der RTL-Journalistenschule und der Schweizer Journalistenschule MAZ sowie der Akademie des Deutschen Buchhandels. Er war Frühmoderator bei Antenne Niedersachsen, Auslandsreporter für Voice of America, Nahost- und USA-Korrespondent für Pro Sieben und Programmdirektor von Antenne Thüringen. Er hat einen MBA in Medienmanagement und ist Autor mehrerer Bücher. Bei UVK erschienen sind »Radio-Strategie« (2007) und »Kreative PR« (2007). Im Campus-Verlag kam 2008 »Das Edison-Prinzip« heraus.

Jens-Uwe Meyer

Journalistische Kreativität

2., völlig überarbeitete Auflage

UVK Verlagsgesellschaft mbH

Praktischer Journalismus
Band 55

Bibliografische Information der Deutschen Nationalbibliothek
Die Deutsche Nationalbibliothek verzeichnet diese Publikation in der
Deutschen Nationalbibliografie; detaillierte bibliografische Daten sind im
Internet über http://dnb.d-nb.de abrufbar.

ISSN 1617-3570
ISBN 978-3-86764-096-1

Das Werk einschließlich aller seiner Teile ist urheberrechtlich geschützt. Jede Verwertung außerhalb der engen Grenzen des Urheberrechtsgesetzes ist ohne Zustimmung des Verlages unzulässig und strafbar. Das gilt insbesondere für Vervielfältigungen, Übersetzungen, Mikroverfilmungen und die Einspeicherung und Verarbeitung in elektronischen Systemen.

1. Auflage 2003
2. Auflage 2009

© UVK Verlagsgesellschaft mbH, Konstanz 2009

Einband: Susanne Fuellhaas, Konstanz
Einbandfoto: iStock International Inc.
Satz: Klose Textmanagement, Berlin
Lektorat: Albrecht Franz, Konstanz
Druck: fgb . freiburger graphische betriebe, Freiburg

UVK Verlagsgesellschaft mbH
Schützenstr. 24 · D-78462 Konstanz
Tel.: 07531-9053-0 · Fax: 07531-9053-98
www.uvk.de

Inhalt

Kreativ werden – Warum? 7

1	**»Hast Du einen Opa, schick ihn nach Europa« –**	
	Warum Sie nur das sehen, was Sie sehen wollen	**19**
1.1	Darf ich vorstellen? Ihre Scheuklappen	20
1.2	Achtung! Hirnabsturz! Und wie wir uns davor schützen	23
2	**Lustig? Investigativ? Oder besonders schlau?**	
	Was ist journalistische Kreativität?	**29**
2.1	Kreativität – Ein inflationär gebrauchter Begriff	29
2.2	»Knacken« Sie das Unterbewusstsein Ihrer Zielgruppe –	
	Warum Sie kreativ sein müssen	30
2.3	Ideenfilter und andere Kreativbremsen	40
2.4	Das Edison-Prinzip –	
	Was Sie vom Erfinder der Glühbirne lernen können	50
3	**Denken gegen den Strom –**	
	Erkennen Sie Ihre kreativen Fähigkeiten und Ihren kreativen Typ	**55**
3.1	Die Fähigkeiten kreativer Journalisten	55
3.2	Nicht jeder ist gleich kreativ – Was für ein Typ sind Sie?	74
4	**Kreative Denkstrategien für Journalisten**	**81**
4.1	Krokodilfragen und andere kreative Fragetechniken	81
4.2	Durchsuchen Sie Ihre mentale Festplatte	90
4.3	Werden Sie zum kreativen Beobachter!	95
4.4	TAF – Die »Fünf-Minuten-Terrine« der Ideenfindung	99
4.5	Denken mit dem Kopf des Anderen – Perspektivenwechsel	100
4.6	Der Fünf-Brillen-Blick – Die schnelle Variante des	
	Perspektivenwechsels	102
5	**Kreativität in der Berichterstattung**	**105**
5.1	Die kreative Reportage	105
5.2	Kreative Erzähltechniken	110

5.3	Nie mehr der Experte vor der Bücherwand – Kreative Bildsprache im Fernsehen	113
5.4	Und täglich grüßt das Murmeltier – Kreativität für Fachjournalisten	116
6	**Raus aus dem Hamsterrad! Der Weg zum kreativen Redaktionsklima**	**123**
6.1	Die sieben kreativen Todsünden – So ersticken Sie jede Idee im Keim	127
6.2	In zehn Schritten zum kreativen Klima	138
6.3	Setzen Sie die Strategie um!	161
6.4	Machen Sie den Ideen-TÜV! Wie kreativ ist Ihre Redaktion?	164
7	**Vom Debattier- zum Kreativclub – Die Redaktionskonferenz**	**169**
7.1	Machtspieler, Selbstdarsteller und andere Ideenvernichter	169
7.2	So wird Ihre Konferenz kreativ	174
7.3	Einschätzung: Wie kreativ sind Ihre Konferenzen?	184
8	**Die Stunde der Visionäre – Ideenmanagement als Führungsaufgabe**	**187**
8.1	Ideenmanagement als Win-win-Situation	189
9	**Die drei K Ihrer beruflichen Zukunft**	**197**
Literatur		202
Index		203

Kreativ werden – Warum?

»Wir müssen kreativer werden!«
»Jetzt seien Sie doch mal kreativ!«
»Die Geschichte braucht einen kreativen Weiterdreh.«

Kommen Ihnen diese Sätze bekannt vor? Wenn Sie in einer Redaktion oder als freier Journalist arbeiten, hören Sie sie wahrscheinlich fast täglich. Haben Sie sich auch schon einmal gefragt, was damit eigentlich gemeint ist? Was bedeutet dieses inflationär benutzte Schlagwort »Kreativität«? Und wie kann man als Journalist kreativ sein? Sind kreative Journalisten lustiger als andere? Unterlegen sie jeden Kulturbericht mit einem Feuerwerk an Pointen? Finden kreative Journalisten Themen, die andere nicht finden? Ziehen sie Parallelen, die andere nicht ziehen? Entwickeln sie sprachliche Bilder, die andere nicht entwickeln? Sind ihre Headlines besser? Kann man als Journalist eigentlich auch kreativ sein, wenn man für das Fachmagazin der Bestattungsindustrie arbeitet?

Die Antwort auf alle diese Fragen ist im Prinzip einfach: Ja, das alles kann kreativ sein. Und Kreativität finden Sie häufig dort, wo Sie es am wenigsten vermuten: Ein Redakteur im Fachverlag für das deutsche Bestattungsgewerbe kann kreativ sein. Sogar kreativer als ein TV-Redakteur, der einen angesagten Job in einer jungen, coolen Fernsehredaktion hat. Die Selbsteinschätzung der Beiden ist möglicherweise eine andere. Wenn Sie den Redakteur des Magazins BESTATTUNGSKULTUR fragen würden, ob er kreativ ist, wäre die Antwort: »Ich doch nicht, ich schreibe über den Tod.« Und der TV-Redakteur würde mit hoher Wahrscheinlichkeit antworten: »Na logisch bin ich kreativ!« Beides kann stimmen, muss aber nicht. Es kommt auf die Einstellung an: Kreative Journalisten finden Themen, über welche die Öffentlichkeit spricht, »un«kreative betreiben Terminjournalismus. Kreative Journalisten suchen nach dem neuen und außergewöhnlichen Weiterdreh, andere kauen das nach, was alle berichten. Kreative Journalisten verstehen es, auch das langweiligste Thema sprachlich spannend umzusetzen, andere greifen zum üblichen Phrasendrescher. Das macht den Unterschied.

Sie werden in diesem Buch einen Kreativitätsbegriff kennenlernen, der von den gängigen Klischees weit weg ist. Sie werden erfahren, dass es DEN Begriff der Kreativität nicht gibt. Und Sie werden einen Weg kennenlernen, wie Sie Ihre kreativen Fähigkeiten bzw. die kreativen Fähigkeiten Ihrer Redaktion so nutzen können, dass Sie einzigartig werden. Denn es gibt noch eine wichtige Sache, die Sie

Kreativ werden – Warum?

über Kreativität wissen müssen: Der Satz »Seien Sie doch mal kreativ!« ist keine Aussage, sondern ein Ausdruck von Hilflosigkeit. Kreativität allein macht niemanden erfolgreich! Im hart umkämpften Medienmarkt ist es wichtig, eine kreative Handschrift für sich selbst, eine Redaktion oder ein Medienprodukt zu entwickeln und damit klar positionierte Informationsmarken zu schaffen: weg vom Einerlei des ewig Gleichen!

Dies ist die zweite Auflage von »Journalistische Kreativität«. Die erste Auflage begann 2003 mit den Worten: »Dass Informationen heute Mangelware sind, kann niemand ernsthaft behaupten. Hunderte von Anbietern – Radio und Fernsehen, Zeitungen und Webportale – konkurrieren um die Aufmerksamkeit von Zuhörern, Zuschauern und Lesern. Zudem überbieten sich PR-Agenturen, Marketingabteilungen und Pressestellen im öffentlichen Geschrei um die Aufmerksamkeit des Konsumenten.« Daran hat sich seit Erscheinen der ersten Auflage nichts geändert. Im Gegenteil: Neue Medien und Verbreitungsmöglichkeiten wie Blogs, RSS-Feeds, Communities, Audio- und Videopodcasts sind hinzugekommen. Das öffentliche Geschrei um die Aufmerksamkeit ist noch lauter geworden. Der Medienmarkt ist zersplittert. Journalisten haben endgültig das verloren, was sie jahrzehntelang für sich beanspruchen konnten: das Informationsmonopol.

In der Ökonomie der Aufmerksamkeit sind sie ein Informationsanbieter unter vielen geworden. Kein schlechter Anbieter, das möchte ich an dieser Stelle ausdrücklich betonen. Sender und Verlage besitzen langjährige, eingeführte Marken, die für Vertrauen stehen und die Orientierung geben. Journalisten sind gut ausgebildet und (meistens jedenfalls) unabhängig. Sie verbreiten nicht irgendwelche, sondern geprüfte Informationen. Und sie sind Kommunikationsprofis. Als Journalist, als Redaktion, als Verlag oder als Sender haben Sie in der Ökonomie der Aufmerksamkeit zunächst einmal eine gute Ausgangsposition. Aber das heißt nicht, dass Sie automatisch damit erfolgreich bleiben, womit Sie bis gestern erfolgreich waren.

Xing statt Süddeutsche – Wenn Leser im Netz verschwinden

Von der Formel 1 können Sie eine wichtige Lektion lernen: Es ist schön, von der Pole-Position aus zu starten. Aber Ihre Konkurrenten sitzen Ihnen trotzdem im Nacken. Und diese Konkurrenten sind heute nicht nur andere Journalisten, sondern auch Medienangebote, die weit außerhalb des journalistischen Bereichs entstanden sind. Ihr einst treuer Stammleser Roberto hat bis vor kurzem fünf Mal in der Woche das Flaggschiff des Deutschen Journalismus, die berühmte Seite drei der SÜDDEUTSCHEN ZEITUNG, gelesen. Jetzt liest er sie nur noch zwei Mal in der Woche. Was ist passiert? Ist Roberto im Ausland? Oder hat er sich der »Generation

Doof« angeschlossen und verweigert die Aufnahme politischer Informationen? Nein. Er ist im Netz verschwunden. Genauer gesagt befindet er sich in der Gruppe »Politik« bei XING. Zusammen mit über 6.500 anderen Mitgliedern, die seit 2004 weit mehr als 180.000 Artikel und Kommentare geschrieben haben. Natürlich könnte er auch bei sueddeutsche.de einen Kommentar abgeben und sich dort sogar ein eigenes Profil zulegen, aber XING entspricht einfach mehr seinen Bedürfnissen: Bei sueddeutsche.de kann Roberto nur kommentieren, keine anderen Gruppen finden, keine Adressen verwalten, keine neuen Geschäftspartner finden und so weiter.

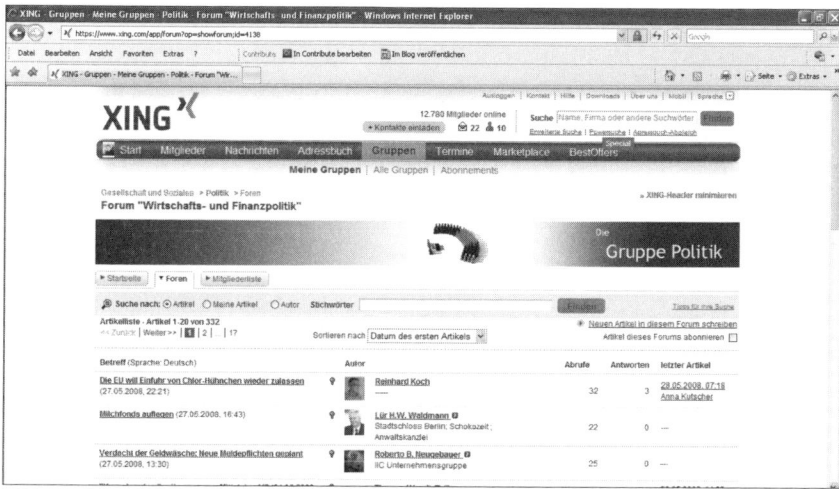

Abb. 1: Diskussionsforum bei Xing

In Zukunft wird es für Journalisten, Redaktionen, Verlage und Sender nicht mehr genügen, sich auf die bekannten Attribute zu berufen. Die Zeitung kann noch so seriös sein: Wenn sie langweilig ist, werden sich Mediennutzer ihre Informationen woanders holen. Wenn die Schlagzeile dem Leser heute genau das Gleiche erzählt, was er bereits gestern per Internethandy auf SPIEGEL ONLINE gelesen hat, warum soll er die Zeitung noch lesen? Wenn der Fernsehbeitrag zum Servicethema »Kartoffeln richtig schälen« zum Einschlafen langweilig ist, ist der Zuschauer weg. (Eine Erfahrung, die klassisch gemachte TV-Magazine in den Dritten Programmen der ARD machen.) Kartoffeln werden schließlich auch bei YOUTUBE geschält.

Kreativ werden – Warum?

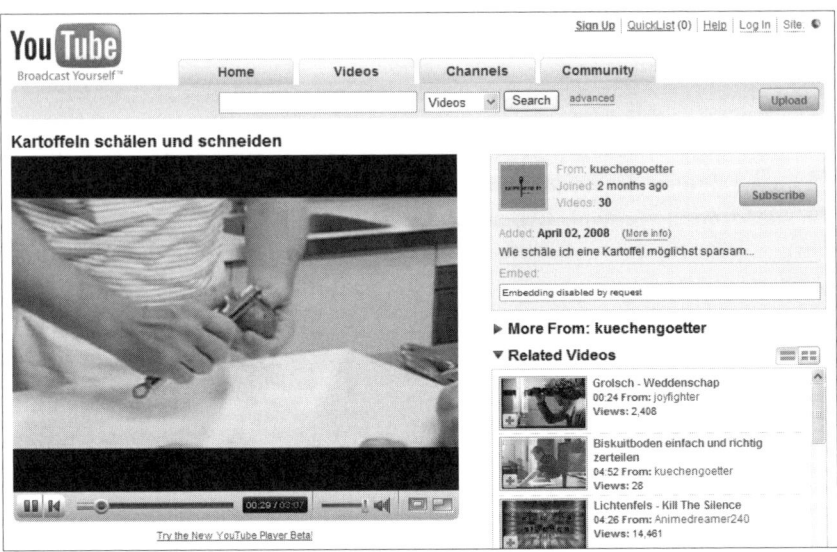

Abb. 2: Haushaltstipps bei YouTube

Für Journalisten bedeutet das: Sie müssen ständig neue Ideen entwickeln, um Informationen zu verpacken und zu verkaufen, um Leser, Hörer und Zuschauer davon zu überzeugen, ein journalistisches Produkt zu konsumieren. Ideen sind es, die über den Erfolg oder Misserfolg eines Artikels oder eines Beitrags und damit letztlich über den Erfolg einer Zeitung bzw. eines Senders entscheiden. Eine Aussage, die die Autoren Th. J. Peters und R.H. Waterman für Industrieunternehmen getroffen haben, gilt auch für die Medien: »Kreativität und Engagement der Mitarbeiter tun mehr für die Leistungsfähigkeit eines Unternehmens als alle Finanzmittel und ausgefeilten Planungen zusammen.«[1]

Es sind nicht nur die großen Einfälle wie neue Fernsehformate, ein neues Internet-Angebot, neue Zeitungen, sondern gerade die vielen kleinen Ideen, die ein journalistisches Produkt interessant machen: die Idee, ein bekanntes Thema aus einer nicht alltäglichen Perspektive zu betrachten, ein Thema »weiterzudrehen« oder ein Thema zu schaffen. Die Idee, einem Interviewpartner ungewohnte Fragen zu stellen, fantasievoll zu texten und ungewöhnliche Vergleiche zu finden. Kurzum, die Idee, ein Thema neu und interessant anzupacken.

---

1 Peters, Th. J./Waterman, R. H. (1984): Auf der Suche nach Spitzenleistungen. Was man von den bestgeführten US-Unternehmen lernen kann, 5. Aufl., Landsberg am Lech 1984

Der Irre von der Wallstreet – Mischen, was nicht zusammengehört

Mehr denn je müssen Journalisten die Welt erklären, anstatt nur über sie zu berichten. Mehr denn je unterliegt selbst das klassische Nachrichtenverständnis einem Wandel: Noch vor wenigen Jahren schienen Wirtschaftsberichte und Entertainment nicht miteinander vereinbar, heute ist Humor in der Börsenberichterstattung der Erfolgsfaktor eines New Yorker Internet-Startups. »Where Stock Culture Meets Pop Culture« – der Slogan des US-Videoblogs WALLSTRIP.COM ist Programm. Als der New Yorker Finanzanalyst Howard Lindzon im Oktober 2006 mit WALLSTRIP auf »Sendung« ging, hielten ihn viele für vollkommen irre. Eine Mischung aus Comedy und Finanznachrichten? Wie soll das gehen? Die erste Moderatorin machte kein Geheimnis daraus, dass sie von Finanzen keine Ahnung hatte: Sie verwechselte Dell mit Apple, zuckte lächelnd mit den Schultern und machte klar, dass das für sie alles »nur« ein großer Spaß ist. Für die Investoren und die User allerdings nicht. »Ich habe mich für die Finanzmärkte bislang wenig interessiert«, schreibt Zuschauerin Cammy auf der Webseite. »Jetzt bin ich süchtig.« Ups! Ist das nicht eigentlich die Aufgabe klassischer Journalisten?

Abb. 3: Wallstrip – Mischung aus Comedy und seriöser Finanzberichterstattung

Kreativ werden – Warum?

In einem Buch der RTL-Medienpädagogik heißt es: »Fernsehen ist gefräßig. Fernsehen ist schnell. Wie ein hochgezüchteter Formel-1-Bolide. Das unersättliche Medium braucht ständig neue Ideen, verlangt nach immer mehr Kreativität, will immer neue Formate und immer neue Nachrichten.«[2]

Dieses Zitat lässt sich auch auf Hörfunk, Internet und Printmedien übertragen. Die ständig neuen Ideen, die der Journalismus verlangt, werden mit ihrer Veröffentlichung schon wieder vernichtet. Kein noch so guter Einfall hat über längere Zeit Bestand oder bleibt lange exklusiv, das schnelllebige Medium fordert schon am nächsten Tag neue gute Einfälle. Dazu kommt, dass Medienmacher und Konsumenten gleichermaßen das Gefühl haben, alles schon irgendwo einmal gesehen, gelesen oder gehört zu haben:

- »Eine Reportage über die Schwierigkeiten eines Schwertransports?« Alter Hut. Lieblingsthema von KABEL 1.
- »Ein Bericht über das Leben als Single?« Jede Woche einmal in irgendeiner Frauenzeitschrift
- »Oder ein Beitrag über die Ausbildung von Kampfpiloten?« Gibt es ein Medium, das darüber noch keinen Bericht hatte?

Diese vielen guten Ideen, die die Medien täglich verschlingen, liegen nicht auf der Straße. Im Gegenteil. Im Alltag kontinuierlich innovativ zu sein, ist eine der schwierigsten Herausforderungen. Auch ist der Redaktionsalltag häufig nicht unbedingt kreativitätsfördernd. Zeitdruck und Arbeitsüberlastung, Budgetdruck und Personalabbau, aber auch eingefahrene Denkstrukturen und Machtkämpfe verhindern neue Ideen.

Die Welt dreht sich schneller. Ignorieren oder handeln?

Im Wettbewerb der Medien steht keine Zeitung, kein Magazin, kein Sender für sich allein. Lokalzeitungen konkurrieren mit Radio- und Fernsehsendern, diese wiederum mit Internetportalen und mobil abrufbaren Informationsdiensten. Zunehmend entstehen Unternehmensstrategien und Wertschöpfungsketten, die selbst für erfahrene Medienmanager noch vor wenigen Jahren schwer vorstellbar waren. Verschiedenste Medien konkurrieren um das begrenzte Gut Aufmerksamkeit, wobei zwischen den neuen und den klassischen Medien ein extremer Verdrängungswettbewerb eingesetzt hat:

---

2 »Ein Tag bei RTL Aktuell«, Unterrichtsreihe zur Fernsehanalyse, RTL Medienpädagogik

- Welchen Nutzen bietet eine Lokalzeitung, wenn die Zielgruppe Veranstaltungshinweise und Regionalnachrichten preiswerter und schneller aus dem Internet beziehen kann?
- Welchen Mehrwert bietet eine überregionale Zeitung gegenüber den Fernsehnachrichten des Vorabends oder Spiegel Online?
- Welchen Wettbewerbsvorteil wird ein Radiosender künftig haben, wenn Verkehrsfunk und Wetterbericht überflüssig geworden sind?

»Also, das haptische Gefühl einer Zeitung wird so schnell niemand ersetzen können.« Wirklich? Ich habe inzwischen das haptische Gefühl meines PDA sehr zu schätzen gelernt, zumal das mobile Internet einige große Vorteile gegenüber der Zeitung hat: Ich kann lesen ohne meinem Nachbarn im Zug eine Zeitungsseite vor die Nase zu schlagen, die Nachrichten sind aktueller, ich kann Artikel, die mir gefallen, gleich weiterleiten und speichern, ich finde direkte Links zu den Artikeln des Vortages und Hintergrundartikeln, ich kann mich über Aktualisierungen zum Thema informieren lassen und so weiter.

»Na ja, aber bei anderen Medien ist das ja alles Zukunftsmusik. Radio beispielsweise kann so schnell niemand ersetzen. Da schauen wir erst mal und warten in Ruhe ab.«

Wirklich? Die technologische Entwicklung ist inzwischen so weit, dass ursprüngliche Kernkompetenzen des Radios – Verkehrs- und Wetterbericht – nicht nur ersetzt werden. Für Medienmacher noch viel schlimmer: Gegen den Verkehrsbericht, den Unternehmen wie Dash in den USA liefern, wirken die Staunachrichten im Radio wie aus der Steinzeit. Dash ist ein interaktives Navigationssystem, das die Bewegungsgeschwindigkeit anderer Nutzer live ermittelt und zu Informationen zusammenstellt. Sie stehen im Stau und wollen wissen, ob Sie es noch rechtzeitig zum Meeting oder zum Abendessen nach Hause schaffen? Dash berechnet es Ihnen. Nicht nach irgendwelchen statistischen Erfahrungswerten sondern auf Grundlage der Fließgeschwindigkeit aller Fahrzeuge auf Ihrer Route. Dash kann Ihnen sogar Ausweichrouten berechnen und empfehlen. Und durch aktuelle Wetterdaten erfahren Sie, ob es auf Ihrer Route Glatteis gibt. Wenn Sie diesen Service auf Ihrem Display vor sich haben: Wollen Sie dann wirklich noch Verkehrsnachrichten und Wettermeldungen im Radio hören?

Kreativ werden – Warum?

Abb. 4: Dash – Konkurrent für den klassischen Verkehrsfunk

Medienmacher brauchen Kreativität, um ihre Inhalte ständig weiterzuentwickeln, bevorstehende Trends einzuschätzen und möglichst vorne dabei zu sein, wenn sich ein Trend in der Zielgruppe abzeichnet. Wenn es darum geht, Inhalte weiterzuentwickeln, gilt es, eine Reihe wichtiger Fragen zu beantworten:
- Was ist unser Wettbewerbsvorteil als Medium? Welchen Mehrwert bieten wir unserer Zielgruppe? Welchen Informationsbedarf decken wir heute?
- Wer sind unsere direkten und indirekten Wettbewerber in der Zielgruppe? Wer werden unsere Wettbewerber morgen sein? Welchen Wettbewerbsvorteil werden sie morgen haben?

Nachricht, Bericht, Kommentar ... Ist das alles?

Welche journalistischen Darstellungsformen gibt es? Die Kurzmeldung, die Nachricht, den Bericht, den Kommentar, das Feature, das Interview und so weiter. Exakt das Gleiche was ich schon 1990 im ersten Volontariatskurs gelernt habe. Weiterentwicklung? Null! In der Zwischenzeit hat das Internet die Welt erobert. Der jüngere Teil der Zielgruppe beschäftigt sich damit, in StudiVZ zu »gruscheln« und auf YouTube selbst Videos zu produzieren. Powerpoint hat die Businesswelt erobert. Spätestens mit der Version 2007 kann jeder halbwegs Begabte hochwertige Grafiken im 3D-Look erstellen. In virtuellen Welten bauen sich User Avatare, die im nächsten Schritt zu persönlichen Assistenten werden und deren Hauptaufgabe darin bestehen wird, Informationen für uns zu filtern und sie uns dann zu liefern, wenn wir sie brauchen. Warum mache ich diesen Ausflug? Um zu zeigen, dass sich rund um die journalistischen Darstellungsformen die Welt verändert hat. Und was findet sich in den meisten Medien? Immer noch die klassische Aufteilung: Kurzmeldung, Nachricht, Bericht, Kommentar und so weiter. Gähn!

»Die Art und Weise, wie Zeitung gelesen wird, ist steter Veränderung unterworfen, sie begleitet die Zeitung durch ihre nun schon vierhundert Jahre währende Geschichte«, schreibt Werner D'Inka, der Herausgeber der Frankfurter Allgemeinen Zeitung, zur Erneuerung des Blattdesigns im Oktober 2007. »Eine stärkere Beachtung des Visuellen, ein Übergang von der regelmäßigen zur sporadischen Lektüre und eine abnehmende Lesedauer auch bei den Stammlesern kennzeichnen den Wandel in den letzten Jahrzehnten. Viele Kinder machen im Elternhaus nicht mehr die Erfahrung, dass eine Zeitung zum Alltag gehört. Und junge Leute lesen zwar noch, aber sie lesen anders.« Klarer kann man es nicht analysieren. Doch die Konsequenz ist eher ernüchternd: Ein neues Design, dessen Seiten »aufgeräumt, frisch und einladend« (FAZ) aussehen (Abb. 5). Ist das etwa der große Wurf?

Zur Ehrenrettung der FAZ möchte ich nicht unerwähnt lassen, dass das neue Design (erwartungsgemäß) sofort zu wütenden Leserreaktionen führte: »Der kluge Kopf versteckt sich nun hinter bunten Bildchen«, schreibt Leser Karl-Heinz Andresen und stellt eine »Demontage am Markenzeichen« fest. Leser Hendrik Würzer nennt es eine »Layout-Tragödie« und Abonnent Thomas Schwarz schreibt: »Ich kann mich nicht daran gewöhnen.« Das schreckt natürlich ab. Lieber nicht verändern. Lieber am Altbewährten hängenbleiben. Nichtsdestotrotz: Verglichen mit dem, was sich rund um das Medium Zeitung an Stilmitteln verändert hat, wirkt selbst die neue FAZ wie aus dem Mittelalter. Und während die Redaktion bemüht ist, konservatives Klientel zu halten, verabschiedet sich eine ganze Generation in moderne Medien. Ich spreche es einmal offen aus: Selbst die neue FAZ ist für mein Empfinden (und ich werde in sieben Jahren die werberelevante Zielgruppe verlassen) so langweilig, dass ich jeden Versuch, mich mit der Zeitung anzufreunden, nach kurzer Zeit abbreche.

Warum gibt es eigentlich nur 20 journalistische Stilmittel und nicht 200? Und wieso gibt es in Medien so selten Stilmittel, die Leser, Hörer und Zuschauer überraschen? Was sind Ihre Reporter? Einfach nur Journalisten oder wiedererkennbare Marken mit einem klar umrissenen Imagekern? Wie berichten Sie aus der Politik? Mit den üblichen Stilmitteln Nachricht, Bericht und Reportage? Oder gibt es die Gebrauchsanleitung für Politiker, den Sprachkurs Haushaltspolitik und den Wahrheits-Check nach jeder Debatte? Momentan fehlt Medienmachern auf breiter Front der Mut zum Experiment.

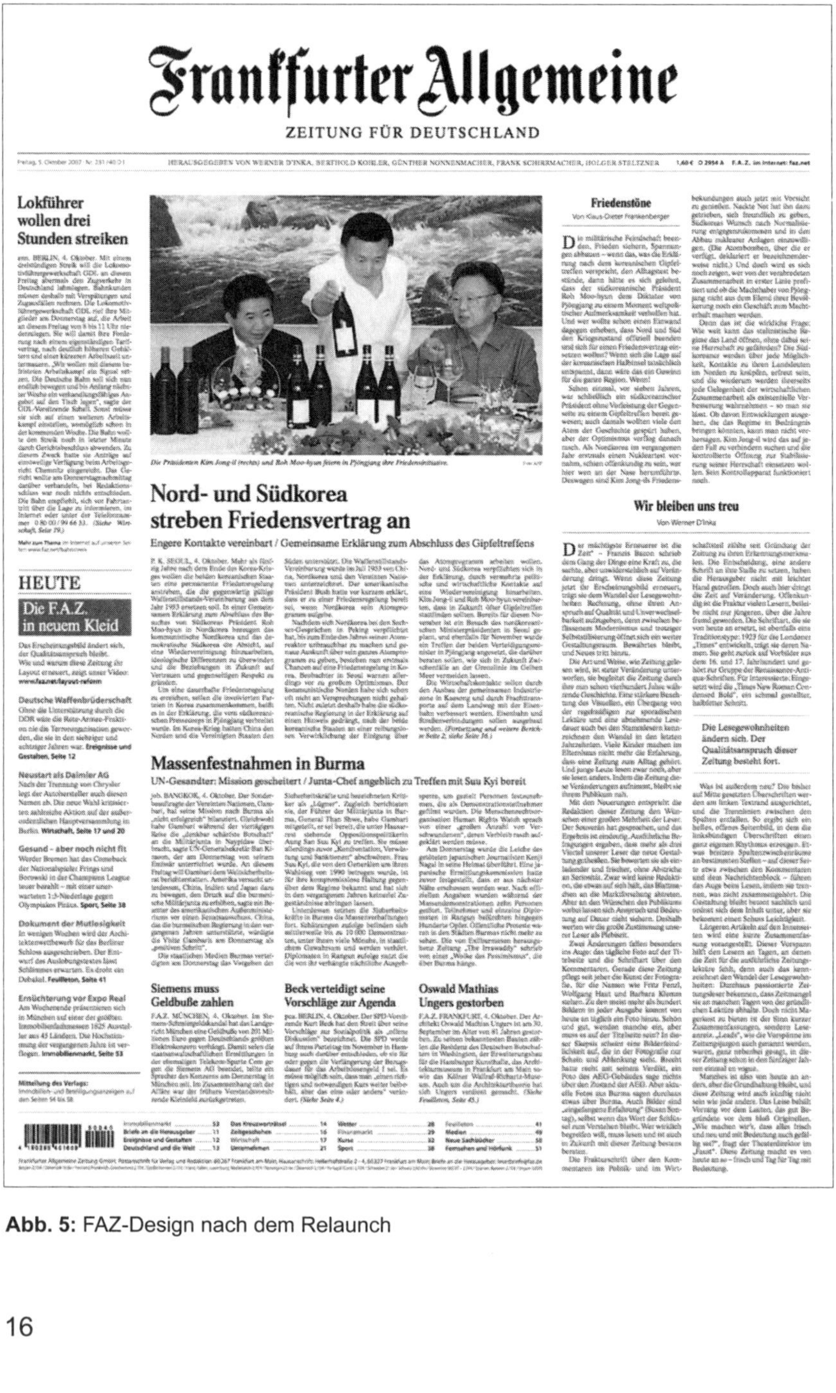

Frankfurter Allgemeine

ZEITUNG FÜR DEUTSCHLAND

Lokführer wollen drei Stunden streiken

HEUTE

Die F.A.Z. in neuem Kleid

Friedenstöne

Nord- und Südkorea streben Friedensvertrag an

Engere Kontakte vereinbart / Gemeinsame Erklärung zum Abschluss des Gipfeltreffens

Wir bleiben uns treu

Massenfestnahmen in Burma

UN-Gesandter: Mission gescheitert / Junta-Chef angeblich zu Treffen mit Suu Kyi bereit

Die Lesegewohnheiten ändern sich. Der Qualitätsanspruch dieser Zeitung besteht fort.

Siemens muss Geldbuße zahlen

Beck verteidigt seine Vorschläge zur Agenda

Oswald Mathias Ungers gestorben

Abb. 5: FAZ-Design nach dem Relaunch

Kreativ werden – Warum?

Selbst bei der Aufteilung der Nachrichten sind die meisten aktuellen Medien ähnlich: Inland, Ausland, Politik, Wirtschaft, Feuilleton etc. Warum eigentlich? Warum können Nachrichten nicht ganz anders aufgeteilt und kategorisiert werden? Die TAGESSCHAU beispielsweise hat auf ihrer Homepage den interaktiven Nachrichten-Weltatlas, der die Verteilung von Meldungen auf Landkarten aller Kontinente und Länder zeigt. Wer die Nachrichten lesen möchte, braucht nur die Maus über die Meldung in dem entsprechenden Land halten, dann ist die Info da.

Abb. 6: Tagesschau Nachrichten-Weltatlas – interaktive Darstellungsform

Die Darstellung und die Aufbereitung von Informationen ist das, was Medien eine kreative Handschrift verleiht. Neue Stilmittel und neue Darstellungsformen machen sie einzigartig. Kurzmeldung, Nachricht und Bericht, die Aufteilung in klassische Ressorts: das ist austauschbar.

Kreativ werden – Warum?

 Tipp
Spinnen Sie einmal einen Nachmittag herum. Suchen Sie nach Stilmitteln, mit denen Informationen vermittelt werden: Preisschilder, XING-Profile, Bahnhofsschilder und so weiter. Übertragen Sie sie einmal auf Ihr Medium. Wie würden Ihre Inhalte mit diesen Stilmitteln aussehen? Machen Sie das Gleiche mit Kategorien. Welche Formen der Informationskategorisierung kennen Sie? Experimentieren Sie! Sie werden nicht gleich am ersten Tag Ihr Medium neu erfinden, aber die Übung öffnet Ihr Blickfeld!

Hätten Sie gerne ein Kreativitätsproblem?

Spätestens an dieser Stelle werden Sie sich vielleicht fragen: Haben wir in unserer Redaktion ein Kreativitätsproblem? Diese Frage lässt sich einfach beantworten: Wollen Sie eines haben? Wenn Sie »Problem« mit »Krankheit« gleichsetzen und es am liebsten verschweigen, haben Sie natürlich keines. Wenn Sie »Problem« hingegen als »Chance zur Optimierung« ansehen, haben sie eines. Schließlich – und darum wird es in diesem Buch noch häufiger gehen – ist alles eine Frage der Betrachtungsweise.

Ist der Chefredakteur ein chronischer Nörgler und will der Redaktion ein Kreativitätsproblem aufschwatzen? Klingt bedrohlich. Hilfe, nein, wir haben kein Problem! Oder ist er einfach nur neugierig, welches kreative Potenzial in seiner Redaktion steckt? Das klingt schon ganz anders.

In diesem Buch werden Sie Kreativtechniken kennenlernen, mit denen Sie Themen aus dem Nichts generieren können, mit denen Sie typischen Bumerang-Themen (die immer wieder kommen) einen neuen und spannenden Dreh geben und mit denen sie kreative Umsetzungen erarbeiten können. Doch Kreativität ist mehr als nur die Anwendung von Kreativtechniken. Es bedeutet, Probleme als Herausforderung zu begreifen, Wissen zu teilen, Fehler zuzulassen und neugierig auf Neues zu sein. Wenn Sie kreatives Denken in einer Redaktion, einem Verlag oder einem Sender etablieren wollen, brauchen Sie eine Strategie, mit der Sie Ziele und Rahmenbedingungen schaffen. Und wenn Sie mit Kreativität ein Medienprodukt schaffen wollen, dass sich abhebt und das einzigartig ist, müssen Sie eine eindeutige kreative Handschrift entwickeln. Für all das finden Sie im Folgenden Wege und Anleitungen. Dieses Buch zeigt Ihnen, wie Sie redaktionelle Arbeit so gestalten können, dass Sie häufiger sagen können: »Was für eine geniale Idee!«

1 »Hast Du einen Opa, schick ihn nach Europa« – Warum Sie nur das sehen, was Sie sehen wollen

Ich möchte zum Einstieg in dieses Kapitel einen kurzen Test mit Ihnen durchführen. Wie wichtig finden Sie folgende Meldung der Zeitung THE AVASTAR? »Der AvaStar des Jahres 2007 Codebastard Redgrave brachte ihr gefeiertes Fotoset bei einer mit Stars besetzten Party zum Leben. Bis in die frühen Morgenstunden tanzten Avatare in der Code Red Lounge.« (Falls Sie an dieser Stelle fragen: »Was zum Teufel ist THE AVASTAR?« – Es handelt sich um eine virtuelle Zeitung für die virtuelle Plattform Second Life, die vom Axel-Springer-Verlag herausgegeben wird. Direkter Link: www.the-avastar.com)

Abb. 7: Die virtuelle Zeitung für virtuelle Welten

A	Ich finde das unglaublich wichtig und denke mir, dass diese Meldung die Welt bereichert und möglicherweise sogar ein Stück besser macht.
B	Links rein, rechts raus.
C	So einen Schwachsinn habe ich selten gelesen. Wer das verzapft hat, gehört aus sämtlichen Journalistenverbänden ausgeschlossen!

Hier ist die Auswertung des Tests. Es ist völlig egal, ob Sie A, B oder C angekreuzt haben, Sie haben immer Recht. Denn Journalismus ist in erster Linie ein Meinungsgeschäft: Medien veröffentlichen das, was wichtig ist. Zugleich ist nur das wichtig, was Medienmacher für wichtig halten. Doch wer sagt eigentlich, was Journalisten für wichtig halten müssen? Wer sagt, dass es wichtig ist, wenn der Ministerpräsident eine Sektkellerei besucht? Oder wenn der deutsche Medienpreis verliehen wird? Überhaupt: Wer ist wichtig auf dieser Welt? Angela Merkel? Bill Gates? Britney Spears? Und was ist wichtig? Wenn in Chile die Regierung wechselt? Wenn der Dalai Lama auf einer Galaveranstaltung über den roten Teppich geht und lächelt?

1.1 Darf ich vorstellen? Ihre Scheuklappen ...

Wenn Sie solche Fragen in Ihrer Redaktion jeden Tag diskutieren müssten, würden Sie nicht mehr zum Arbeiten kommen. Das ist ein Grund, weshalb Sie sich – wie übrigens alle Menschen in irgendeiner Form – Scheuklappen anlegen. Was Sie sehen, ist wichtig.

> »Meinen« liegt in der Mitte zwischen Wissen und Unwissen. Es befasst sich mit wandelbaren Gegenständen, die sich dem Betrachter bald so, bald anders darstellen und damit zugleich »sind« und »nicht sind«.
> *Platon, Politeia*

Was links und rechts davon stattfindet, nicht. Diese Scheuklappen haben durchaus ihre positive Wirkung: Sie sind unerlässlich, um mit zunehmender Berufserfahrung immer treffsicherer Meldungen beurteilen zu können, um effizient zu arbeiten und nicht den halben Tag mit Abwägungen zu verbringen. Doch so wichtig diese Scheuklappen sind, sie bergen die Gefahr in sich, dass vieles so bleibt, wie es schon immer war: Was gestern wichtig war, ist auch heute wichtig. Was letztes Jahr bedeutungslos war, ist auch in diesem Jahr bedeutungslos.

Ein Beispiel: Die Arbeit des Europäischen Parlaments. Wenigen sind die Akteure dieser Institution wirklich bekannt, die Debatten in Straßburg werden in den Medien selten erwähnt. Liegt das daran, dass sie unwichtig sind? Nicht unbedingt. Ein Großteil der Gesetze wird später in nationales Recht umgesetzt. Liegt es daran, dass die Debatten langweilig sind? Auch das ist nicht der Fall. Wenige Tage vor dem 11. September 2001 stand beispielsweise das Thema »Bekämpfung des internationalen Terrorismus« auf der Tagesordnung – bereits vor dem Attentat auf das World Trade Center ein hochbrisantes Thema. Für das journalistische Desinteresse liegt eine andere Erklärung näher: In seinen Anfängen war das Parlament als »internationale Quasselbude« verschrien. »Hast Du einen Opa, schick ihn nach Europa«, zitiert die TAGESSCHAU auf ihrer Homepage einen beliebten Spruch aus den 70er Jahren. Ein Eindruck, der bis heute anhält. Angesichts der wachsenden Bedeutung des Parlaments ist dieser Eindruck mittlerweile vollkommen überholt. Doch die Arbeit dieser Institution taucht auf den Radarschirmen der meisten Redakteure nicht auf.

Stattdessen lesen Sie in der Tagespresse die täglichen Phrasen der Berliner Politik. Darf man als anständiger deutscher Bildungsbürger eigentlich sagen: »Mich interessiert überhaupt nicht, was die da gerade treiben?« Oder gilt man dann als ignorant? Macht es einen Medienkonsumenten dümmer oder möglicherweise sogar intelligenter, wenn er oder sie diese Standardphrasen (»Die Gespräche sind allgemein in einer konstruktiven und offenen Art geführt worden, natürlich gibt es an den entscheidenden Stellen noch Klärungsbedarf, aber wir sind willens, aufeinander zuzugehen und blablabla …«) ignoriert?

Nicht alles, was wichtig klingt, ist auch wichtig. Nicht jeder, der sich für wichtig hält, ist auch wichtig. Wenn die Berliner Politik das Skandälchen des Tages zelebriert und der Medientross von Statement zu Statement zieht, wirkt das alles unglaublich wichtig. Als »ernsthafter« Journalist ist es kaum noch möglich zu sagen: »Sag mir, wann es vorbei ist. Der Rest interessiert mich nicht.« Warum eigentlich nicht? Sind die Einzelheiten wirklich wichtig oder ist es letztlich nur tagespolitisches Geschnatter, das links rein- und rechts rausgeht? Und wenn es rückblickend doch nur heiße Luft war, ist dann nicht derjenige intelligent, der seine ohnehin schon überreizten Gehirnzellen von vornherein verschont?

Wichtigkeit ist häufig nicht viel mehr als die Illusion von Wichtigkeit, die durch den Rahmen entsteht, den eine Meldung bekommt. Die Pressekonferenz eines Ministers wird als wichtiger eingestuft als ein Interview des Ministers. Ein Interview, das – wie es im Nachrichtenjargon heißt – von dpa »geadelt« wird, gilt als wichtiger als ein Interview, das in den Nachrichtenagenturen nicht erwähnt wird. In vielen Redaktionen wird eigenrecherchierten Interviews sogar ein geringerer Nachrichtenwert beigemessen als dpa-Meldungen bzw. Pressekonferenzen.

Wichtigkeit kann sich auch selbst generieren: Dadurch, dass zunächst wenige, später immer mehr Medien ein bestimmtes Thema aufgreifen. Es bekommt auf diese Art und Weise eine Wichtigkeit, die in keinem Verhältnis mehr zur eigentlichen Bedeutung steht. Beispiele für diese Medienblasen gibt es genug. »Deutschland sucht den Superstar« beispielsweise: Zu Beginn ein netter PR-Gag, am Ende eine Lawine der Berichterstattung. Selbst seriöse Medien fragen sich: Hat Dieter Bohlen etwas gegen diesen oder jenen Kandidaten? War das gerecht, dass XY aus der Show geflogen ist? Gibt es hinter den Kulissen Streit? Und so weiter. Eine TV-Show mit Menschen, die vorher niemand kannte und die danach (fast) alle wieder in der Versenkung verschwinden, wird wichtig, weil alle Medien es wichtig finden. Dieses Phänomen der sich selbst generierenden Wichtigkeit ist übrigens nicht auf das Showgeschäft begrenzt. Manchmal werden auf diese Art und Weise Themen aus der Bundespolitik ebenfalls zum Selbstläufer: Medien berichten über ein Ereignis, weil alle darüber berichten. Das Thema beherrscht die Medien schließlich so sehr, dass die wenigsten fragen, ob die Bedeutung des Themas die prominente Berichterstattung überhaupt rechtfertigt. Ein Musterbeispiel dafür ist die alljährliche Medienprozession in den bayerischen Ort Kreuth, über die DIE ZEIT schrieb:

> »Es ist nicht ungewöhnlich, dass die öffentliche Aufmerksamkeit, die ein politisches Ereignis auf sich zieht, in krassem Missverhältnis zu seiner Bedeutung steht. Seit vor 26 Jahren die CSU in Wildbad Kreuth beschloss, die Fraktionsgemeinschaft mit der Schwesterpartei CDU aufzukündigen, starrt die politische Klasse alljährlich Anfang Januar gespannt auf den idyllischen Tagungsort im Alpenland, ob sich dort wieder Spektakuläres ereignen könnte. Und jedes Mal wird die Erwartung enttäuscht. Kreuth, das ist die schönste Inszenierung folgenloser Worte im politischen Kalender der Republik.«[3]

Themen können auf diese Art regelrecht Karriere machen, vor allem dann, wenn sie von den Initiatoren regelmäßig mit Details gefüttert werden, damit sie nicht sterben. Was ist nun eigentlich wichtig auf dieser Welt? Und wer? Und warum soll jeder Journalist der gleichen Vorstellung von Wichtigkeit hinterherlaufen?

---

3   Matthias Geis, Die Zeit, 2/01

Tipp
Achtung! Lemming-Syndrom! Rennen Sie nicht automatisch den gleichen Themen hinterher wie alle anderen. Schauen Sie auch dorthin, wo die anderen nicht hinblicken. Haben Sie den Mut, Wichtigkeit für sich selbst oder Ihr Medium zu definieren!

Hirnforscher können mittlerweile Antworten auf die Frage liefern, wie Entscheidungsmechanismen im Kopf ablaufen und wie das Gehirn daraus die Illusion von Wichtigkeit schafft.

1.2 Achtung! Hirnabsturz! Und wie wir uns davor schützen

Wenn Ihr Gehirn jede Information ungefiltert aufnehmen würde, würden Sie bereits nach wenigen Tagen auf einem Berg von Datenmüll sitzen. Ihr Gehirn würde so reagieren wie ein Windows-Programm kurz vor dem Absturz: »Die Anwendung reagiert nicht mehr. Sie ist möglicherweise überlastet.«

Stellen Sie sich Ihren Kopf als eine Art Informationsministerium vor: Auf dem Weg vom Pförtner zum Minister wird jede Information gefiltert, geprüft, bewertet und mit bekannten Aktennotizen verknüpft. Informationen, die von den Mitarbeitern als unwichtig eingestuft werden, werden an die zuständigen Fachabteilungen weitergeleitet, ohne dass der Minister von ihnen erfährt. Die Ministeriumsspitze erhält nur eine Auswahl von Informationen in übersichtlichen kurzen Dossiers.

Ohne dass Sie etwas davon bemerken reduziert Ihr Gehirn die einfallende Datenmenge zunächst auf ein Millionstel. Wenige Schlüsselinformationen genügen, um komplette Sachverhalte zu erfassen. Anschließend werden die Daten durch Assoziationen und Anknüpfungen an Bekanntes wieder aufgestockt. Dieser Vorgang wird auch der »Flaschenhals der Reduktion« (nach Becker-Carus) genannt und lässt sich in Zahlen ausdrücken: In jeder Sekunde strömen zirka 10^9 bit auf das menschliche Gehirn ein. Diese Daten werden auf 10^2 bit/s reduziert und anschließend auf 10^7 bit/s angereichert. Informationen werden sofort personalisiert.

Die Rolle der Ministeriumsmitarbeiter wird im Gehirn vom Unterbewusstsein übernommen. Der Bremer Hirnforscher Gerhard Roth geht davon aus, dass es ein System gibt, das unbewusst darüber entscheidet, ob sich das Bewusstsein überhaupt mit einem Problem beschäftigt, das heißt, ob der Mensch seine Aufmerksamkeit einer Sache widmet oder nicht. Dieses System, so Roth, klassifiziere alles, was unser Gehirn wahrnimmt, nach den Kriterien »wichtig – unwichtig« sowie »bekannt – nicht bekannt«:

> »Nur wenn die Bewertungsinstanz ein Geschehnis oder eine Aufgabe als wichtig oder neu einstuft – etwa wenn neue Bedeutungen zu erfassen, komplexe Probleme zu lösen und neue motorische Fähigkeiten zu erlernen sind –, wird das Bewusstseins- und Aufmerksamkeitssystem voll eingeschaltet.«[4]

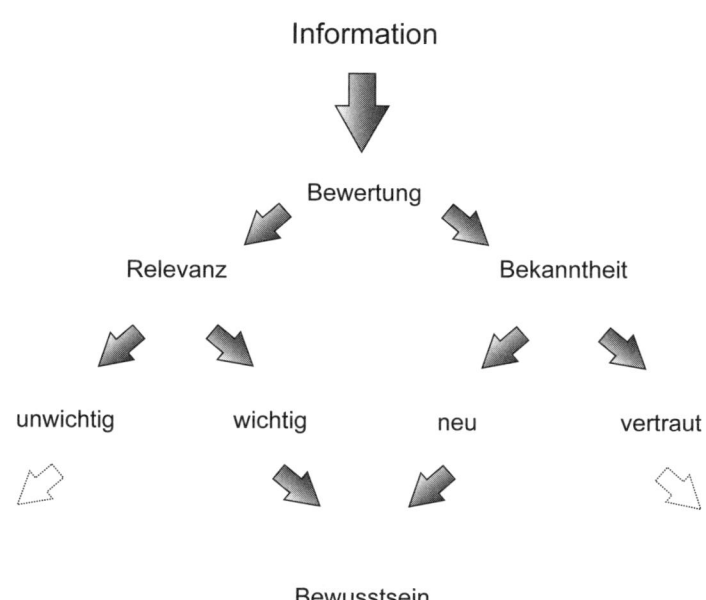

Abb. 8: Filter im Unterbewusstsein

Der Chef des Ministeriums bekommt letztlich nur eine sehr eingeschränkte Sicht der Dinge präsentiert. Hirnforschern ist es in den letzten Jahren mehr und mehr gelungen herauszufinden, wo und wie diese unbewusste Wertung stattfindet und warum das Gehirn den journalistischen Drang zur Objektivität nicht unbedingt

---

4   Roth, G., Gehirn und Geist, Nr. 1/2002

teilt: Alle eingehenden Informationen durchlaufen zunächst eine Instanz, die das limbische System genannt wird oder – um beim Bild des Ministeriums zu bleiben – die »Abteilung für emotionale Stabilität«. Dieses System ermöglicht es, klare Vorstellungen von dem zu entwickeln, was gut und was schlecht, was wichtig und was unwichtig ist. Wer die Funktionsweise des limbischen Systems versteht, sich verdeutlicht, wie unser Gehirn Informationen kanalisiert, bewertet und daraus beispielsweise das macht, was erfahrene Redakteure das »Gefühl für Nachrichten« nennen, kann auch die Kehrseite leichter verstehen: Warum sich Menschen oft unbewusst gegen neue Ideen und neue Vorstellungen zur Wehr setzen.

An dieser Stelle ein kurzer Blick auf den Lernprozess, den ein Journalist seit dem ersten Tag in der Redaktion durchmacht. Am Anfang steht das Chaos: Nachrichtenmeldungen und Pressemitteilungen flattern durch den Raum, plötzlich ist ein Thema wichtig, im nächsten Moment wieder unwichtig. Mit verwirrter Mine versucht der Berufseinsteiger, Wichtiges von Unwichtigem zu unterscheiden und das System der Nachrichtenauswahl zu verstehen. Im Laufe der Zeit wird der junge Journalist sicherer, er entwickelt ein Wertesystem, das von Nachrichtenagenturen, Kollegen und der Konkurrenz geprägt wird. Irgendwann beherrscht ein Journalist sein Handwerk, mehr noch, ein unerklärliches Gefühl beginnt, seine Handlungen zu steuern. Die Zeit der Fragen scheint vorbei zu sein: Nach einigen Berufsjahren bewertet der Journalist Themen instinktiv.

Diesen Instinkt könnte man als »gebündelte Erfahrungen« bezeichnen. Jedes Mal, wenn der junge Redakteur in der Nachrichtenredaktion mitarbeitet, übernimmt er unbewusst Teile fremder Bewertungssysteme: Er beobachtet, wie sein Vorgesetzter Prioritäten setzt, wie erfahrene Kollegen Meldungen formulieren und wie Redaktionen anderer Medien Nachrichten gewichten. Das limbische System läuft bei diesem Lernvorgang auf Hochtouren und bewertet jede neue Information nach dem Schema »gut« bzw. »schlecht«. Jedes Mal, wenn der junge Redakteur eine Nachricht »richtig« platziert hat – also so, wie es sein Chef bzw. seine Kollegen gut fanden – speicherte sein Gehirn »gut«. Und jedes Mal, wenn er ausgelacht wurde, weil er den Wettbewerb »Deutschlands schönster Pudel« wichtiger fand als die Bundespressekonferenz, notierte sein limbisches System »schlecht«.

Das Gefühl für Nachrichten entsteht aus hunderten, wenn nicht tausenden solcher Bewertungsvorgänge. Die dazugehörigen Informationen werden aus dem Arbeitsspeicher schnell wieder gelöscht. Das Gehirn will diesen Datenmüll nicht, die Essenz reicht. Die »Abteilung für emotionale Stabilität« hat die Aufgabe, den Menschen lebensfähig zu machen. Wenn der Minister vor jeder Entscheidung sämtliche Akten studieren und alle Details gegeneinander abwägen müsste, wäre er arbeitsunfähig und hoffnungslos überlastet. Die Essenz aus der Informationsflut ist das Gefühl für »gut« und »schlecht«.

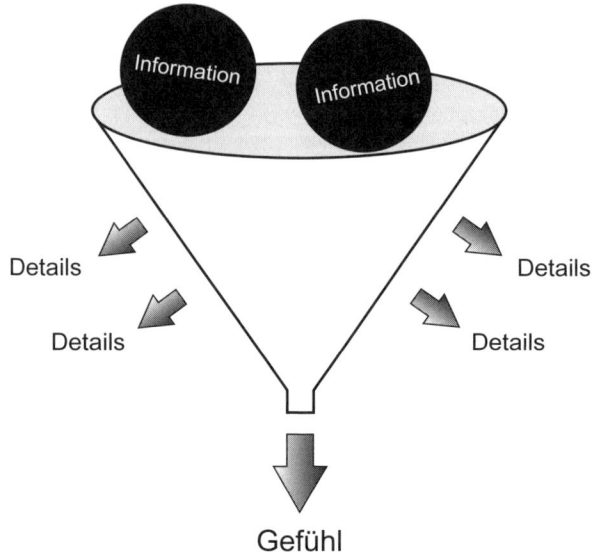

Abb. 9: Gefühlstrichter

In seinem Buch »Generation Emotion« beschreibt Christian Ankowitsch Gefühle dieser Art als »extrem verdichtete Erkenntnisse«, als »akkumuliertes Wissen, als eine rasend schnell abrufbare und anwendbare, weil körperlich erlebbare Formel, die einen langen Prozess des Auswertens und Vergleichens komprimiert und blitzartig anwendbar macht.«[5]

Dieses Gefühl, die im Laufe langer Berufsjahre erlernte Intuition, ist das Kapital erfahrener Journalisten. Je länger sie ihr Handwerk ausüben, desto sicherer werden sie. Wenn es um eine politische oder journalistische Frage geht, kann ihr Gehirn wie auf Knopfdruck eine passende Meinung ausspucken. Einfach so. Ohne nachzudenken.

Auch dieses Phänomen kann die Forschung erklären: Das Informationsministerium beschäftigt rund 100 Milliarden Mitarbeiter in Form von Gehirnzellen (Neuronen), die durch ein gigantisches Netzwerk miteinander verknüpft sind. Jeder Mitarbeiter steht in direktem Kontakt mit 10.000 bis 20.000 Kollegen aus verschiedenen Fachabteilungen. Wenn ein Mensch Informationen abspeichert, werden Arbeitsgruppen gebildet: Im Gehirn entstehen Bahnen, giganti-

---

5 Ankowitsch, C.: »Generation Emotion«, Berlin 2002

sche Zellennetzwerke, denen zum Teil komplette Aufgaben übertragen werden. Wissenschaftler reden von so genannten neuronalen Netzen. Das limbische System spielt dabei eine zentrale Rolle: Es bewertet die neuen Informationen nicht nur, es verknüpft sie mit Emotionen und Erfahrungen aus der persönlichen Biografie.

Wenn ein Mensch häufiger mit einem bestimmten Problem konfrontiert wird, legt das Gehirn Lösungsmuster an. Wenn es anschließend erneut mit dem Problem konfrontiert wird, aktiviert es diese biochemischen Verknüpfungen und die Lösung ist da. Je mehr sich dieser Prozess automatisiert, desto weniger bekommt der Mensch davon bewusst mit.

> »Unser Gehirn versucht stets, Abläufe so weit wie möglich zu automatisieren (und damit aus dem Bewusstsein zu verbannen); denn dadurch wird seine Arbeit schneller, effektiver und stoffwechselphysiologisch billiger.«
> *Gerhard Roth, Hirnforscher (Gehirn und Geist, Heidelberg, Ausgabe 1/2002)*

Diesen Vorgang könnte man etwas flapsig als Autopilot bezeichnen. Ein Beispiel für die Funktion des menschlichen Autopiloten ist das Autofahren: Während ein Fahrschüler kaum das Gas- vom Bremspedal unterscheiden kann und beim Linksabbiegen jeden zweiten Fußgänger in Lebensgefahr bringt, kann ein erfahrener Autofahrer nebenbei telefonieren oder Stadtpläne studieren. Die anfallenden Probleme des Straßenverkehrs löst das Gehirn praktisch allein.

Dabei kann das Gehirn auf eine Vielzahl von persönlichen Erlebnissen und die gesammelten »Gut-schlecht-Bewertungen« der Vergangenheit zurückgreifen. Ein Fußballreporter wäre ohne diesen Autopiloten schlichtweg arbeitsunfähig, muss er doch ein Spiel kommentieren, ohne es wirklich tiefgeistig zu analysieren. Wenn Mannschaft A einen Freistoß bekommt und einer der Spieler dabei vorbeischießt, werden im Kopf des Fußballreporters automatisch Kettenreaktionen ausgelöst: Das Gehirn registriert den Fehltritt, woraufhin das limbische System sofort emotionale Verbindungen herstellt: Der Unglücksrabe ist kein Unbekannter: Schon in der letzten Saison haben sich die Fans über ihn geärgert, als er bei einem Elfmeter scharf danebenschoss. Blitzartig ruft das Gehirn des Sportreporters die Erinnerungen an diesen Moment hervor: Die Pfiffe der Fans, die gedemütigte Haltung des Spielers, die Frustration über das verlorene Spiel. Für den Reporter steht damit fest: Der Spieler gehört verurteilt. Das Sprachzentrum des Reporters wird beauftragt, nach dem passenden Wort zu suchen und nur eine Zehntelsekunde später entfährt ihm ein lautes »Trottel!« All diese Gedankengänge vollziehen sich in so kurzer Zeit, dass der Sportreporter davon wenig mitbekommt. Er spürt nur, dass sein Gefühl der Missachtung dieses Fußballers wieder einmal bestätigt wird. Der Rest geschieht unbewusst.

> »Wir entwickeln bestimmte Vorstellungen und Meinungen von der Außenwelt, speichern diese neurologisch ab und packen neue Erlebnisse in diese Schubladen. Das wird der Außenwelt nicht immer gerecht, speziell in unserer Zeit, in der das einzig Beständige der Wandel ist. Völlig unbeeindruckt von dieser Tatsache nutzen wir weiter die Trampelpfade im Hirn und passen im Notfall das Problem an die bereits bestehende Lösungsstrategie an.«
> *Leyh, Arvid: »Nur in deinem Kopf. Das Update für Geist und Gehirn«, 1999*

So überlebenswichtig diese Bahnen sind, sie können zum Hindernis werden. Die negative Seite ist, dass der Mensch beginnt eingefahren zu denken. Wenn der Sportreporter den Namen des Unglücksraben hört, läuft in seinem Kopf ein Standardprogramm ab: Das ist der, der immer danebenschießt, der Mannschaftstrottel. Je öfter der Mensch die eingefahrenen Bahnen des Gehirns nutzt, je weniger er überprüft, ob die lieb gewonnenen Lösungsmuster noch stimmen, desto unflexibler wird er im Denken.

Der erste Weg zur Kreativität liegt also bei jedem selbst. Es geht darum sich einzugestehen, dass alle Menschen eingefahren denken. Wahr und wichtig ist nur das, was die Informationsministerien aller Beteiligten für wahr und wichtig erachten. Jede Meinung ist nur eine Meinung von vielen.

Der Schlüssel zur Kreativität ist letztlich in zwei Sätzen zu finden:

Wahr ist, was ich für wahr halte.

Es könnte aber auch ganz anders sein.

2 Lustig? Investigativ? Oder besonders schlau? Was ist journalistische Kreativität?

2.1 Kreativität – Ein inflationär gebrauchter Begriff

Der Begriff Kreativität wird ständig und überall gebraucht und von so vielen Menschen für sich beansprucht, dass es erst einmal sinnvoll erscheint, ihn näher zu definieren. Dass sich Werbeagenturen und Fernsehmacher wie selbstverständlich das Prädikat »kreativ« an die Brust heften, überrascht niemanden. Doch wenn ein bayerischer Landkreis seine Gewerbegebiete als *»Raum für Kreativität«* anpreist und ein österreichischer Gürtelhersteller auf seiner Homepage schreibt, *»Kreativität und Individualität sind unsere Stärke«*, taucht naturgemäß die Frage auf: Sind wir nicht alle ein bisschen kreativ? Was also verbirgt sich hinter diesem Wort?

Karl-Heinz Brodbeck, Professor für Betriebswirtschaft an der Fachhochschule Würzburg–Schweinfurt, berichtet in einem seiner Vorträge vom verzweifelten Versuch, den Begriff Kreativität zu definieren. »Auf einem Symposion ... wurden teilnehmende Wissenschaftler zum Begriff *creativity* befragt. Die Antwort war niederschmetternd: Es wurden nicht weniger als 400 verschiedene Bedeutungen genannt.« Klar ist, dass Kreativität so alt ist wie die Menschheit: Als der erste Neandertaler ein Stück rohes Hühnerfleisch ins Feuer hielt und dabei das Brathähnchen erfand, war er (für damalige Verhältnisse) ungemein kreativ. Heute ist unsere Messlatte höher, doch im Kern ist die Bedeutung des Begriffs gleich geblieben. Für den Buchautor und Pädagogen Arthur J. Cropley ist Kreativität schlicht und einfach die »Fähigkeit, möglichst viele Ideen zu bilden«[6]. Es geht darum neugierig zu sein, Dinge auszuprobieren und den Mut zu haben, Fehler zu machen.

Der Begriff Kreativität hat erst seit den 50er-Jahren an Popularität gewonnen. Einer der Vordenker war der amerikanische Persönlichkeits- und Intelligenzforscher Joy Paul Guilford, der 1950 einen später berühmt gewordenen Vortrag über *creativity* gehalten und ein Modell des menschlichen Intellekts entwickelte: Das so genannte *divergente Denken*.

---

6 Cropley, Arthur J.: »Unterricht ohne Schablone – Wege zur Kreativität«, Ravensburg 1978, S. 53

Während das konvergente Denken auf dem Prinzip beruht, dass es für ein Problem nur eine Lösung gibt (zum Beispiel 20:5 = 4), geht das divergente Denken davon aus, dass eine Vielzahl von Lösungsmöglichkeiten existiert.

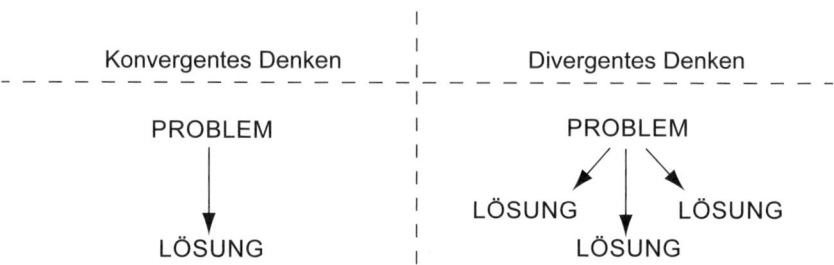

Abb. 10: Konvergentes und divergentes Denken

Kreativität heißt, sich vom vorhandenen bewährten Wissen zu lösen, neue Ideen oder ungewöhnliche Gedankengänge zu entwickeln. Kreativität hat etwas Schöpferisches, wobei nicht genau definiert werden kann, was da eigentlich geschöpft wird. Auch Karl-Heinz Brodbeck kommt zum Ergebnis, dass der Inhalt des Begriffs Kreativität ebenso vielfältig ist wie die Situationen der handelnden Menschen.

In welcher Situation befinden sich also Journalisten? Und was ist Kreativität bezogen auf den Journalismus?

2.2 »Knacken« Sie das Unterbewusstsein Ihrer Zielgruppe – Warum Sie kreativ sein müssen

So schwierig es ist festzulegen, was Kreativität genau ist, so schwierig ist es auch, diesen Begriff in Bezug auf den Journalismus zu definieren. Journalistische Kreativität ist vielschichtiger als es zunächst scheint. Es geht nicht nur darum, möglichst viele interessante Themen zu finden oder originell zu formulieren. Journalistische Kreativität findet sich in jedem Bereich des Arbeitsprozesses.

Was ist journalistische Kreativität?

Themensuche
- neue Themen finden
- bekannte Themen weiterdrehen
- neue Ansätze für bekannte Themen finden

Recherche
- offene Fragen erkennen
- Rechercheziele finden
- Querdenken

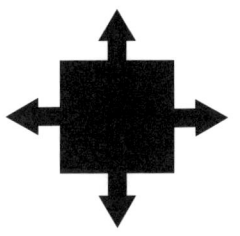

Umsetzung
- Ideen für Infografiken
- Entwicklung einer Dramaturgie
- Radio/TV: Musikeinsatz,
- Bild-/Toneffekte etc.

Texten
- Pointen setzen
- Kompliziertes vereinfachen
- Vergleiche finden etc.

Abb. 11: Kreativität im journalistischen Arbeitsprozess

Das Unterbewusstsein der Zielgruppe »knacken«

Auf dem Weg vom Schreibtisch des Journalisten ins Bewusstsein des Medienkonsumenten gilt es, ein Hindernis zu überwinden: die Bewertungsinstanz des Unterbewusstseins, die – wie in Abschnitt 1.2 erläutert – jede eingehende Information danach beurteilt, ob sie neu und relevant ist. Informationen, die diese beiden Kriterien nicht erfüllen, haben kaum eine Chance, von Hörern, Lesern oder Zuschauern wahrgenommen zu werden.

Diese neurobiologischen Erkenntnisse zeigen, dass es praktisch unmöglich ist, an den Bedürfnissen und Erwartungen einer Zielgruppe vorbei zu schreiben oder zu senden und damit erfolgreich zu sein. In einem wachsenden Wettbewerb ist es für Medien wichtiger geworden, Hörer, Leser und Zuschauer genau zu analysieren und Informationen anzubieten, die die jeweilige Zielgruppe als neu und relevant einstuft.

Was ist journalistische Kreativität?

Neu
Beantwortet ein Artikel bzw. ein Beitrag Fragen, die sich der Einzelne in der Zielgruppe stellt? (Hohes Interesse) Oder beantwortet er Fragen, die sich die Zielgruppe gar nicht stellt oder die schon lange beantwortet sind? (Niedriges Interesse)

Relevant
Wie relevant ist ein Thema für eine bestimmte Zielgruppe? Inwieweit ist die Zielgruppe von dem Thema inhaltlich, örtlich oder altersmäßig betroffen? Inwieweit berührt das Thema die Lebenswelt der Zielgruppe?

Mit diesen zwei Kriterien lässt sich ein Großteil journalistischer Ideen bewerten und steuern.

Beispiel 1
Ein bekannter Schauspieler stellt seinen neuen Film vor. Ein Stadtmagazin entschließt sich, einen Redakteur zu dem Ereignis zu schicken. Das Thema ist relevant, weil die Leser des Magazins häufig ins Kino gehen und der Schauspieler in der Zielgruppe bekannt ist. Ungelöste Fragen sind vorhanden, weil die Leser wissen wollen, ob es sich lohnt, den Film anzusehen.

Beispiel 2
Der Film ist bereits vor drei Wochen angelaufen, jetzt ist der Schauspieler auf einer Gala in der Stadt. Die Relevanz des Themas ist nach wie vor hoch, doch welche ungelösten Fragen gibt es? Um einen Artikel zu schreiben oder einen Beitrag zu produzieren, der einen Eindruck hinterlässt (mehr als »Große Party beim Besuch von XY in der Stadt«), müssen offene Fragen gefunden und zu einem Thema formuliert werden.

An welchen Stellen lässt sich das Unterbewusstsein knacken?

Was ist journalistische Kreativität?

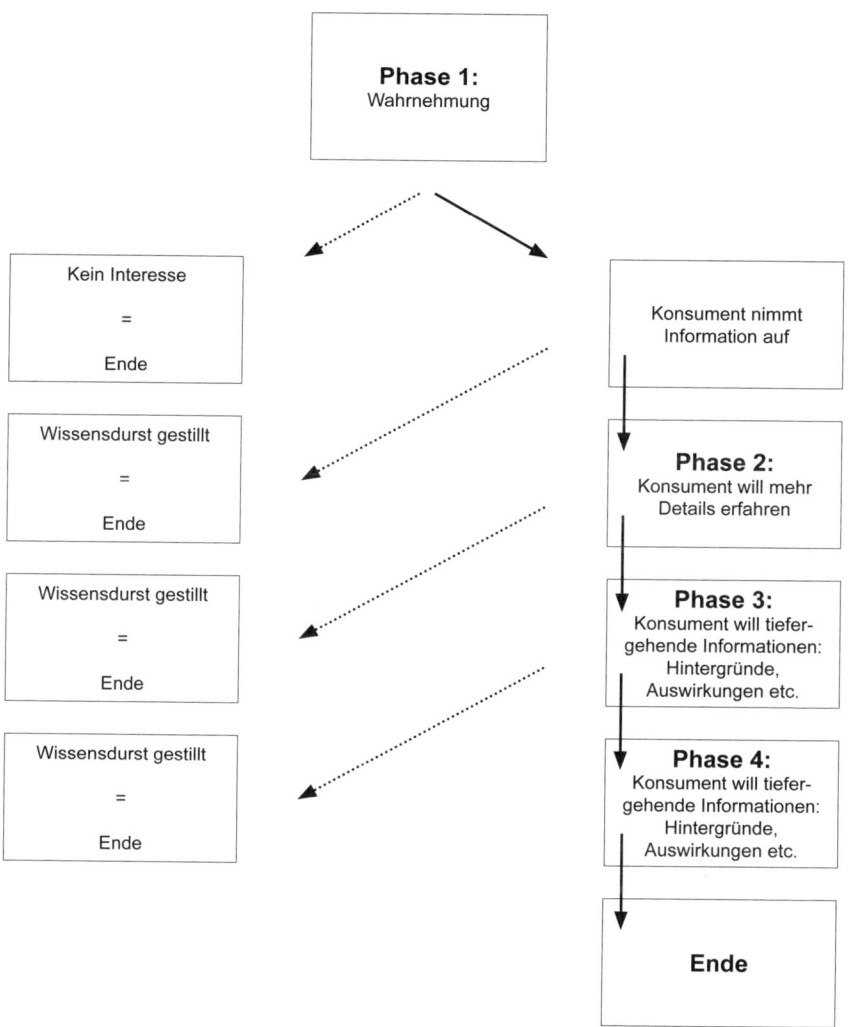

Abb. 12: Verarbeitung einer Information

Phase 1: Wahrnehmung einer Information
Man kann davon ausgehen, dass der durchschnittliche Medienkonsument kein wissensdurstiger Informations-Allesfresser ist, der jede Meldung begierig aufsaugt, sondern davon überzeugt werden muss, eine Information an sich heranzulassen. Leser, Hörer und Zuschauer fragen sich, ob die Information neu und relevant ist

33

und versuchen sie einzuordnen. In dieser Phase stellt sich der Konsument unbewusst Fragen wie diese:
- Was erwartet mich, wenn ich diese Information an mich heranlasse?
- Sind die Informationen neu oder knüpfen sie an vorhandenes Wissen an?
- Wird die Information für mich verständlich sein?
- Die Erwartungshaltung und damit die Entscheidung, einen Artikel zu lesen bzw. einen Beitrag zu hören oder zu sehen, lässt sich erheblich beeinflussen. In dieser Phase brauchen Journalisten Ideen, um Schlagzeilen bzw. Ankündigungen so zu formulieren, dass Medienkonsumenten auf das, was kommt, neugierig werden. Ein Radiosender beispielsweise kann Beiträge ernst oder unterhaltend ankündigen und damit verschiedene Erwartungshaltungen wecken.

Beispiel
Die Redaktion eines Stadtradios berichtet über eine Aktion von Schülerinnen und Schülern des örtlichen Gymnasiums, die auf dem Marktplatz Latein unterrichten. Der Moderator kündigt diesen Beitrag folgendermaßen an:
»Latein für jedermann – im Rahmen des europäischen Jahres der Sprachen versuchen heute Schülerinnen und Schüler der 8. Klasse des XY-Gymnasiums, Passanten am Marktplatz die lateinische Sprache näher zu bringen. Unsere Reporterin ist vor Ort.«

Wie reagieren die meisten Hörer? Die Chance ist sehr groß, dass sie den Bericht als *nicht relevant* einordnen, weil sie einen Fachbeitrag für Lateininteressierte vermuten. Um dieses Thema für eine breite Hörerzahl interessant zu machen, kann es beispielsweise unterhaltsam eingeführt werden.

»Vielleicht ist Ihnen das schon einmal aufgefallen: Es gibt einen Trend zum Unverständlichen. Fragen Sie mal einen Juristen, warum dieser oder jener Angeklagte nicht verknackt wurde und er wird sagen: *In dubio pro reo*. Heißt nichts weiter als *Im Zweifel für den Angeklagten*; klingt aber wichtig. Wenn Sie sich diesem Trend zur Unverständlichkeit anschließen wollen, schauen Sie kurz auf dem Marktplatz vorbei, da ...«

Der Hörer erwartet jetzt einen nicht ganz so bierernsten Beitrag und hofft darauf, unterhalten und nebenbei informiert zu werden.

Phase 2: Bedürfnis nach mehr Details
Manchmal genügt es, die Überschrift eines Artikels zu lesen und der Konsument hat das Gefühl, er wisse genug. Ein Artikel mit der Überschrift »Konjunktur – Auch weiterhin kein spürbarer Aufschwung in Sicht« erklärt sich beinahe von selbst: Welche zusätzlichen Informationen braucht der durchschnittliche Konsument noch, um die Kernaussage des Artikels zu verstehen?

Um bei Lesern, Hörern oder Zuschauern das Bedürfnis nach mehr Detailinformationen zu wecken, ist journalistische Kreativität gefragt: Die ersten Informationen müssen so verpackt werden, dass sie den Konsumenten informieren, zugleich aber zum Weiterlesen, -hören bzw. -sehen animieren. Dazu braucht es nicht immer großer Kunstkniffe. Es kann genügen, eine Frage in die Überschrift zu integrieren (»Konjunktur – Warum auch weiterhin kein spürbarer Aufschwung in Sicht ist«) oder interessante Teilbereiche herauszustellen, die für die Zielgruppe interessant sein könnten (»Konjunktur – Welche Branchen trotz schwachem Wachstum florieren«).

Um Leser, Hörer und Zuschauer neugierig auf mehr Details zu machen, ist es also wichtig, ihnen gleich zu Beginn den Mehrwert klar zu machen, den sie erhalten, wenn sie Zeit und Aufmerksamkeit investieren, um ausführliche Informationen aufzunehmen.

Phase 3: Bedürfnis nach Hintergrundinformationen
Wenn Medien über ein Thema frontal berichten, ist das Interesse von Lesern, Hörern und Zuschauern bald erschöpft. Fragen nach dem *Wer*, *Wie* und *Wo* sind rasch beantwortet. Um das Interesse aufrecht zu erhalten, müssen Redaktionen die Fragen beantworten, die sich der Einzelne in der Zielgruppe stellt. Fragen wie zum Beispiel:
- Warum konnte das passieren?
- Was sind die Motive und Interessen der beteiligten Personen?
- Von welchen Emotionen werden/wurden die Beteiligten getrieben?
- Welche Auswirkungen hat das Geschehen auf mich, meine Umgebung (Beruf/Hobby/Interessengruppe) oder meine Region?

Der Beginn dieser Phase, also der Übergang von der Frontal- zur Hintergrundberichterstattung, stellt für viele Redaktionen eine große Herausforderung dar. Die Anforderungen an den einzelnen Redakteur ändern sich: Es geht nun darum zu erahnen, welche Fragen offen geblieben und für die Zielgruppe relevant sind. Bei der Suche nach dem Weiterdreh können sich Journalisten und Redaktionen profilieren, indem sie ein eigenes Informationsprofil mit ungewöhnlichen Ansätzen entwickeln und so das Interesse an Hintergrundinformationen selbst dann wecken, wenn die eigentliche Geschichte schon lange vorbei ist.

Phase 4: Frage nach Konsequenzen
Kurz bevor eine Geschichte aus den Medien verschwindet, kommen oft Fragen nach der Verantwortung und nach den Konsequenzen auf. Vor allem nach Katastrophen ist diese Phase intensiv und ausgedehnt. Gibt es jemanden, der für das Geschehen verantwortlich gemacht werden kann? Hat das Geschehen personelle oder technische Konsequenzen?

Wie schnell diese Phase durchlaufen wird, hängt von der Betroffenheit der Konsumenten, der Stichhaltigkeit der Argumente und kulturellen Eigenheiten ab. Letzteres ist nicht zu unterschätzen: In Deutschland gibt es bei bestimmten Themen eine »Kultur des Kopfrollens«: Die Geschichte ist erst mit dem Rücktritt eines möglichst ranghohen Verantwortlichen abgeschlossen, was mitunter zu einer ritualisierten Berichterstattung führt.

So sind es nach Lawinenunglücken und Erdrutschen in den Alpen regelmäßig Deutsche (Bürger wie Medien), die nach der Verantwortung der Behörden fragen. Ortskundige Einwohner der betroffenen österreichischen oder Schweizer Orte sind schneller bereit, das Geschehen als Naturkatastrophe zu akzeptieren. Wenn sich die Stimmung erst einmal aufgeheizt hat, ist es für den einzelnen Redakteur oft schwer, sich mit der Idee durchzusetzen, dass alles vielleicht ganz anders ist. In dieser Phase kann journalistische Kreativität zum Beispiel darin bestehen, ein Thema von einer Seite zu betrachten, die im publizistischen Mainstream so gar nicht oder nur selten auftaucht.

In der täglichen Berichterstattung immer wieder neue und relevante Themen zu finden, Ansätze für Weiterdrehs zu erkennen und Informationen so zu verpacken, dass sie von der Zielgruppe als *neu* und *relevant* eingestuft werden, ist eine schwierige Herausforderung. Schwierig vor allem deshalb, weil der Rahmen dem einzelnen Redakteur nicht unbedingt den Freiraum lässt, den er braucht, um kreative Ideen zu produzieren.

Der Rahmen journalistischer Kreativität

Die Bedingungen unter denen Journalisten in den meisten Redaktionen arbeiten, sind durch Stress, Überarbeitung und ständigen Zeitdruck gekennzeichnet. Bedingungen, die es auf den ersten Blick nicht erlauben, sich zurückzulehnen und über originelle Ideen nachzudenken. Der Rahmen für journalistische Kreativität ist entsprechend eng:

Was ist journalistische Kreativität?

Keine Zeit

Journalisten unterliegen dem ständigen Zwang, binnen kürzester Zeit zu reagieren. Die Deadline für einen Artikel oder Beitrag bestimmt den Tagesablauf. Eine Idee um 18:01 Uhr ist wertlos, wenn um 18:00 Uhr Redaktionsschluss war. Unter diesem Diktat der Zeit sehen sich Redakteure und ihre Redaktionen oft nicht in der Lage, Ideen zu spinnen und zu entwickeln. Der bezeichnende Satz dafür ist: »Wir haben keine Zeit für Kreativität«, wobei diese Aussage oft eher Ausdruck eines falsch verstandenen Kreativitätsbegriffs und weniger ein echtes Zeitproblem ist. Natürlich kann niemand von einem Journalisten ernsthaft verlangen, sich im Moment größter Zeitnot in eine stille Ecke zurückzuziehen, eine Fragestellung in Ruhe auf sich wirken zu lassen und auf einen Geistesblitz zu warten. Doch darf mangelnde »Zeit für Kreativität« nicht zur Ausrede für Ideenlosigkeit werden. Journalistische Kreativität bedeutet, den Prozess der Ideenfindung so in den journalistischen Alltag zu integrieren, dass sich Kreativität auch unter dem Diktat der Zeit entfalten kann.

Kein Geld

Die Etats werden kleiner. Redaktionen müssen mit immer weniger Mitteln ein Produkt produzieren, das qualitativ hochwertig und konkurrenzfähig ist. Dieser Druck führt in vielen Fällen zu Resignation: »Wie sollen wir mit so wenig Geld die Qualität halten und dabei auch noch kreativ sein?« Zugegeben, die Nuss ist schwer zu knacken und doch ist Schulterzucken die falsche Reaktion. Journalistisch kreativ zu sein heißt, diese Realität als solche anzuerkennen, die Situation als Herausforderung zu begreifen und nach Wegen zu suchen, die Zielgruppe trotz Budgetdruck mit neuen und guten Ideen zu begeistern.

Zielgruppe

Journalistische Produkte richten sich in der Regel an eine bestimmte, klar definierte oder definierbare Zielgruppe. Ein TV-Boulevardmagazin hat eine andere Zielgruppe als eine Wirtschaftszeitung, die Hörer eines privaten Radiosenders unterscheiden sich deutlich von denen eines öffentlich-rechtlichen Informationsprogramms. Diese Erkenntnis ist banal, führt aber in der Praxis häufig zu Problemen, weil sich Redakteure in ihrer eigenen Kreativität beschnitten fühlen. Statt Ideen zu entwickeln, um das Produkt voranzubringen, diskutieren Sie über Sinn und Unsinn eines bestimmten Formats, stellen die Ausrichtung eines Blatts oder einer Sendung immer wieder infrage und sperren sich gegen die vorgegebene Richtung. Das Besondere an journalistischer Kreativität wird hier besonders deutlich: Journalistische Kreativität bedeutet, den Zwang zur Ausrichtung auf eine bestimmte Zielgruppe anzuerkennen und diese Ausrichtung durch möglichst viele und möglichst gute Ideen zu unterstützen. Eine Fähigkeit, die in Zukunft immer

Was ist journalistische Kreativität?

wichtiger wird: Kaum ein Redakteur kann sich darauf verlassen, sein gesamtes Berufsleben im bevorzugten Ressort seiner Lieblingszeitung zu verbringen. Der Marktwert eines Journalisten wird immer stärker daran bemessen, ob er in der Lage ist, die verschiedensten Informationsformate durch Ideen voranzubringen.

Vorstellungen und Erwartungen
Jedes Mal, wenn Redakteure und Medienkonsumenten eine bestimmte journalistische Leistung bewerten und entscheiden, ob die Berichterstattung aus ihrer Sicht gut oder schlecht ist, spielen Vorstellungen und Prägungen der Vergangenheit eine nicht zu unterschätzende Rolle. Journalisten, Hörer, Leser und Zuschauer haben – häufig unbewusst – eine sehr klare Vorstellung davon, wie ein journalistisches Produkt auszusehen hat. Kreativität heißt oftmals, mit diesen Vorstellungen zu brechen oder sie zumindest infrage zu stellen.

Eine Lokalzeitung, die jahrelang relativ unkritisch Presseerklärungen des Landrats und Verbandsnachrichten abgedruckt hat, war aus Sicht eines Außenstehenden sicherlich kein innovatives Medium, das durch eigene Themen und kritische Recherche spannenden Journalismus bot, doch sie vermittelte der Zielgruppe das Bild einer heilen Welt und schaffte damit einen klaren Orientierungsrahmen. Wenn diese Lokalzeitung damit beginnt, Skandale in der Region aufzudecken, eckt die Redaktion damit zwangsläufig an. Nicht nur bei denen, die von dem Skandal unmittelbar betroffen sind, sondern auch bei denen, die bislang ein anderes journalistisches Verständnis gewohnt waren. Mit dem gleichen Problem wird beispielsweise ein TV-Magazin konfrontiert, das mehr Boulevard-Themen ins Programm nehmen will. Oder ein Radioprogramm, das sein Wortprogramm verändert, um eine jüngere Zielgruppe anzusprechen.

Leser, Hörer und Zuschauer sind bei der Bewertung stark von ihrer Lebenswelt und ihren Erwartungen geprägt. Dabei stellen sich eine Reihe von Fragen:
- In welcher Umgebung leben die Mitglieder der Zielgruppe?
- Welche Werte haben sie?
- Wie ist ihre Einstellung zum Leben?
- Sind sie neugierig auf Dinge außerhalb ihrer Lebenswelt?
- Wie aufgeschlossen sind sie gegenüber neuen Ideen und neuen Herangehensweisen an bestehende Probleme?
- Wie stellt sich die Zielgruppe eine seriöse Zeitung, einen kompetenten Moderator oder einen glaubwürdigen Fernsehreporter vor?
- Über welche Art von Humor kann die Zielgruppe lachen?
- Wie ist ihre Einstellung zu journalistischen Formen wie Enthüllungsgeschichten?
- Was erwartet die Zielgruppe von einem Medium?
- Welche Erwartungen werden von anderen Medien bereits gedeckt?

- Wie tief gehend möchte die Zielgruppe informiert werden?
- Wie tolerant ist sie gegenüber Analysen, die sich nicht mit der eigenen Meinung decken?

Wie reagieren Medien auf diese Vorstellungen und Erwartungen in der Zielgruppe? Es gibt eine Reihe von Redaktionen, die versuchen, den größten gemeinsamen Nenner zu finden, also nur solche Geschichten oder Umsetzungen zu bringen, die bei einem möglichst großen Teil der Zielgruppe auf keinen nennenswerten Widerstand stoßen. Im Hörfunk war gerade zu Beginn ein Leitspruch vieler Formatradios: »Du sollst deinen Hörer nicht irritieren.« Der Grundgedanke war, jeden potenziellen Abschaltfaktor im Wortprogramm zu eliminieren. Dieser im Prinzip verständliche und in der Grundtendenz sicherlich richtige Ansatz führte jedoch dazu, dass eine Reihe recht farbloser Formate entstand, die zwar niemandem wehtaten, die aber auch keinen nennenswerten Eindruck hinterließen.

Natürlich kann es sich kein Medium leisten, Inhalte zu produzieren, die die Zielgruppe so sehr irritieren, dass sie die Zeitung bzw. den Sender wechselt. Und doch führen Farblosigkeit und Austauschbarkeit in einem harten Markt auf Dauer in das »Niemandsland des Mittelmaßes«.[7] In der strategischen Unternehmensführung werden vier Faktoren genannt, die zu einem dauerhaften Wettbewerbsvorteil führen. Es gilt, die Ressourcen zu nutzen, die wertvoll, selten, schwer zu imitieren und schwer zu ersetzen sind. Zu diesen wertvollen, seltenen, schwer imitierbaren und schwer ersetzbaren Ressourcen einer Redaktion gehört unzweifelhaft Kreativität.

Kreativ zu sein heißt, den Mut aufzubringen, auch unkonventionelle Dinge auszuprobieren und damit auch einmal anzuecken. Kreativ zu sein heißt journalistische Leistungen anzubieten, die sich im Rahmen der Vorstellungen und Erwartungen der Zielgruppe bewegen, doch nicht in ihnen verharren.

---

7   Venzin, M./Rasner, C./Mahnke, V.: »Der Strategieprozess«, Frankfurt/M. – New York 2003, S. 174

Was ist journalistische Kreativität?

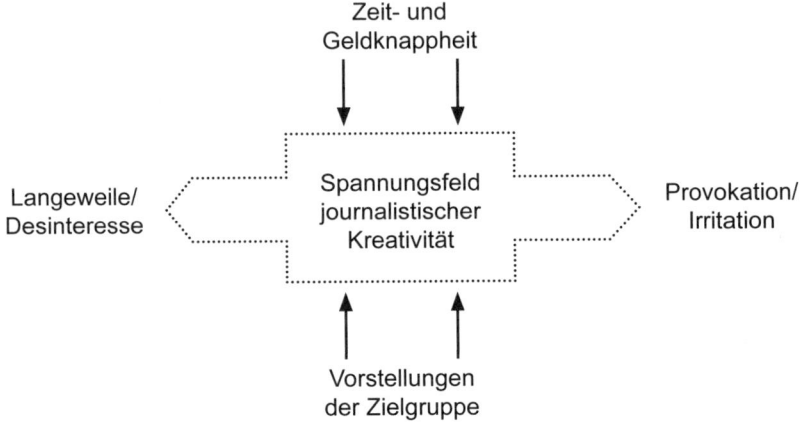

Abb. 13: Spannungsfeld journalistischer Kreativität

2.3 Ideenfilter und andere Kreativbremsen

Menschen unterliegen oft dem Zwang, Themen und Aussagen eindeutig zuordnen zu können. Alles andere erscheint zunächst als Widerspruch, vielleicht sogar als Bedrohung. Entsprechend neigen sie dazu, neue und ungewöhnliche Ideen zunächst einmal abzulehnen. Der amerikanische Kreativitätstrainer Dr. Roger Firestien fragt in seinen Seminaren: »Warum fühlen wir uns zum Negativen hingezogen?« Er beantwortet diese Frage mit der These: »Ich glaube, wir haben nicht gelernt, zunächst die Stärken einer Idee zu betrachten.«

Um seine These zu untermauern, zeigt er Teilnehmern der Seminare das Bild einer alten Schubkarre mit einem übergroßen Behälter für das Schüttgut, extrem kurzen Haltegriffen und einem Rad, das zwischen dem Behälter und den Haltegriffen angebracht ist. Firestien fragt nach Meinungen zum Design der Schubkarre. Typische Kommentare der Teilnehmer sind:
- »Der Behälter ist zu groß.«
- »Das Rad gehört nach vorne.«
- »Zurück damit zum Designer!«

All diese Kommentare sind Kritik. Firestien erklärt, dass es sich um eine Spezialschubkarre handelt, die beim Bau von Wolkenkratzern eingesetzt wird und dass es triftige Gründe für das merkwürdige Design gibt. Die normale Antwort der Teilnehmer lautet dann: »Sie haben uns hereingelegt. Sie haben uns diese Informationen nicht gleich gegeben.« Firestien erwidert, dass die meisten neuen

Ideen so aussehen, wenn sie das erste Mal vorgeschlagen werden. In den meisten Fällen verfügen diejenigen, die mit einer neuen Idee konfrontiert werden, nicht über alle Informationen. Ähnlich ist es mit Ideen, die Journalisten im Redaktionsalltag – beispielsweise auf einer Konferenz – vorschlagen. Es liegen oft nicht alle Informationen vor, um diese Idee wirklich zu bewerten. Anstatt sich darauf zu konzentrieren, die positiven Aspekte dieser Idee zu bewerten, sie vielleicht aufzugreifen und weiter zu entwickeln, setzen Kollegen sehr schnell ihre persönlichen Ideenfilter an.

Ideenfilter

> »Ein Mann mit einer neuen Idee ist unausstehlich, bis er der Idee zum Erfolg verholfen hat.«
> *Mark Twain, amerikanischer Schriftsteller*

Mit einer guten Idee ist es ähnlich wie mit einer Pflanze: Ihre volle Pracht entfaltet sie erst am Ende. Zu Beginn streckt sie vorsichtig den Kopf heraus, ein zerbrechlicher Sprössling ohne greifbare Gestalt. Und häufig passiert das: Jemand trampelt drauf. Die Idee ist tot. Ausgesiebt im mentalen Ideenfilter der Kollegen.

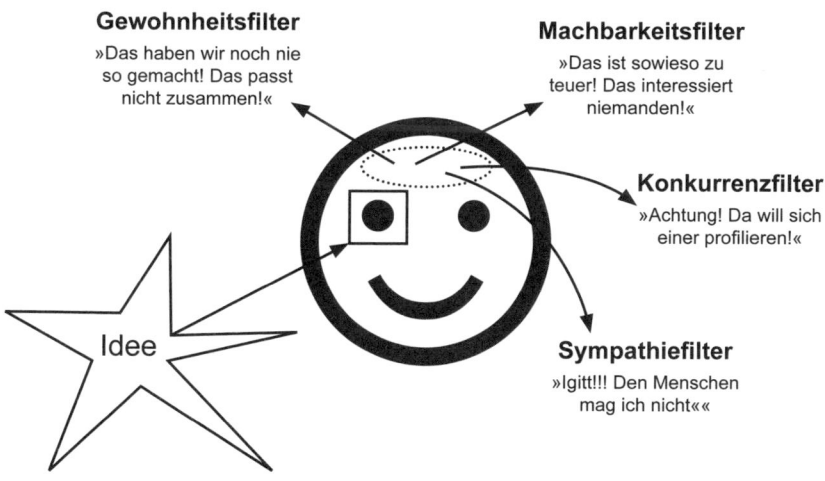

Abb. 14: Ideenfilter im Kopf

Gewohnheitsfilter
»Das haben wir noch nie so gemacht! Das passt nicht zusammen!«
Routine ist schön. Sie erlaubt es sich, sich zurückzulehnen und der täglichen Arbeit mit einer großen Portion Gelassenheit zu begegnen. Die anfallenden Fragen und Probleme wurden schon häufig diskutiert und gelöst, der routinierte Redakteur kann auf einen reichhaltigen Erfahrungsschatz zurückgreifen. Dummerweise hat Routine auch eine Kehrseite: Sie ist ein langsam wirkendes Gift gegen neue Ideen. Wer sich gegen dieses Gift nicht zur Wehr setzt, beginnt unbewusst bekannte Lösungen neuen Ansätzen vorzuziehen. Unbekanntes irritiert. Unbekanntes zwingt dazu, in sich zu gehen, nachzudenken und lieb gewonnene Lösungsmuster infrage zu stellen.

> »Wenn Dir jemand erzählt, deine Idee sei verrückt – höre nicht auf ihn.«
> *Michael Dell, Gründer von Dell Computer*

Ein schwer definierbares Gefühl sorgt dafür, dass sich der Einzelne sträubt, neue Wege zu gehen und sich zu verändern. Und weil viele Menschen Veränderungen scheuen, kann der Gewohnheitsfilter als sozial akzeptiert gelten: Wer eine neue Idee zunächst einmal abwehrt, kann nichts falsch machen. Sobald sich diese Idee dann durchgesetzt hat, wird der Gewohnheitsfilter schwächer. In dieser Beziehung gleichen Menschen Herdentieren: Wenn das Rudel etwas Neues akzeptiert, kann der Einzelne das auch. Nur hat das dann nichts mehr mit innovativem Denken zu tun.

Es gibt ein Mittel, das schleichende Gift der Gewohnheit zu bekämpfen: Sensibilisierung. Folgende Sätze landen ab sofort auf einer schwarzen Liste:
- »Das haben wir schon immer so gemacht.«
- »Das haben wir noch nie so gemacht.«
- »Das geht so nicht.«
- »Ich habe das immer anders gelöst.«
- »Das muss man so und so machen.«

Der erste Schritt ist, sich selbst dafür zu sensibilisieren, in welchen Situationen der Gewohnheitsfilter zum Hindernis für neue Ideen wird. Siehe dazu auch die Abschnitte »Fragen, Fragen, Fragen!« und »Killerphrasen verbieten« später in diesem Buch.

Machbarkeitsfilter
»Das ist sowieso zu teuer! Dafür haben wir gar nicht das Personal! Dafür ist bei uns niemand qualifiziert!«
Ausgerechnet einer Baumarktkette fällt die Ehre zu, ein Motto kreiert zu haben, das als Leitsatz für Kreativität gelten könnte: »Geht nicht gibt's nicht!« Natürlich kann eine Idee am Ende daran scheitern, dass die Kosten zur Realisierung das Budget sprengen. Doch bis dahin gibt es beinahe unendlich viele Möglichkeiten, der Idee auf Umwegen zum Erfolg zu verhelfen. In der täglichen Arbeit passiert jedoch häufig genau das Gegenteil: Anstatt Kreativität in den Versuch zu investieren, eine Sache möglich zu machen, wird Energie verwendet (bzw. verschwendet), um Argumente zu finden, warum etwas nicht funktionieren kann.

> »In der Idee leben heißt, das Unmögliche behandeln, als wenn es möglich wäre.«
> *Johann Wolfgang von Goethe*

Der Machbarkeitsfilter hat auch eine positive Funktion: Er schützt den Einzelnen davor, Energie mit Dingen zu verschwenden, die von vornherein aussichtslos sind. Es ist wichtig, Zweifel an einer Sache ernst zu nehmen, sie dürfen nur nicht dazu führen, neue Ideen gleich zu Beginn für nicht machbar zu erklären. Es gibt eine wirksame Strategie, um den Machbarkeitsfilter wirksam zu nutzen: Zweifel in Fragen umformulieren. Anstatt zu sagen »Das funktioniert nie!«, werden Fragen gestellt:
- »Warum funktioniert das nie?«
- »Was spricht dafür, was spricht dagegen, dass das funktionieren könnte?«
- »Wie könnte es funktionieren?«
- »Was würde passieren, wenn es nicht funktioniert?«

Zweifel in Fragen umzuformulieren gibt einer bestimmten Situation Tiefgang und fördert Argumente zu Tage, die einerseits davor schützen, viel Rauch um nichts zu machen, andererseits dafür sorgen, dass gute Ideen nicht von vornherein als nicht durchführbar gelten.

Sympathiefilter
»Mag ich den Vorschlagenden?«
Häufig ist derjenige, der eine Idee bewertet, dazu gar nicht in der Lage. Ihm fehlen die Maßstäbe. Ob ein neuer Vorschlag zur Haushaltssanierung ein »Durchbruch« (wahrscheinliche Argumentation der jeweiligen Regierung) oder ein »totales Ver-

sagen der Regierung« (Opposition) darstellt, können mit letzter Sicherheit nur wenige Experten beurteilen. Am bequemsten ist es, sich der Meinung derer anzuschließen, die man mag. Oder umgekehrt: Die Ideen derer, die man nicht mag, abzulehnen. Häufig lassen sich Menschen so sehr vom persönlichen Umfeld einer Idee einnehmen, dass sie den Blick für ihren Kern verlieren. Recht deutlich lässt sich das an der Kunst beobachten:

Ist ein modernes Gemälde, das eine Ansammlung weißer und roter Farbflecke auf blauem Untergrund zeigt, hohe Kunst oder das fantasielose Gekleckse eines Hochstaplers? Wenn ein dreijähriges Kind dieses Bild präsentieren würde, wäre die Reaktion wahrscheinlich ein Lächeln. Auch ein Jungkünstler, der seine erste Vernissage in einem Cafe ausrichtet, hätte es wahrscheinlich schwer, Begeisterung auszulösen. Hängt das gleiche Bild auf der Kunstmesse art in Basel, würde sich bestimmt jemand finden, der ein kleines Vermögen dafür ausgibt. Vorausgesetzt ein Experte verkündet mit seriösem Ton, dass der Künstler einer der aufregendsten Neuentdeckungen der letzten zehn Jahre ist.

Lee Iacocca, langjähriger Vorstandsvorsitzender der Chrysler Corporation, hat eine persönliche Strategie entwickelt, um mit diesem Filter umzugehen: »So oft einer meiner Leute eine Idee hat, bitte ich ihn, sie schriftlich niederzulegen. Ich möchte nicht, dass mich jemand bloß durch seine schöne Stimme oder seinen Charm für einen Plan einnimmt. Man kann sich das wirklich nicht leisten.« Es ist wichtig, Ideen von der Person des Vorschlagenden zu trennen, die Sachebene und die Beziehungsebene auseinander zu halten und so eine kritische Distanz zu gewinnen.

Konkurrenzfilter
»Achtung! Da will sich einer profilieren!«
Der Konkurrenzfilter ist der Filter, von dem jeder bestreiten würde, dass er ihn anwendet. »Ich? Die Idee eines Kollegen niedermachen, um selbst besser dazustehen? Niemals!« Nun, von einem kriminalistischen Standpunkt aus gesehen sind Gelegenheit und Motiv auf jeden Fall vorhanden: Aus Sicht eines karriereorientierten Machtmenschen im Verdrängungswettbewerb bedeutet jeder für gut befundene Vorschlag eines Kollegen Gefahr für die eigene Karriere. Der Vorschlag muss folglich entweder überboten oder verhindert werden. Ideen zu verhindern ist die Waffe derer, die sich mit wenigen eigenen Ideen profilieren oder streng darauf achten, eine kreative Hackordnung einzuhalten: »Erst meine Ideen, dann die der anderen.«

> »Mancher lehnt eine gute Idee bloß deshalb ab, weil sie nicht von ihm ist.«
> *Luis Buñuel, spanischer Filmregisseur*

Der Konkurrenzfilter ist ungemein effektiv, wenn er rhetorisch geschickt verpackt wird. Er ist schwer nachzuweisen, weil das Motiv der Ablehnung verborgen bleibt. Das Motiv lässt sich nur dadurch entlarven, dass bestimmte Menschen in bestimmten Situationen immer wieder gleiche Verhaltensmuster aufweisen, dass beispielsweise ein Mitarbeiter immer wieder Vorschläge eines bestimmten Kollegen ablehnt. Keinesfalls sollte dieser Kreativitätskiller aus falsch verstandener Rücksicht ignoriert werden. Solche Machtkämpfe haben Auswirkungen auf das gesamte Redaktionsklima (siehe dazu später »Meinungs- und Machtkämpfe«). Wer sich selbst dabei ertappt, Ideen von Kollegen aus Angst um die eigene Karriere abzulehnen, sollte in sich gehen und sich fragen: »Was kann mir wirklich passieren? Wie wirke ich auf andere, wenn ich ständig Ideen ablehne?« Die Erkenntnis ist häufig banal: Eigentlich kann gar nichts passieren, stattdessen gibt derjenige, der den Konkurrenzfilter zu häufig anwendet, das Bild eines Störenfrieds und Blockierers ab.

Stress
Wer einen Redakteur fragt, was seine Kreativität behindert, wird mit an Sicherheit grenzender Wahrscheinlichkeit die Antwort erhalten: »Weil ich keine Zeit habe. Ich bin zu sehr im Stress.« Dieses Argument ist auf den ersten Blick vollkommen einleuchtend. Der Alltag in vielen Redaktionen ist von einem Arbeitstempo geprägt, das den einzelnen Mitarbeitern wenig Zeit zum Zurücklehnen und Entspannen lässt. Eines der wesentlichen Merkmale journalistischer Kreativität ist deshalb – wie bereits beschrieben – die Fähigkeit unter Zeitdruck Ideen zu entwickeln. Im folgenden Abschnitt werden dazu Techniken beschrieben. Problematisch wird es, wenn der Stress überhandnimmt, wenn der Einzelne das Gefühl hat, er laufe in einem Hamsterrad, aus dem er nicht mehr herauskommt. Spätestens dann ist es Zeit, sich mit dem Problem Stress intensiv auseinander zusetzen, den eigenen Tagesablauf kritisch zu hinterfragen und die verschiedenen Stressquellen zu identifizieren:
- Welche Stressquellen schafft sich der Einzelne selbst? (Übertriebener Perfektionismus, Versagensängste etc.)
- Welche Rahmenbedingungen sorgen für Stress? (Zu lange Konferenzen, schlechte Vorplanung, Konkurrenzdruck etc.)

Wenn die Stressquellen identifiziert sind, müssen sie Schritt für Schritt vermindert bzw. beseitigt werden. Wichtig ist dabei, dass die gewonnenen Freiräume bewusst in den kreativen Prozess investiert werden.

Die Angst vor dem Widerspruch

Es gibt Redaktionen, bei denen man in einer Mischung aus Ehrfurcht und Verkrampfung erstarrt, wenn man sie beitritt: Redakteure sitzen mit ernsten Gesichtern an Ihren Computern, werten Agenturmeldungen aus und verfassen Texte. Ihr seriöser Blick verrät: Hier wird Wichtiges verfasst. Konferenzen verlaufen ähnlich. Sie folgen einem festen Muster. Mit ernster Miene wird besprochen, was wichtig und was unwichtig, was ein Thema und was kein Thema ist. Der unbeteiligte Besucher fragt sich spontan: Herrscht hier Lachverbot?

Das journalistische Rollenbild ist vielfach von einem sehr klassischen Denken geprägt: In den Abteilungen Politik und Wirtschaft arbeiten *seriöse* Journalisten, die ihre Seriosität ständig neu unter Beweis stellen müssen. Ein dummer Witz zur falschen Zeit, schon gilt der betreffende Redakteur nicht mehr als seriös. Dabei ist Humor eine der wesentlichsten Eigenschaften kreativer und frei denkender Menschen. Ein Thema – und sei es noch so ernst – mit einer gewissen Ironie zu betrachten, schafft Distanz und damit gedankliche Freiräume. Redakteure, die sich ein Lachverbot auferlegen, berauben sich ihres eigenen kreativen Potenzials.

Und noch ein zweiter Widerspruch verhindert Kreativität: Das Denken in festen Schubladen. Ist ein Kollege der seriöse Nahost-Experte oder der lockere Wetterreporter, macht er Sport oder Kultur? Das gängige Vorurteil lautet: Wer über Sport berichtet, kann niemals gute Kulturberichte machen und ein guter Nahost-Experte berichtet nicht über das Wetter. Warum eigentlich nicht? Menschen haben mehr als eine Fähigkeit und einen geistigen Horizont, der über die einzelne Schublade hinausgeht. Die angeblichen Widersprüche können sich bei genauerem Hinsehen als kreatives Kapital entpuppen.

Die Angst vor der Unvollkommenheit

Ja, Kompetenz ist wichtig. Fachwissen auch. Und das Tagesgeschehen hat ein Redakteur selbstverständlich im Kopf. So weit so gut. Dann aber gibt es die Fachsimpler unter den Journalisten, die jeden vorwurfsvoll anblicken, der nicht weiß, dass der Kanzler gestern gesagt hat, dass der Parteienstreit beigelegt werden könnte, wenn sich XY bewege. Und das sei ein Unterschied zu seiner Aussage vergangene Woche, in der er nur gefordert habe, dass sich XY bewegte, ohne darauf hinzuweisen, dass der Parteienstreit beigelegt werden könne. Wenn niemand widerspricht, wird als Konsens angenommen, dass es zu verurteilen ist, nicht zu wissen, was der Kanzler gestern gesagt hat. Und dass ein guter Journalist das wissen MUSS. Dieses Buch soll kein Appell sein, weniger Faktenwissen anzusammeln. Aber: Diese Einstellung führt dazu, dass eine generelle Angst davor aufkommt, in bestimmten Themen nachzufragen, weil es ja sein könnte, dass zufällig gestern der Kanzler gesagt hat, dass ...

Fragen sind das wichtigste kreative Instrument. Wer Angst hat, Fragen zu stellen, weil diese Fragen Unsicherheit und Unvollkommenheit zeigen könnten, hemmt die Entstehung von neuen Ideen.

Verantwortungs-Pingpong als Kreativbremse

Die spontane Antwort auf die Frage, warum eine Redaktion nicht kreativ sei, gleicht einem Pingpong-Spiel: Abwehren und schnell versuchen, den Ball wieder auf die andere Seite zu bekommen. Von Redakteuren ist häufig zu hören, dass die »redaktionellen Strukturen halt so seien, dass man nicht kreativ sein könne«, dass »Ideen ja sowieso nicht gefragt seien« und dass der »Chef alle Vorschläge ablehnen würde«. Aus der Redaktionsleitung kommen im Gegenzug Beschwerden darüber, dass Redakteuren »der Biss und die Neugier« fehle, dass sie sich auf Ihren »Posten ausruhen« und am Produkt »desinteressiert« seien.

Dieses Spiel ließe sich endlos fortsetzen, wobei – und das unterscheidet diese Form des Pingpong vom echten Spiel – es bei dem Match keine Sieger gibt. Verantwortungs-Pingpong geht so lange weiter, bis beide Seiten entweder resignieren oder das Spiel abbrechen und nach einer konstruktiven Lösung suchen. Letzteres erweist sich oft als Herausforderung, die die Beteiligten gerade zu Beginn vor eine scheinbar unlösbare Aufgabe stellt: Kreativität droht immer wieder aufs Neue in den Strukturen zu ersticken, schwungvolle Offensiven verlaufen nach kurzer Zeit im Sand:

- Seminare und Workshops bleiben wirkungslos, weil Mitarbeiter nach kurzer Zeit merken, dass Kreativität zwar mehr Arbeit bedeutet, sich aber nicht auszahlt.
- Die Veränderung redaktioneller Strukturen wirkt kontraproduktiv, weil Mitarbeiter verunsichert werden und sich über die Ziele der strukturellen Veränderung im Unklaren sind.
- Maßnahmen zur Steigerung der Mitarbeitermotivation führen zwar zu einem besseren Betriebsklima, aber nicht zu mehr Ideen, weil diese Maßnahmen nicht mit klaren Forderungen und Zielen verknüpft sind.

Gerade in festgefahrenen, wenig flexiblen Redaktionsstrukturen scheint der einzige Ausweg oft der zu sein, ganze Redaktionsbereiche umzustrukturieren bzw. auszulagern. Ein solcher Prozess wurde beispielsweise beim SWR eingeleitet. Unter dem Stichwort »EFA – Eigenoptimierung, Fremdvergabe, Auslagerung« versuchte der Sender 2002, sich von seinen starren Strukturen Schritt für Schritt zu lösen. Auf einem Fachforum im September desselben Jahres nannte Dr. Willi Steul, Landessenderdirektor Baden-Württemberg des SWR, als einen Hauptgrund für EFA: »Wir müssen kreativer werden.«

Fremdvergabe und Auslagerung erscheinen als relativ sichere Wege, einer Redaktion, einer Sendeanstalt oder einem Verlag dauerhaft kreatives Potenzial zu sichern. Doch es ist kein unproblematischer Weg: Eine Redaktion, die ihre Kernkompetenz nach außen gibt, verliert zwangsläufig einen Großteil der Kontrolle über den Produktionsprozess, der bei einer freien Firma unter hohem Kostendruck natürlich anders aussieht als innerhalb einer Redaktion. Der Fall Michael Born, der dem Magazin STERN TV frei erfundene Fernsehbeiträge verkaufte, ist sicherlich das extremste Beispiel von Kontrollverlust.

Es lohnt sich deshalb, nicht allein darauf zu setzen, Kreativität auszulagern, sondern gerade das vorhandene Potenzial zu wecken und zu fördern. Der Prozess, in einer Redaktion dauerhaft kreative Strukturen zu etablieren, ist auf drei Säulen gestützt.

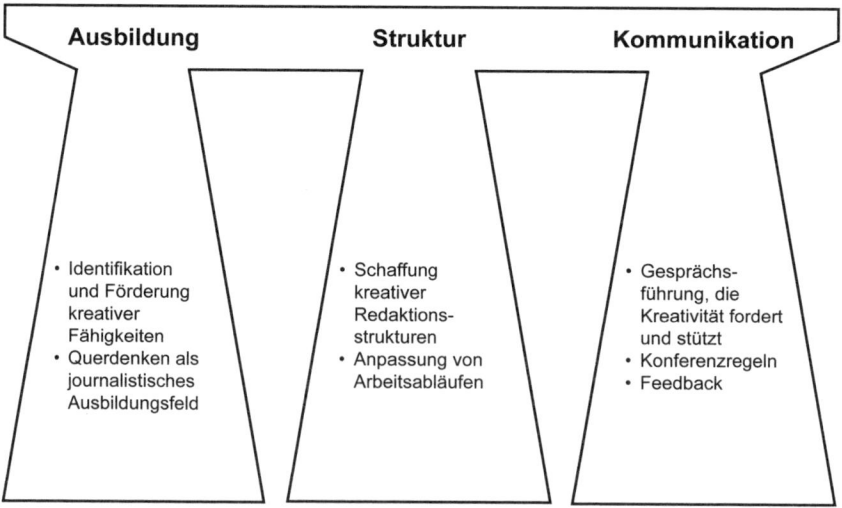

Abb. 15: Die drei Säulen journalistischer Kreativität

Ausbildung
Die Möglichkeiten, mithilfe kreativer Techniken Themen zu suchen und zu entwickeln, Recherchewege zu finden und Artikel bzw. Beiträge umzusetzen, gehören nicht zur klassischen Journalistenausbildung oder werden stark vernachlässigt. Dabei zeigt die Erfahrung von Seminaren, dass Redakteure kreative Methoden in ihren Arbeitsalltag viel stärker integrieren, wenn sie mit ihnen vertraut sind und sie trainieren.

Strukturen
Kreative Strukturen zu schaffen heißt zunächst, die derzeitige Arbeitsweise einer Redaktion dahingehend zu überprüfen, ob sie Ideen fördert oder verhindert, ob sie Mitarbeitern einen Rahmen bietet, in dem sich Gedanken entfalten können oder ob sie Kreativität erstickt. Der zweite Schritt ist, die Arbeit der Redaktion so zu gestalten, dass sie dem Ziel, möglichst viele und möglichst gute Ideen zu generieren, gerecht wird.

Kommunikation
Wenn es darum geht, eine kreative Atmosphäre zu schaffen, trägt die Art, wie Redakteure untereinander oder Führungskräfte mit Redakteuren kommunizieren wesentlich dazu bei. Wenn Ideen frühzeitig kritisiert werden oder Kritik zur Bedrohung wird, weil sie sich übermäßig stark auf Fehler konzentriert, führt das dazu, dass dem Einzelnen der Mut zum Außergewöhnlichen fehlt und nur noch solche Ideen vorgeschlagen werden, die »sicher« sind. Kreativität im Team bedeutet, Kommunikationsregeln anzuwenden, die Ideen fördern.

Kreativität ist aber auch eine Herausforderung für den Einzelnen. Gerade in einer Zeit, in der viele junge, zum Teil sehr gut ausgebildete Journalisten auf den Arbeitsmarkt drängen, ist es für erfahrende Journalisten notwendig, den eigenen Marktwert zu erhalten und sich mit frischen Ideen zu behaupten. Deshalb wird in diesem Buch nicht nur herausgearbeitet, wie Redaktionen Kreativität fördern können, sondern auch, was jeder Einzelne tun kann, um seinen Ideenfluss in Gang zu bringen.

2.4 Das Edison-Prinzip – Was Sie vom Erfinder der Glühbirne lernen können

»Genie ist 1 Prozent Inspiration und 99 Prozent Transpiration.« Dieser Satz stammt von Thomas Alva Edison, der zu Lebzeit der »Erfinder des Jahrhunderts« genannt wurde. Edison hat in seinem Leben 1.093 Patente erlangt, darunter für die Glühbirne, die Filmkamera und den Phonograph, die erste Maschine, die die menschliche Stimme aufnehmen konnte. Er hat die Grundlage für viele Bereiche der Medien geschaffen und er gilt bis heute als Vorbild für Innovation. Von ihm können Sie eine wichtige Lektion lernen: Geniale Ideen sind kein Zufall!

Wenn Sie vor einem beeindruckenden Gebäude stehen, dessen Architektur Ihnen schlichtweg den Atem raubt, ist es kein Zufall. Der Architekt hat lange überlegt, viele seiner Entwürfe zerrissen, das Ergebnis seiner kreativen Denkarbeit immer wieder in Frage gestellt und überarbeitet. Wenn Sie in einem Restaurant sitzen und der Koch überrascht Sie mit einem Essen, von dessen Zutaten Sie nicht im Leben gedacht hätten, dass sie zusammenpassen: Gehen Sie davon aus, dass die Gewürze dazu nicht zufällig vom Regal in den Topf gefallen sind: Die kreative Leistung des Kochs ist das Ergebnis eines langen und durchdachten Prozesses. Wenn Sie nach genialen Ideen für Reportagen, Beiträge oder möglicherweise sogar neue journalistische Geschäftsmodelle suchen, werden Sie mit hoher Wahrscheinlichkeit nicht per Zufall auf diese Ideen stoßen.

Edison hat nicht nur Erfindungen gemacht, er hat den Prozess der Ideenfindung neu erfunden. Bei der Ideenfindung ging er nach einem festen Muster vor: dem Edison-Prinzip®[8]. Es sind sechs Schritte, die aufeinander aufbauen und Ihnen helfen, den kreativen Prozess zu strukturieren.

---

[8] Meyer, J.-U.: »Das Edison-Prinzip – der genial einfache Weg zu erfolgreichen Ideen«, Frankfurt/M. 2008

Was ist journalistische Kreativität?

Was Edison tat	Was Sie davon lernen können
Schritt 1: Erfolgschancen erkennen Edison suchte von vornherein nach Feldern, die erfolgversprechend waren. Die Erfindung der Glühbirne war kein Zufall! Er überlegte erst, welchen Nutzen eine Idee haben könnte. Dann begann er, sie zu entwickeln. Das damals vorherrschende Gaslicht in den Wohnungen der Menschen war teuer und gefährlich, Edison erfand mit der Glühbirne eine Problemlösung.	Bevor Sie loslegen und Ideen entwickeln: Überlegen Sie, in welchem Bereich Sie mit neuen Ideen erfolgreich sein könnten: mit pointierteren Texten, langen und ausführlichen Reportagen, ungewöhnlichen Aspekten von Themen, ungewöhnlichen Interviewpartnern etc. Es genügt nicht, Dinge anders als die anderen zu machen. Suchen Sie nach dem Weg, der Erfolg verspricht.
Schritt 2: Denkwege erweitern 20 Erfinder arbeiteten parallel an der Glühbirne. Alle verrannten sich. Bis auf Edison. Er suchte systematisch nach Denkwegen, die andere nicht beschritten. Der Glühfaden brennt nicht lange genug? Es könnte das falsche Material sein. Vielleicht aber auch das richtige Material falsch verarbeitet. Das richtige Material, aber eine falsche Umgebung. Vielleicht aber auch etwas ganz anderes: Die Form der Lampe? Edison fand so neue Ansätze, die andere übersahen.	Gehen Sie Themen aus Prinzip immer wieder neu und immer wieder anders an. Suchen Sie Wege, die abseits vom Standard liegen. Geben Sie sich nicht mit den üblichen Denkwegen zufrieden! Orientieren Sie sich an anderen, aber nicht, um das Gleiche zu machen, sondern um das zu berichten, was andere nicht berichten! In diesem Buch werden Sie eine Reihe von Techniken kennenlernen, die das möglich machen.
Schritt 3: Inspirationen suchen Edison suchte systematisch nach Inspirationen. Er beschäftigte sich gezielt mit Grundlagenwissen, dem Umfeld seiner Erfindung und Ideen, die woanders erfolgreich funktionierten. Inspirationen aus Grundlagenwissen: In seinen Labors untersuchte er, wie und warum Metalle schmelzen. Inspirationen aus dem Umfeld: Er ließ sich Vakuumpumpen und Dynamos aus aller Welt beschaffen, nahm sie auseinander und baute bessere.	Ohne Inspirationen ist Kreativität undenkbar! Sie wollen pointierter schreiben? Lesen Sie Bücher bekannter Comedians und lernen Sie, wie sie Pointen aufbauen. Sie wollen Berichte analytischer schreiben und Analogien aufbauen? Beschäftigen Sie sich mit Bereichen, die es Ihnen ermöglichen, diese Analogien aufzubauen. Gehen Sie in den Zoo! Anschließend fällt es Ihnen viel leichter, Analogien zur Berliner Politik zu ziehen.

Schritt 4: Spannung erzeugen Edison erzeugte Geistesblitze auf Knopfdruck. Indem er einfach ausprobierte. Wenn er nach Ideen suchte, kombinierte er so lange Materialien und Inspirationen, bis er ein Ergebnis hatte. Dabei scheiterte er übrigens viel häufiger, als dass er Erfolg hatte. Das gehört dazu.	Experimentieren Sie mit neuen Stilen und Darstellungsformen. Gerade in der ersten Phase werden Sie viel kreativen Müll produzieren. Edison sagte nach 1.000 gescheiterten Glühbirnen-Experimenten: »Wir kennen jetzt 1.000 Wege, wie man keine Glühbirne baut.«
Schritt 5: Ordnen und optimieren Edison hörte nicht auf zu experimentieren, bis die Ideen perfekt waren. Das unterschied ihn von vielen anderen Erfindern. Einer seiner Leitsätze war: »Viele Fehlschläge im Leben stammen von Menschen, die nicht gesehen haben, wie dicht sie am Erfolg dran waren, als sie aufgaben.«	Sie schreiben einen Artikel oder produzieren einen Beitrag, aber irgendetwas stört sie. Schreiben Sie den Artikel noch einmal! Das ist kein Witz. Unterscheiden Sie zwischen Fast-Food-Journalismus und Ihren kreativen Leckerbissen. Die Leckerbissen veröffentlichen Sie bitte erst, wenn sie perfekt sind! Wichtig: Geben Sie nicht auf!
Schritt 6: Nutzen maximieren Thomas Edison dachte bei der Ideenfindung immer an das große Ganze. Nämlich daran, wie er seine Ideen vermarkten und den größten Nutzen aus ihnen ziehen kann. Er entwickelte nicht nur die Glühbirne, sondern das gesamte Lichtsystem: Kraftwerke, Leitungen, Schalter, Messgeräte etc. Und er war ein Marketinggenie in eigener Sache.	Denken Sie immer an das große Ganze! Nämlich das Endprodukt. Wie sieht der fertige Artikel im Magazin aus? Wie sieht der fertige Beitrag aus? Ohne ein Konzept ist Ihre Idee wertlos. Und denken Sie daran, dass Sie Ihre Ideen bestmöglich verkaufen: Eine mittelmäßig Idee, die gut verkauft wird, schlägt immer eine schlecht verkaufte Spitzenidee!

Abb. 16: Die sechs Schritte des Edison-Prinzip

Edison hat nicht nur das Vorgehen für die Ideenfindung entwickelt. Für ihn war Kreativität weit mehr als nur eine Frage der Technik. Nämlich vor allem eine Frage der Einstellung: Edison hat eine Reihe von Grundsätzen entwickelt, die für die Ideenfindung unerlässlich sind.

»Es gibt nur einen Weg zu einer guten Idee: viele Ideen«

Egal wie viele Ihrer bisherigen Ideen versagt haben, egal, wie oft Sie sich gedacht haben: »Was für eine blöde Idee!« Machen Sie weiter! Thomas Edison ist oft gescheitert: Viele seiner Erfindungen versagten, erwiesen sich als Flop oder wurden sogar verboten. Statt frustriert zu sein, nahm er es als Ansporn und setzte sich das Ziel: »Eine kleine Erfindung alle zehn Tage, eine große Erfindung alle sechs Monate.« Setzen Sie sich selbst eine Mindestquote für neue Produkte oder neue Dienstleistungen: Jeden Morgen fünf neue Ideen. Am Ende einer Woche sind es 25, am Ende eines Jahres 1300! Falls Sie Mitarbeiter haben: Fordern Sie jeden Tag und jede Woche neue Ideen ihnen ein!

»Unzufriedenheit ist die erste Voraussetzung für Fortschritt«

Die Regale unserer Buchläden sind voll von Ratgebern, die uns den Weg zu mehr Zufriedenheit zeigen sollen. Heerscharen von Beratern versuchen, Mitarbeiter zufriedener zu machen. Thomas Edison lebte das Gegenteil. Er versuchte nicht zufriedener zu werden und auch nicht, seine Mitarbeiter zufriedener zu machen, sondern seine Unzufriedenheit konstruktiv zu nutzen. Sind Sie frustriert darüber, dass Ihre Magazine oder Ihre Sendungen noch nicht ganz so sind wie Sie es sich wünschen? Sind Sie unzufrieden, weil Sie – von Kollegen als Perfektionist belächelt – immer wieder Dinge entdecken, die besser sein könnten? Versuchen Sie auf keinen Fall, diesen Frust zu bekämpfen! Und selbst wenn Sie gerade einen Höhenflug in Ihren Reichweiten verzeichnen: Bleiben Sie unzufrieden! Gerade in den Phasen, in denen es Sendern gut geht, neigt man dazu, sich eine Dosis Optimismus zu genehmigen und zu sagen: Weiter so! Nutzen Sie gerade die guten Phasen und tun Sie so, als würde die Krise unmittelbar bevorstehen.

»Unsere größte Schwäche liegt im Aufgeben«

Bei jeder neuen Idee, die Sie haben, werden Sie auf die zwei gleichen Probleme stoßen: Sie wissen nicht, ob die Idee funktioniert. Und Sie haben kein Geld, um die Idee zu entwickeln. Und dann geben Sie auf. Edisons Geheimnis: Er machte genau dort weiter, wo andere aufgaben. Er machte nicht einmal ein Geheimnis daraus, sondern betonte selbstbewusst: »Die meisten meiner Ideen gehörten ursprünglich Leuten, die sich nicht die Mühe gemacht haben, sie weiterzuentwickeln.« Wenn Sie innovativ sein wollen, müssen Sie Zeit dafür opfern und Wege finden, Ihre Ideen zu entwickeln.

»Ich bin nicht gescheitert. Ich habe nur 10.000 Wege gefunden, die nicht funktionieren.«

In einem Sender oder Verlag, der von seinen Mitarbeitern ein absolut fehlerfreies Verhalten fordert, wäre Thomas Edison entlassen worden. Denn bei der Entwicklung neuer Ideen lebte er ein ganz einfaches Prinzip: Aus Fehlern lernt man. Bevor er die Glühbirne vollendete, musste er über 9.000 Experimente durchführen. Doch er sah sich nie als gescheitert an. Wenn Sie neue Ideen entwickeln wollen, müssen Sie das Scheitern in Kauf nehmen! Ermutigen Sie Ihre Mitarbeiter, auf die Suche nach neuen Ideen zu gehen und gestehen Sie ihnen zu, Fehler zu machen. Der Anfang ist schwer, doch Sie werden sehen, dass Sie diese Einstellung auf Dauer nach vorne bringt!

3 Denken gegen den Strom – Erkennen Sie Ihre kreativen Fähigkeiten und Ihren kreativen Typ

3.1 Die Fähigkeiten kreativer Journalisten

Kreativität ist vielschichtiger, als es auf den ersten Blick scheint, und kann viele Dinge bedeuten. Jeder Journalist hat kreative Eigenschaften in sich und jeder hat in bestimmten Bereichen Schwächen. Um in jedem Bereich ihrer Arbeit kreativ sein zu können, brauchen Journalisten eine Reihe verschiedener Fähigkeiten:
a) Die Fähigkeit, gegen den Strom zu denken
b) Die Fähigkeit, neue und relevante Fragen zu formulieren
c) Die Fähigkeit, Probleme zu erkennen
d) Die Fähigkeit, viele Ideen zu entwickeln
e) Die Fähigkeit, originelle Ideen zu entwickeln
f) Die Fähigkeit, komplexe Sachverhalte zu erkennen und darzustellen
g) Die Fähigkeit zu recherchieren
h) Die Fähigkeit, Fakten zu interpretieren und zu kombinieren, Thesen zu bilden und zu überprüfen
i) Die Fähigkeit, schlüssig zusammenzufassen
j) Die Fähigkeit, Analogien zu bilden
k) Die Fähigkeit, bildhaft zu denken
l) Die Fähigkeit, assoziativ zu denken
m) Die Fähigkeit, andere Perspektiven einzunehmen

a) Die Fähigkeit, gegen den Strom zu denken

Nachplappern was alle plappern, das ist nicht schwer. Sie können sich als Journalist wunderbar darüber aufregen, wenn sich Politiker wieder einmal eine Diätenerhöhung genehmigen, die Benzinpreise steigen und Firmen ihre Sitze ins steuerlich attraktivere Ausland verlegen. Sie können schreiben, wie schlimm und ungerecht das ist, Sie machen die übliche Umfrage unter Menschen, die sich alle aufregen, interviewen wahlweise den Unternehmenschef, der die Politiker an den

Pranger stellt oder den Politiker, der die Unternehmenschefs an den Pranger stellt und so weiter und so weiter. Wie immer. Oder Sie denken gegen den Strom.

- Warum Politiker viel zu wenig verdienen. Für Leistungsorientierte mit anderen Möglichkeiten ist der Job unattraktiv. Die Folge: Der Großteil des politischen Personals ist Mittelmaß.
- Warum Benzinpreise schneller steigen müssen. Steigende Preise führen zu anderem Verbraucherverhalten und treiben Innovationen voran, die sonst nicht attraktiv wären.
- Warum wir mehr Steuerflüchtige brauchen. Nur dann besteht für den Staat die Notwendigkeit, das marode Steuersystem wirklich zu reformieren. Solange nur alle meckern, aber nichts unternehmen, ist der Druck für Veränderungen gering.

Abb. 17: Wall Street Journal – neuer Wert in Regenwäldern

Es gibt immer eine andere Seite. Das Wall Street Journal beschreibt im Juni 2008, dass Investoren Geld auf den Erhalt der Regenwälder setzen. »Werte aus der Erhaltung von Regenwäldern zu schöpfen ist eine Herausforderung«, schreibt die Zeitung. »Holzfäller sehen mehr Wert darin, den Regenwald zu zerstören, um das Holz zu verkaufen, und das Land zu nutzen, um Pflanzen und Rinder zu züchten. Einige Investoren jedoch versuchen, den zukünftigen Wert der Erhaltung von Regenwäldern vorherzusehen.«

Im gleichen Monat schreibt die FINANCIAL TIMES DEUTSCHLAND über die »Rückkehr der Nervensägen«: »Der Aufschwung schwächt sich ab. Für die Untergangspropheten und Sozialapostel springt die Konjunktur wieder an. Die Krisenprediger bringen sich in Stellung, stürmen Talkshows und Buchläden. Sie können uns einfach nicht in Ruhe lassen.«

Abbildung 18: Berichterstattung über Untergangspropheten

Respektlosigkeit statt blinder Expertengläubigkeit. Ein perfektes Beispiel für das Denken gegen den Strom.

Tipp
Werten Sie den öffentlichen Meinungs-Mainstream aus. Überlegen Sie, ob man nicht alles auch ganz anders betrachten könnte. Entwickeln Sie in Gedanken Beiträge, die die scheinbare öffentliche Meinung hinterfragen. Geben Sie nicht gleich wieder auf, indem Sie sich sagen, das wolle sowieso niemand lesen. Kreative Spannung entsteht nicht durch das ewig Gleiche. Und zu viel Harmonie treibt ein Medium auf Dauer in die Langeweile.

b) Die Fähigkeit, neue und relevante Fragen zu formulieren

Ob Medienkonsumenten einen Fernsehbeitrag weitersehen oder umschalten, einem Radiointerview zuhören oder abschweifen, einen Artikel lesen oder ignorieren, hängt zu einem großen Teil davon ab, inwieweit sie die angebotenen Informationen als neu und relevant einstufen. Bei dieser Entscheidung wird das hauseigene Informationsministerium aktiv, das Wahrnehmungen als *wichtig – unwichtig* und *bekannt – nicht bekannt* klassifiziert und danach entscheidet, ob die Information überhaupt ins Bewusstsein gelangt (siehe Abschnitt 1.2 Zensur im Unterbewusstsein).

Vielleicht kennen Sie es, dass Ihr Gehirn plötzlich auf »Durchzug« schaltet: Sie hören einem Interview – beispielsweise in der TAGESSCHAU – zu. Oder besser gesagt: Sie glauben, dass Sie zuhören. Ihr Gehirn hat nämlich bereits abgeschaltet und für Sie entschieden, dass die langatmigen Ausführungen von Ministerpräsident X zum Parteistreit Y gerade nicht interessant und für Ihr Leben vollkommen irrelevant sind. Ein Bericht, der keine für den Konsumenten interessanten Informationen enthält, hat demnach wenig Chancen, überhaupt in das Bewusstsein von Hörern, Zuschauern und Lesern zu gelangen. Informationen, die von der Bewertungsinstanz des Konsumenten als »nicht relevant« eingestuft werden, sind ebenfalls schwer bis überhaupt nicht zu vermitteln. Durch eine geschickte Themenauswahl lässt sich die Bewertungsinstanz des Unterbewusstseins positiv beeinflussen. Kreativität heißt, an den entscheidenden Stellen ungelöste Fragen zu erkennen, die der Empfänger als relevant einstuft und diese Informationen zielgruppengerecht zu verpacken.

Kreative Journalisten haben die Fähigkeit, neue und relevante Fragen aus Sicht ihrer Zielgruppe zu stellen. STARTING UP beispielsweise ist ein Magazin, dem das sehr gut gelingt. Die Zielgruppe sind Menschen, die sich selbstständig machen oder ein Unternehmen gründen wollen. Das Inhaltsverzeichnis zeigt klar: Die Redaktion setzt auf Nutzwert und stellt Fragen, die aus Sicht der Zielgruppe neu und relevant sind. So ging es Anfang 2007 beispielsweise um Themen wie diese:

Abb. 19: Existenzgründermagazin Starting Up

- Pipeline zum Gründer – die wichtigsten Förderprogramme für 2007
- Die 7 Sünden der Existenzgründung: Wie Sie Fallstricke bei der Gründung erkennen und wirksam abwehren können.
- Der Healthstyle-Boom: So setzen Sie erfolgreich mit internationalen Geschäftsideen auf den Megatrend Gesundheit
- Erst die Note dann der Kredit: So erhöhen Sie effektiv Ihr Rating bei der Kreditentscheidung durch Ihre Hausbank.

Nutzwert pur für eine klar umrissene Zielgruppe. Der Unterschied zwischen kreativ und nicht kreativ liegt dabei eng beieinander: Bekannte Lösungsansätze für bekannte Probleme sind nicht kreativ. (»Wenn Ihr Nachbar Lärm macht, rufen Sie die Polizei.«) Neue Lösungsansätze für bekannte Probleme (»Nachbar zu laut? Wir haben die neuesten Urteile für Sie zusammengestellt«) hingegen schon. Neue Probleme zu entdecken ebenfalls. Im Juni 2008 berichtet das WALL STREET JOURNAL über ein Problem, das vielen Managern zu diesem Zeitpunkt unbekannt war: die Gefahr, sich in virtuellen Meetings und Videokonferenzen zu blamieren, weil die Kamera Dinge aufnimmt, die sie nicht aufnehmen soll. »Der Manager … war sich nicht darüber bewusst, wie die Kamera aufgestellt war«, schreibt die Zeitung. »Er kratzte sich an einer sensiblen Stelle. Eine größere Anzahl von Mitarbeitern hat die Szene verfolgt.«

Abb. 20: Die Tücken virtueller Meetings

c) Die Fähigkeit, Probleme zu erkennen

Rudolf Augstein hat einen der wichtigsten journalistischen Grundsätze geprägt: »Die Wahrheit liegt nicht im Offensichtlichen, sondern im Verborgenen.«[9] Für einen kritischen Journalisten ist es unerlässlich, »Erfolgsmeldungen« von Unternehmen und Behörden kritisch zu hinterfragen, Probleme dort zu erkennen, wo oberflächlich gesehen keine sind.

So wie die Journalistin Renate Daum: Im November 1999 sollte sie für eine Tageszeitung ein Porträt über das Telematik-Unternehmen Comroad schreiben, das an den Neuen Markt an der Frankfurter Börse ging. Zu einer Zeit als Anleger und ein Großteil der Journalisten gleichermaßen von den Wachstumsfantasien der New Economy betäubt waren, stolperte Daum über zwei Merkwürdigkeiten im Emissionsprospekt: Ein Wechsel im Vorstand vor und kurz nach dem Börsengang, bei dem Unternehmenschef Bodo Schnabel und seine Frau Inge ihre Rollen als Vorstand und Aufsichtsrat vertauschten und ein eigenartiger Umsatzsprung im Geschäftsjahr 1998, der durch die Verschmelzung mit einem anderen Unternehmen zu Stande kam, das ganz und gar nicht zur Erfolgsstory eines jungen Telematik-Unternehmens passen wollte.

Daum schloss daraus, dass die Umsätze, mit denen die Anleger vom Wachstumspotenzial des jungen Börsenstars überzeugt werden sollten, aus anderen Quellen stammen mussten. Später deckte sie auf, dass die angeblichen Geschäftspartner von Comroad in Asien nichts weiter als Phantomfirmen waren. Wieder war es die Fähigkeit Probleme zu erkennen, die sie auf die Spur brachte: Bei Recherchen in Hongkong wollte der Asien-Chef von Comroad die deutsche Journalistin nicht empfangen, sondern sie im Hotel treffen. Im Gespräch gestand er ein, dass es bislang nur ein virtuelles Büro gäbe. Zur gleichen Zeit verkündete Unternehmenschef Bodo Schnabel in Deutschland, mehr als die Hälfte der Umsätze werde mit acht Partnern in Asien erzielt. Renate Daum rollte mit ihren Recherchen den bis dahin größten Bilanzfälschungsskandal des Neuen Markts auf.

Für Wissenschaftler wie Joy Paul Guilford ist »Problemsensitivität« eine der herausragenden Eigenschaften kreativ denkender Menschen. Diese Fähigkeit ist nicht auf Enthüllungsgeschichten beschränkt: Im Redaktionsalltag gibt es täglich unzählige Gelegenheiten, Meldungen kritisch zu hinterfragen, Probleme zu erkennen und damit journalistisch kreativ zu werden. Politiker, Verbandsfunktionäre und Manager geben täglich Formulierungen von sich, die beeindruckend klingen, aber nicht mehr als rhetorisch geschickt verpackte Inhaltsleere sind. Diese Aussagen kritisch zu hinterfragen und sie bei erkennbarer Substanzlosigkeit über-

---

9   Haller, M.: »Recherchieren – Ein Handbuch für Journalisten«, Konstanz 2004.

haupt nicht oder entsprechend kommentiert zu veröffentlichen (»Opposition kritisiert Regierung, legt aber keine eigenen Vorschläge vor«), hilft der Zielgruppe, sich im Gewirr der öffentlichen Phrasen zurechtzufinden.

d) Die Fähigkeit, viele Ideen zu entwickeln

Der amerikanische Buchautor Michael Michalko hat die Eigenschaften kreativer Menschen wie Michelangelo, Mozart und Einstein untersucht. Ein Ergebnis: Kreative Menschen sind äußerst produktiv. So schrieb Mozart über 600 Musikstücke, Einstein veröffentlichte neben der Relativitätstheorie 248 andere Arbeiten. Einige davon waren Meisterwerke, andere »schlicht und ergreifend schlecht«[10]. Ähnliches lässt sich auch über kreative Journalisten sagen: Viele von ihnen produzieren Ideen am laufenden Band, von denen ein Teil brillant, ein wahrscheinlich aber noch größerer Teil mittelmäßig bis unbrauchbar ist. Dieser Ausschuss ist ein positives Zeichen: Wo gute Ideen fließen, ist ein Papierkorb mit kreativem Unrat nicht weit. Es bringt nicht viel, auf die EINE Idee zu warten, deren Einzigartigkeit alles in den Schatten stellt. Medien brauchen eine Vielzahl kleiner Einfälle. Viele Ideen zu produzieren ist deshalb ein wichtiges Qualitätsmerkmal kreativer Journalisten.

e) Die Fähigkeit, originelle Ideen zu entwickeln

Eine Idee ist dann originell, wenn sie sich von vorhandenen Denkmodellen oder Vorschlägen löst und unterscheidet. Es kann sein, dass ein bekanntes Problem von einer anderen Seite betrachtet wird oder eine vorhandene Idee bzw. ein bekanntes Thema weiterentwickelt wird. So hat es die SÜDDEUTSCHE ZEITUNG geschafft, der Kriegsberichterstattung neue Aspekte hinzuzufügen, indem sie eine komplette Seite der »literarischen Achse des Bösen« widmete: »So erstaunt es auf den ersten Blick, dass gerade unter den Mächtigen die Tyrannen gern in einem engen Verhältnis zur Literatur stehen, ja dem engstmöglichen: Sie schreiben selbst, Romane, Dramen, mit besonderer Vorliebe Poesie.«[11] Die Leser lernen den ehemaligen Diktator Saddam Hussein als den »Romantiker von Bagdad« kennen, der die Unterdrückung seines Volkes in einem Roman über die Liebe zwischen dem

---

10 Michalko, M.: »Erfolgsgeheimnis Kreativität – Was wir von Michelangelo, Einstein & Co. lernen können«, Frankfurt/M. 2003
11 »Blut an den Händen und an den Fingern Tinte – Wenn Schurken zur Feder greifen«, Süddeutsche Zeitung, 17./18. April 2003, Seite 16

mächtigen König und einer armen Frau legitimiert. Als der König seine Geliebte fragt, ob die Menschen wirklich strenger Regeln bedürfen, antwortet sie: »Ja, Eure Majestät, die Menschen brauchen solch strenge Regeln, denn gerade durch diese Strenge fühlen sie sich beschützt.«

f) Die Fähigkeit, komplexe Sachverhalte zu erkennen und darzustellen

Vieles, über das Journalisten täglich berichten, ist so komplex, dass selbst den am Prozess beteiligten Experten und Politikern unterstellt werden kann, dass sie nur einen Teilbereich wirklich einschätzen können. Themen wie Steuerpolitik, Rentenreform, Umweltschutz oder das Gesetzgebungsverfahren der Europäischen Union sind so umfassend, dass sie in ihrer Gesamtheit kaum zu überblicken sind. Einzelne Maßnahmen betreffen das gesamte System und haben Auswirkungen, die vom Initiator entweder nicht beabsichtigt waren oder schlicht und ergreifend missachtet wurden. Es passiert das, was Frederic Vester in seinem Buch »Die Kunst vernetzt zu denken« so beschreibt:

»In einem komplexen System ... führt gerade die Beseitigung eines Problems an Ort und Stelle – statt den Systemzusammenhang zu berücksichtigen – meist dazu, dass man damit gleich wieder zwei neue Probleme schafft.«[12]

Der einzelne Redakteur muss kein Experte für das jeweilige Sachgebiet sein, um solchen Fragen nachzugehen. Journalistisch kreativ zu sein bedeutet vielmehr eine Vorstellung davon zu entwickeln, wie verschiedene Faktoren miteinander zusammenhängen und entsprechend nachzufragen. Nicht kreativ ist es, immer und immer wieder die Details einer politischen Auseinandersetzung zu beschreiben. Kreativ zu sein kann einfach nur bedeuten, die Betroffenen dieses Streits anzurufen und gezielt danach zu fragen, für welche Verunsicherungen ein neues Gesetz sorgt und welche Auswirkungen diese Unsicherheit hat.

g) Die Fähigkeit zu recherchieren

Gerade in der Recherche landen Journalisten schnell in einer Sackgasse: Die offizielle Seite mauert, andere Informanten sind schwer oder gar nicht davon zu überzeugen, verwertbare Fakten preiszugeben. An dieser Stelle findet Recherche häufig zu mehr als 50 Prozent im Kopf des Journalisten statt: Wer könnte weitere

---

12 Vester, F.: »Die Kunst vernetzt zu denken«, München 2002

Informationen haben? Wer könnte ein Interesse daran haben, diese Informationen der Presse mitzuteilen? Wie muss ein Journalist auf potenzielle Informanten zugehen? Bei der Recherche müssen sich Journalisten nicht nur darüber klar werden, welche Fragen sie zu welchem Zeitpunkt an wen stellen wollen, sie müssen sich oft auch strategisch an die Informationsquellen herantasten.

> **Beispiel**
> Die Staatsanwaltschaft teilt mit, dass sie gegen die Geschäftsführung eines so genannten *Strukturvertriebsunternehmens* wegen des Verdachts auf Betrug ermittelt. Näheres gibt die Behörde nicht bekannt, auch keine Namen möglicher Geschädigter. Ein Redakteur recherchiert zunächst allgemeine Fakten über das Unternehmen: Die Verkäufer arbeiten als freie Unternehmer und erhalten für jeden abgeschlossenen Vertrag einen bestimmten Betrag als Provision. Einen Teil dieser Provision müssen sie an ihren Chef abführen, üblicherweise den Mitarbeiter, der sie angeworben hat. Das Unternehmen verspricht Reichtum in kürzester Zeit, weil jeder Verkäufer selbst zum Chef werden kann, indem er neue Vertriebsmitarbeiter anwirbt und Teile ihrer Provision kassiert.

Der Redakteur vermutet, dass das Unternehmen Mitarbeiter um ihre Provision betrogen hat, was bei den schwarzen Schafen dieser Branche nicht unüblich ist. Um an die Betroffenen heranzukommen, entwickelt er die Strategie, sich langsam über das Umfeld heranzutasten. Er recherchiert bei Konkurrenzunternehmen und der Fachpresse, besucht Werbeveranstaltungen des Unternehmens oder tritt als potenzieller Mitarbeiter bzw. Handelspartner auf. Seine Identität gibt er nur dort preis, wo es ihm sinnvoll und gefahrlos erscheint.

Eine solche Strategie zu entwickeln, erfordert ein hohes Maß an journalistischer Kreativität. Der recherchierende Redakteur muss ständig Ideen entwickeln, um neue Ansatzpunkte für die Recherche zu finden. Beim Herantasten muss er Hindernisse einkalkulieren und Umwege ersinnen, um an sein Ziel zu kommen.

h) Die Fähigkeit, Fakten zu kombinieren und Thesen zu bilden

Die Arbeit eines Journalisten ist längst nicht mehr auf die Rolle des Nachrichtenübermittlers beschränkt. Journalisten sammeln Informationen, filtern, kombinieren und interpretieren, sie bilden Thesen, überprüfen sie und fügen die vorhandenen Informationen zu neuen Geschichten zusammen. Ein Redakteur mit dem

Schwerpunkt »Europäische Politik« ist im Juni 2002 mit hoher Wahrscheinlichkeit über folgende offizielle Mitteilung des Europäischen Parlaments gestolpert:

> »Mit der Annahme des Berichts zum 6. Forschungsrahmenprogramm (6. FRP) unterstützt der Ausschuss für Industrie, Außenhandel, Forschung und Energie ein Projekt mit einem Finanzvolumen von 17,5 Mrd. Euro für den Zeitraum 2002–2006. Die Mehrheit der Abgeordneten ist dem Vorschlag, einen Textpassus über ethische Standards abzulehnen, nicht gefolgt. Der Berichterstatter wies darauf hin, dass es hier keine Übereinstimmung mit dem Rat geben kann und dass ein Vermittlungsverfahren unausweichlich wird. Der Rat ist in dieser Frage so gespalten, dass er bereits bei den Beratungen in erster Lesung keine mehrheitsfähige Position fand.«

Ein Journalist, der diese Meldung bearbeitet, notiert zunächst die beiden wesentlichen Fakten:
- Die EU will Forschungsvorhaben mit 17,5 Mrd. Euro fördern.
- Die entsprechende Richtlinie soll keine ethischen Standards enthalten.

Dann werden die Fakten interpretiert und mit vorhandenem Wissen kombiniert:
- Der Begriff *ethische Standards* wird häufig im Zusammenhang mit der embryonalen Stammzellenforschung erwähnt.
- Diese Forschung ist in Deutschland mit wenigen Ausnahmen verboten.
- Deutsche Steuergelder fließen in die EU-Kassen, aus denen dann Forschungsvorhaben gefördert werden.

Der Journalist bildet jetzt eine These: Könnte es sein, dass die EU eine Richtlinie verabschiedet, mit der Forschung an embryonalen Stammzellen gefördert wird? Und würde das bedeuten, dass Deutschland diese Forschung mit Steuermitteln unterstützt?
Der letzte Schritt ist, diese These zu überprüfen. In diesem Fall hat sich der Verdacht bestätigt. In einem Interview mit dem Nachrichtensender N 24 sagte der EU-Abgeordnete Peter Liese, Vorsitzender der Arbeitsgruppe Bioethik: »Wenn sich nichts Entscheidendes ändert, wird es so sein, dass etwas, wofür man in Deutschland ins Gefängnis kommt, mit deutschen Steuergeldern im Ausland gefördert wird.« Die Schlagzeile des Senders lautete daraufhin: »Deutsche Steuergelder für Embryonenforschung?«

Erkennen Sie Ihre kreativen Fähigkeiten

i) Die Fähigkeit, schlüssig zusammenzufassen

Um einen Bericht zu schreiben, fügen Journalisten oft Ereignisse oder Themen aus verschiedenen Bereichen zusammen und produzieren daraus einen eigenen Bericht. Die journalistische Kunst besteht darin, die verschiedenen Teile, die zunächst einmal nichts miteinander zu tun haben, so zusammenzufügen, dass sie wie ein Ganzes erscheinen.

Nachdem Unternehmen wie die Deutsche Telekom und Lidl 2008 in die Schlagzeilen gekommen waren, weil sie Mitarbeitern hinterher schnüffelten, brachte die SÜDDEUTSCHE ZEITUNG Mitte 2008 einen Bericht, in dem die Bespitzelungspraktiken verschiedener Unternehmen und ihre Angst davor, ausspioniert zu werden, aufgegriffen wurden. Die Zeitung käute nicht nur die bekannten Fälle wieder, sondern stellte Beispiele vor, die nicht so geläufig sind: die Münchener Dibag Industriebau, die mit einem im Stromschacht versteckten Abhörgerät belauscht wurde oder die Tatsache, dass Porsche-Sicherheitskräfte vor dem Eintreffen des Chefs den Raum nach Wanzen absuchen. Die Zeitung beschrieb die Angst der Unternehmen genauso wie Auswirkungen auf das Betriebsklima, wenn in der Firma Lauschaktionen bekannt werden.

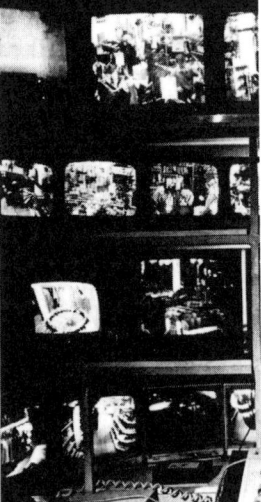

Abb. 21: Fakten zu Industriespionage schlüssig zu einem Thema zusammengefasst

j) Die Fähigkeit, Analogien zu bilden

Die Fähigkeit, aus einer Situation Schlüsse zu ziehen und sie auf andere Situationen oder Bereiche zu übertragen, ist bei der Themenfindung gleichermaßen wichtig wie bei der Recherche oder der Umsetzung eines Themas. Ein Journalist, der von einer Beobachtung aus der Nachbarschaft auf die Gesellschaft oder das Wirtschaftsleben schließt oder umgekehrt einen Trend aus der Finanzwelt auf seine Nachbarschaft überträgt, wird eine Vielzahl interessanter Rechercheansätze finden.

k) Die Fähigkeit, bildhaft zu denken

Bildhaftes Denken ist die Fähigkeit, Informationen mit Bildern zu verbinden. Wenn der Finanzminister an der *Steuerschraube* dreht oder vor *Ebbe in den Kassen* warnt, Prozessbeteiligte einen *Etappensieg* errungen haben, eine Vereinbarung in *trockenen Tüchern* ist oder eine junge Frau eine *Karriere zwischen Schule und Laufsteg* anstrebt, werden komplexe Sachverhalte in ein Bild gefasst, um sie deutlich zu machen und zu erklären. Sprachliche Bilder ermöglichen Medienkonsumenten einen leichten Zugang zu Informationen, indem sie Fakten emotionalisieren und den Teil des Gehirns aktivieren, der für räumliche Vorstellung und bildhaftes Denken zuständig ist: Die so genannte rechte Gehirnhälfte.

Über das Hemisphärenmodell der rechten und linken Gehirnhälfte ist mittlerweile so viel geschrieben worden, dass es hier nicht vertieft werden soll. Nur so viel: Wissenschaftler unterscheiden mit diesem Modell zwei Teile unseres Gehirns: Während die linke Gehirnhälfte für logisches und strukturelles Denken zuständig ist, steht die rechte für Emotion und Fantasie. Die beiden Gehirnhälften sind über den so genannten Corpus Callosum oder – einfacher ausgedrückt – den *Balken* miteinander verbunden. Diese Vernetzung ermöglicht es dem Menschen, bildhaft zu denken. Wer den Bundeshaushalt als Zahlenwerk versteht und analysiert, aktiviert die linke Hälfte, wer Dagobert Duck in einen leeren Geldspeicher springen sieht, benutzt die rechte.

Leitsätze wie »Radio ist Kino im Kopf« sind ein Appell an die Macher, weniger abstrakte und mehr bildhafte Informationen zu liefern. Ein Radioredakteur, der über die »Notwendigkeit infrastruktureller Maßnahmen« berichtet, hat einen Großteil seiner Hörer bereits verloren. Sie wechseln vielleicht nicht gerade sofort den Sender, doch innerlich schalten sie ab. Trotz aller Appelle fällt es Journalisten oft schwer, bildhaft zu denken. Sie greifen immer wieder auf die gleichen Formulierungen zurück, auch die, die so abgegriffen sind, dass sie eigentlich auf einen Index gehören. Für diese Schwierigkeiten kann man niemanden verurteilen. In unserer Gesellschaft leben wir in einer durch und durch logischen Welt, in der versucht wird, Präzision durch Technik zu erreichen: Technische Geräte sollen die Welt präzise steuern, technische Begriffe sollen sie präzise beschreiben. Die Sprache von Politikern, Behördenleitern und Wirtschaftsexperten greift selten auf das Repertoire der rechten Gehirnhälfte zurück. Lieber werden Sachverhalte in Worthülsen verpackt und bis zur Unverständlichkeit entstellt als zu riskieren, ein sprachliches Bild zu verwenden, das den Sachverhalt im Großen und Ganzen trifft. Wer einmal einen Antrag auf Erziehungsgeld ausgefüllt und versucht hat, den Sinn von Sprachungeheuern wie *Budget* und *Regelleistung* zu verstehen, wird den Hang zur sprachlich technischen Präzision wahrscheinlich verfluchen.

Journalisten fällt die Aufgabe zu, die Sprache von Politikern, Behördenleitern und Wirtschaftsexperten zu übersetzen, Komplexität in nachvollziehbare Bilder zu fassen und bei Lesern, Hörern und Zuschauern dafür zu sorgen, dass die rechte Gehirnhälfte nicht einschläft.

I) Die Fähigkeit, assoziativ zu denken

Assoziationen sind ein machtvolles Instrument, um von einem Gedanken zum nächsten zu kommen und damit beispielsweise den Prozess der Themenfindung zu steuern. Assoziationen unterstützen das bildhafte Denken, indem sie helfen, das Umfeld eines Begriffs oder eines Themas mental zu erschließen und Wörter zu finden, die wiederum neue Assoziationen und Bilder auslösen. Der Begriff Terrorismus ist an eine Vielzahl von Bildern, Emotionen und Erinnerungen gekoppelt: Ein Flugzeug, das in das World Trade Center einschlägt, die Erinnerungen an den Schock, als die Türme zusammenstürzen, das Gesicht von Osama Bin Laden und so weiter.

Der Begriff *Terror* lässt sich aber nicht nur mit Bildern verbinden, sondern auch mit anderen Begriffen assoziieren:

Erkennen Sie Ihre kreativen Fähigkeiten

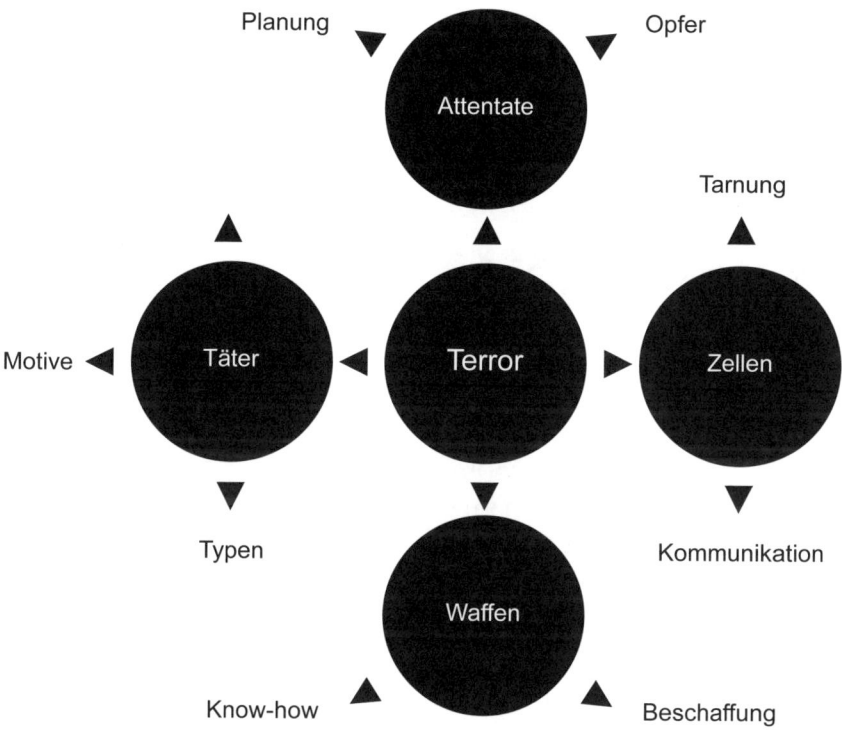

Abb. 22: Assoziationen zum Begriff Terror

Tarnung löst ein anderes Bild aus als *Terrorismus*, Begriffe wie *Know-how*, *Planung* und *Kommunikation* erweitern das mentale Umfeld des Begriffs *Terrorismus*. Durch Assoziationen entstehen neue Themen und Denkrichtungen. Assoziative Begriffe helfen aber auch, ungewöhnliche Vergleiche aufzustellen und damit spannend und ideenreich zu texten.

Die wenigsten Leser würden wahrscheinlich spontane Sympathien für eine Pflanze mit dem Namen *Acker-Schmalwand* hegen. Die Assoziation »Aschenbrödel unter den Pflanzen« hingegen löst Sympathien aus: Aschenbrödel, die ungeliebte Stieftochter, die sich statt schöner Kleider nur den Samen für einen Haselnussbaum wünschte, den sie auf dem Grab ihrer Mutter pflanzte, mit ihren Tränen begoss und die schließlich die Braut des Prinzen wurde.

Erkennen Sie Ihre kreativen Fähigkeiten

✱ wissenschaft

Grünzeug gegen Gift

Toxische Metalle, radioaktive Stoffe und Chlorchemie verseuchen vielerorts den Boden. Statt teurer Großtechnik werden jetzt **BESCHEIDENE PFLÄNZCHEN** zur Sanierung eingesetzt

Der Giftfresser ist ein Aschenbrödel unter den Blumen. Das Pflänzlein ist so mickrig, dass sich selbst Kaninchen zu ihm herunterbeugen müssen. Es hat schmächtige ovale Blättchen, eine schüttere Dolde weißer Mini-Blüten und winzige dürre Schoten. Es heißt Acker-Schmalwand – ein Name, der gut zu seiner verhungerten Erscheinung passt.

Das genügsame Unkraut, das an Wegrändern und auf Ödland sein Dasein fristet, ist im Kommen. Denn es gehört zu einer neuen Gruppe grüner Bodensanierer, die billig und umweltschonend chemische

Abb. 23: Begriffsbildung durch assoziatives Denken

Es gibt eine Reihe von Techniken, um Vorstellungen, Wahrnehmungen und Fakten im Gedächtnis miteinander zu verknüpfen und dafür zu sorgen, dass sie sich gegenseitig ins Bewusstsein rufen. In den kommenden Kapiteln werden eine Reihe dieser Techniken vorgestellt, die Journalisten allein oder im Team nutzen können.

m) Die Fähigkeit, andere Perspektiven einzunehmen

»Der Mensch ist mit sich selbst nicht ein Herz und eine Seele«, sagt der Hamburger Kommunikationsforscher Friedemann Schulz von Thun und hat ein Persönlichkeitsmodell entwickelt, das er das *Innere Team* nennt. Im Kern besagt es, dass das Ich aus einer Vielzahl von Stimmen besteht, die sich ständig zu Wort melden, mal geordnet, manchmal auch wild durcheinander plappernd.

In einer Konferenz wird ein Redakteur gefragt, wie er ein bestimmtes Thema einschätze: Lohnt es sich, einen Reporter zur Eröffnung einer Kunstausstellung zu schicken? Sofort meldet sich eine Vielzahl innerer Stimmen: »Eigentlich nein, denn der Ausstellung wird in der Kunstszene keine große Bedeutung beigemessen. Allerdings stellen dort viele junge Künstler aus, die man nicht deshalb missachten sollte, weil sie den Durchbruch noch nicht geschafft haben. Außerdem wäre es doch ein guter Service, auf die Eröffnung der Ausstellung hinzuweisen. Allerdings interessieren sich die wenigsten in der Zielgruppe für Kunst ...« und so weiter.

Diese innere Zerrissenheit kann nerven, abstellen lässt sie sich nicht. Jeder Mensch hat verschiedene Teilpersönlichkeiten in sich. Niemand ist ausschließlich naiv oder gerissen, ernst oder humorvoll, diszipliniert oder undiszipliniert. Sie sind beides. Es ist sogar ein Merkmal kreativer Menschen, dass sie Eigenschaften in sich vereinen, die auf den ersten Blick nicht zusammenpassen. Diese innere Gespaltenheit – oder auch Widersprüchlichkeit – scheint manchmal bedrohlich, hindert sie doch den Einzelnen daran, sich klar und unmissverständlich zu einer Sache zu äußern. Wenn ein Mensch das erste Mal vor dem Bundeskanzleramt steht, kann sich aus dem Inneren das staunende Kind (»Oh, ist das groß, ist das fantastisch!«) gleichzeitig mit dem Kritiker (»Eine Nummer kleiner hätte es auch getan«), dem Satiriker (»Da fehlt die Statue«) und dem Machtmenschen (»Ich will hier rein!«) melden. Manche dieser Stimmen werden dabei gerne gehört, andere lieber überhört, weil sie peinlich erscheinen und zur Rolle des professionellen Journalisten einfach nicht passen wollen.

In der täglichen Arbeit werden häufig eine oder mehrere dieser Teilpersönlichkeiten verdrängt. Charakterzüge, die als verspielt oder naiv gelten, scheinen nicht in die Atmosphäre eines Redaktionsbetriebs zu passen, in dem es darum geht, schnelle Entscheidungen zu treffen, klare Meinungen zu formulieren und sich zu positionieren. Dabei hat die innere Vielfalt positive Auswirkungen: Sie ist der Schlüssel zur Fähigkeit die Perspektive zu wechseln, ein Thema aus der Rolle eines Managers oder eines Angsthasen, eines Fleißigen oder eines Faulen, eines Erwachsenen oder eines Kindes zu betrachten und sich so neuen Sichtweisen zu öffnen.

Kreative Artikel und Beiträge zeichnen sich häufig dadurch aus, dass sie ein Thema aus einer ungewöhnlichen Perspektive betrachten. Statt beispielsweise über ein Sportereignis aus Sicht des Zuschauers zu berichten, nimmt der Journalist die Rolle eines Konkurrenten, eines Komikers oder eines Sponsors ein.

Erkennen Sie Ihre kreativen Fähigkeiten

Selbsteinschätzung: Kreatives Potenzial entdecken

Die wenigsten Journalisten werden wahrscheinlich alle beschriebenen Fähigkeiten gleich stark in sich vereinen. Diese Selbsteinschätzung soll es Ihnen ermöglichen, Ihr kreatives Potenzial, Ihre Stärken und Ihre Schwächen zu erkennen.

Diese Eigenschaft habe ich:	nicht	selten	manchmal	häufig	immer
gegen den Strom denken					
neue und relevante Fragen formulieren					
Probleme erkennen					
viele Ideen entwickeln					
originelle Ideen entwickeln					
Rechercheziele finden/ Strategien entwickeln					
interpretieren/kombinieren/ Thesen bilden					
Fakten schlüssig zusammenfassen					
Analogien bilden					
bildhaft denken					
Assoziieren					
andere Perspektiven einnehmen					

Abb. 24: Test: Erkennen Sie Ihre kreativen Fähigkeiten

Erkennen Sie Ihre kreativen Fähigkeiten

Welche kreativen Eigenschaften waren Ihnen vorher nicht bewusst?

_____

_____

Wo schätzen Sie Ihre Stärken ein?

_____

_____

Wo erkennen Sie Schwächen?

_____

_____

Welche kreativen Anforderungen Ihres Alltags erfüllen Sie gut, welche weniger gut?

_____

_____

Welche Eigenschaften wollen Sie verbessern?

_____

_____

3.2 Nicht jeder ist gleich kreativ – Was für ein Typ sind Sie?

So wie Menschen verschieden denken, verschiedene Einstellungen und verschiedene Herangehensweisen an Probleme haben, so sind sie auch in ihrem Prozess der Ideenfindung verschieden. Eine der wichtigsten Fragen auf dem Weg zu mehr Kreativität ist: Welcher Ideentyp bin ich? Es gibt Menschen, die brauchen ein Gespräch, um auf neue Gedanken zu kommen, anderen kommen Geistesblitze in Momenten, in denen sie nicht damit rechnen. Die einen kommen auf Ideen, indem sie fernsehen, andere bekommen davon eine regelrechte Gedankenblockade, weil ihre Kreativität eher im Stillen stattfindet. Um den Ideenfluss in Gang zu bringen, ist es wichtig, sich häufiger Situationen auszusetzen, die stimulierend wirken. Die folgende Aufteilung in Ideentypen soll dabei helfen, sich selbst einzuschätzen und Möglichkeiten kennen zu lernen, die eigene Kreativität anzuregen.

Kommunikativer Typ

Ideen entstehen im Gespräch mit anderen Menschen, seien es Kollegen, Freunde oder Außenstehende. Ideenfetzen, die andere Menschen in den Raum geworfen haben, werden aufgegriffen und im Kopf weiterentwickelt. Für einen kommunikativen Typ ist es wichtig, zu einem bestimmten Themenkomplex zunächst einmal mit Betroffenen oder Experten zu reden. Wenn ein kommunikativer Typ beispielsweise Ideen für einen Artikel bzw. einen Beitrag zum Thema »Weinlese in der Region« entwickeln soll, wird er sich leichter tun, erst einmal allgemein mit einem Weingutbesitzer, einem Hobbywinzer oder einem Weinhändler über dieses Thema zu reden. Die Ideen kommen häufig wie ein Geistesblitz unmittelbar während des Gesprächs. Ein kommunikativer Typ kann in einer Redaktion, in der sein Kontakt mit anderen Menschen begrenzt ist oder in der Gespräche sehr formal verlaufen, unter Umständen versauern und sich irgendwann fragen, wo seine Kreativität eigentlich geblieben ist.

So können kommunikative Typen ihre Kreativität anregen:
- Regelmäßige Treffen mit Kollegen oder Freunden zum Ideenspinnen. Ein Notizbuch oder ein Diktiergerät sollte in greifbarer Entfernung liegen, damit die besten Ideen unmittelbar festhalten werden können.
- Informelle Gruppen bilden: Ein gemeinsames Frühstück mit Kollegen am Morgen oder eine Arbeitsgruppe, die sich 15 bis 20 Minuten vor Beginn der Frühkonferenz zusammensetzt, wird zur Keimzelle für neue Ideen.
- Nicht vor dem Computer versauern! Bei Schwierigkeiten, einen Einstieg für einen Artikel oder einen Beitrag zu finden, macht es für kommunika-

tive Typen mehr Sinn, sich mit einem Kollegen über das Thema zu unterhalten, bis die Denkblockade vorbei ist. Auf diese Art können sich feste Interessensgemeinschaften von Kollegen bilden, die sich gegenseitig helfen.
- Früh mit der Vorrecherche beginnen. Kommunikative Typen sollten ihre natürliche Neugier nutzen, Gesprächspartner zu einem Thema finden und sie bitten, bei der Ideensuche mitzuwirken, indem sie erzählen, was sie beim Gedanken an dieses Thema bewegt, welche Sorgen und Ängste sie haben oder was sie im Zusammenhang mit diesem Thema in den letzten Tagen erlebt haben.

Assoziativer Typ

Dieser Typ sieht ein Kunstwerk, ein besonders interessantes Gebäude, liest ein Buch oder beobachtet das Verhalten von Menschen. Auf scheinbar unerklärliche Weise bekommen sie plötzlich Geistesblitze. Diese Geistesblitze lassen sich oft nur schwer nachvollziehen nach dem Motto »als ich das Zitat von XY gelesen hatte, erinnerte mich das daran, dass meine Mutter immer das und das gesagt hatte, wenn sie sich beim Putzen irgendwo den Kopf gestoßen hat … Unfälle im Haushalt wären ja auch einmal ein Thema, das man aufgreifen könnte …«. Assoziative Typen können ihren Ideenfluss dadurch anregen, dass sie beispielsweise
- häufiger mit öffentlichen Verkehrsmitteln statt mit dem Auto zur Arbeit fahren,
- nach Feierabend eine Kunstausstellung besuchen oder
- ihre Mittagspause in einem Buchgeschäft verbringen, stöbern und in ihrer Freizeit viel lesen.

Erlebnistyp

Ideen entstehen am ehesten durch Assoziationen mit Dingen, die dieser Typ selbst erlebt oder in der Vergangenheit erlebt hat. Dieser Typ wird sich gedanklich immer wieder in die erlebten Situationen zurückversetzen und kann aus dem mentalen Bild, das er sieht, Ideen generieren. Ähnlich wie ein kommunikativer Typ kann auch ein Erlebnistyp Schwierigkeiten damit haben, in einem Umfeld kreativ zu werden, in dem er in erster Linie Texte (beispielsweise Agenturmeldungen) als Grundlage seiner Arbeit hat.
- Erlebnistypen sollten darauf achten, dass sie
- häufiger das Büro verlassen können, um beispielsweise vor Ort zu recherchieren,

- Themenbereiche bearbeiten, in denen sie sich persönlich stark einbringen können und
- ihre Freizeit so gestalten, dass sie Anregungen in ihr Arbeitsleben mitnehmen.

Zwangstyp

Ideen entstehen am besten, indem sich dieser Typ zum Nachdenken regelrecht zwingt bzw. durch äußere Umstände dazu getrieben wird, Ideen zu entwickeln. Der Zwangstyp muss sich eine klare Deadline und ein klares Ziel setzen, damit die Ideen fließen. Der Motor für die eigene Kreativität ist Druck. Sich diesen Druck selbst zu machen, erfordert ein hohes Maß an Selbstdisziplin. Tipps für Zwangstypen:

- Methoden wie Mindstorming praktizieren und nicht aufhören, bevor nicht eine Mindestanzahl an Ideen herausgekommen ist. (Die seelische Folter lässt sich dadurch mildern, dass sie nebenbei praktiziert wird: auf längeren Autofahrten mit einem Diktiergerät, beim Wandern oder Joggen, beim Bügeln oder Abwaschen.)
- Klare quantitative Ziele definieren, beispielsweise fünf Ideen pro Tag. Diese Methode erfordert gerade zu Beginn eine Menge Selbstdisziplin und ein hohes Maß an Frustrationstoleranz. Zunächst wird die Quantität nicht automatisch für Qualität sorgen, das heißt, es werden Ideen produziert, die gar nicht oder nur sehr schwer umsetzbar sind. Doch die Qualität der Ideen wird sich erhöhen, je länger diese Methode praktiziert wird.
- Den inneren Schweinehund überwinden! Zwangstypen sollten vor allem solche Themen bearbeiten, die viel Kreativität innerhalb einer bestimmten Zeit erfordern.
- Klare Deadline setzen! Häufig erfahren Zwangstypen kurz vor Ablauf der Deadline einen Kreativitätsschub.

Adaptiver Typ

Adaptive Typen nehmen eine vorhandene Idee als Ausgangspunkt und entwickeln sie weiter. Wenn sie zum Beispiel fernsehen, beobachten sie, wie die Redaktion einer bestimmten Sendung ein Thema umgesetzt hat, kombinieren das mit dem, was sie zuvor in einem Regionalmagazin gesehen oder am Morgen in einer Zeitung gelesen haben und entwickeln daraus neue Ideen.

- Adaptive Typen können für einen stärkeren Ideenfluss sorgen, indem sie
- eine Ideendatenbank anlegen, in der sie ihre Beobachtungen und Ideenfragmente abspeichern. Wenn sie regelmäßig einen Blick auf ihre Notizen werfen, können sie aus den einzelnen Ideenfragmenten neue Kombinationen zusammensetzen.
- Sendungen und Zeitungen für sich entdecken, die außerhalb dessen liegen, was in der Redaktion üblicherweise gelesen wird. Als Redakteur eines lokalen Hörfunksenders oder einer lokalen Zeitung erhalten sie beispielsweise wertvolle Anregungen, indem sie den Feuilleton-Teil einer übergeordneten Zeitung oder ein Psychologie-Magazin lesen. Ein Sportredakteur beim Fernsehen kann Ideen dadurch generieren, dass er über den Tellerrand seines Ressorts schaut und Sendungen aus dem Bereichen Wissenschaft oder Gesundheit ansieht.

Ruheorientierter Typ

Ideen entstehen am besten in ruhiger Umgebung weit weg vom Redaktionsalltag. Bei einem Waldspaziergang in der Mittagspause, beim Jogging am Morgen oder bei einer unplanmäßigen Pause (Zugverspätung) sprüht mehr Kreativität als in drei Kreativkonferenzen zusammen. Dieser Typ muss im Tagesablauf immer wieder für kreative Ruhemomente sorgen. Dafür gibt es Möglichkeiten wie diese:
- Den Wagen am Morgen 20 Gehminuten von der Redaktion entfernt parken, zu Fuß gehen und so einige Minuten Freiraum gewinnen oder
- während der Arbeitszeit kreative Pausen einplanen, die allein verbracht werden.

Konkurrenztyp

Ideen sind wie ein sportlicher Wettbewerb. Der Erste zu sein, der Schnellste, der Beste, treibt diesen Ideentyp. Beim Konkurrenztyp kommt der kreative Fluss richtig in Schwung, wenn mehrere um die beste Idee zu einem Thema oder einem Problem konkurrieren, beispielsweise bei einem redaktionsinternen Wettbewerb. Konkurrenztypen sollten Ideenfindung als sportliche Herausforderung begreifen, indem sie
- Wetten mit Kollegen abschließen, dass ihnen in einem bestimmten Zeitrahmen eine festgelegte Anzahl von Ideen zu einem bestimmten Thema einfällt,
- Ideenwettbewerbe veranstalten, sich in kleine Gruppen aufteilen und darum konkurrieren, wer die besten, die meisten oder die originellsten Ideen entwickelt,
- nicht vergessen, ihre Erfolge zu feiern.

Erkennen Sie Ihre kreativen Fähigkeiten

Selbsteinschätzung – Was für ein Ideentyp bin ich?

Seminarteilnehmer haben die Erfahrung gemacht, dass sie in ihrer Ideenfindung erfolgreicher werden, wenn sie sich mehr und mehr Situationen aussetzen, die ihrem Ideentyp entsprechen. Dazu ist es erforderlich, zu erkennen, welchem Ideentyp bzw. welchen Ideentypen man am ehesten entspricht.

Schreiben Sie dazu zunächst einmal drei Ideen auf, die Sie als gut einschätzen würden und die Ihnen in der letzten Zeit beruflich und privat gekommen sind:

Ideen im beruflichen Umfeld

1. _____
2. _____
3. _____

Ideen im privaten Umfeld

1. _____
2. _____
3. _____

Wie sind Sie auf die jeweiligen Ideen gekommen? Welche Vorgeschichte hatten die verschiedenen Ideen?

Vielleicht können Sie jetzt bereits ein Grundmuster erkennen: Dass Ihnen die Mehrzahl der Ideen gekommen ist, während Sie vergleichsweise eintönige Arbeiten ausgeführt haben, beispielsweise Bügeln oder Kartoffeln schälen. Oder Sie sehen, dass Ihnen Ideen zufliegen, wenn Sie mit Freunden am Biertisch sitzen.

Wie schätzen Sie sich ein?

Ideen kommen mir	nie	selten	manchmal	häufig	immer
im Gespräch (kommunikativer Typ)					
über Assoziationen (assoziativer Typ)					
über Erlebnisse (Erlebnistyp)					
durch Zwang (Zwangstyp)					
durch Adaption (adaptiver Typ)					
durch Ruhe (ruheorientierter Typ)					
durch Konkurrenz (Konkurrenztyp)					

Abb. 25: Test: Was für ein Kreativtyp sind Sie?

4 Kreative Denkstrategien für Journalisten

»Gibt es nicht irgendeine Technik, die einen kreativ macht?« Auf diese Frage gibt es zwei Antworten. Ja. Und nein. Ja, es gibt Techniken, die Sie im Alltag anwenden können: Fragetechniken, Assoziationstechniken, Visualisierungstechniken, Techniken, um die Perspektive zu wechseln und so weiter. Nein, diese Techniken machen Sie nicht kreativ. Kreativtechniken funktionieren nur dann, wenn Sie sich die Zeit nehmen, um sie anzuwenden und sie zu trainieren. Wenn Sie sich dessen bewusst sind, werden Sie in diesem Kapitel viele Inspirationen finden und Techniken für Ihre tägliche Arbeit lernen.

4.1 Krokodilfragen und andere kreative Fragetechniken

Niemand wird jemals eine Antwort auf eine Frage erhalten, die nicht gestellt wurde. Fragen sind ein so kraftvolles Mittel, Unbekanntes an den Tag zu bringen, dass sie in Diktaturen verdammt, bei Unternehmensberatern hingegen hoch bezahlt werden. Fragen sind der Anfang jeder neuen Erfindung, jeder neuen Entwicklung und jeder neuen Erkenntnis. Durch Fragen können Sie kreative Prozesse bei anderen und bei sich selbst immer systematisch lenken. Wechseln Sie Fragen! Denn wer immer die gleichen Fragen stellt, erhält immer die gleichen Antworten.

> »Wenn du eine weise Antwort verlangst, musst du vernünftig fragen.«
> *Johann Wolfgang von Goethe*

Morgens in einer Redaktionskonferenz. Der Leiter blickt in die Runde und stellt die gleiche Frage, die er seit 20 Jahren jeden Morgen an der gleichen Stelle zur gleichen Uhrzeit stellt: »Welche Themen sind heute aktuell?«

Was denken Sie ist die Folge? Hat der Leiter der Konferenz soeben ein kreatives Feuerwerk in Gang gesetzt? Sprudeln die Ideen bei allen Beteiligten? Natürlich nicht. Als Antwort bekommt er wahrscheinlich genau die Themen, die in der Zeitung stehen oder die zur vollen Stunde in den Radionachrichten liefen: Steuererhöhungen, die Rentendiskussion, der Streit zwischen Regierung und Opposition usw. Die Frage, welche Themen heute aktuell sind, ist nicht viel mehr als eine Wissensabfrage, die zeigt, ob der Betreffende eine bestimmte Anzahl aktueller Themen im Kopf hat und in der Lage ist, sie zu wiederholen. Raus aus der Frageroutine! Bekommen Sie neue Ideen durch neue Fragen! Beginnen Sie am Anfang zunächst einmal damit, die Fragen leicht zu ändern.

- »Welches Thema bietet heute Morgen den meisten Gesprächsstoff?« Die Fragestellung zwingt dazu, Prioritäten zu setzen. Statt wie vorher eine Sammlung relativ gleichwertiger Themen zu bekommen, geht es jetzt darum, Themen zu finden, die diskutiert werden. Die Frage ist geschlossener als vorher.
- »Wenn ich die Zeitung heute Morgen lese, welche Fragen bleiben unbeantwortet?« Die Frage ist offener. Als Antwort kommen jetzt auch Themen in Betracht, die nicht unbedingt einen hohen Gesprächswert besitzen. Dafür bekommen die Antworten jetzt eine größere Tiefe.

Die aktuelle Themenlage kann durch Fragen auch direkt mit einem Thema aus der unmittelbaren Umgebung des Einzelnen verknüpft werden: »Welches Thema betrifft den Handwerksbetrieb in der Nachbarschaft am meisten?«

Der Handwerksbetrieb will vielleicht endlich wissen, woran er ist: Werden die Steuern jetzt erhöht oder gesenkt? Und wenn ja, welche Steuern betrifft das? Und wie wirkt sich das auf ihn aus? Diese Antworten können Grundlage weiterer Recherchen sein. Am Ende ihrer Recherchen steht vielleicht eine eigene Geschichte. »Handwerk und Industrie wollen klare Worte. Vor allem kleine Betriebe leiden unter der endlosen Steuerdebatte.«

Ein berühmtes Zitat von Albert Einstein lautet: »Die Formulierung eines Problems ist oft wichtiger als seine Lösung, die eher eine Frage mathematischer oder experimenteller Fähigkeiten ist.«[13] Diese Denkstrategie lässt sich auf den Journalismus übertragen: Gerade bei der Suche nach Themen und in der Recherche ist es entscheidend, präzise Fragen zu stellen.

---

13 Einstein, A./Infeld, L.: »The Evolution Of Physics – The growth of ideas from early concepts to relativity and quants«, New York 1938

Krokodilfragen

Krokodile haben die Eigenschaft, lange Zeit faul und scheinbar bewegungslos im Wasser zu liegen. Plötzlich schnappen sie zu. Genauso funktionieren Krokodilfragen. Sie sitzen in einer Redaktionskonferenz und die Diskussion bewegt sich wieder einmal auf eingefahrenen Gleisen: Die üblichen Verdächtigen streiten über die üblichen Themen mit den üblichen Argumenten. Die festgefahrenen Meinungen ersticken jeden kreativen Ansatz im Keim. Denn wer eine verfestigte Meinung zu einem bestimmten Vorgang oder Thema hat, verschließt sich der Möglichkeit, dass es auch anders sein könnte. Zeit zum Zuschnappen!

Mit Krokodilfragen bringen Sie Ihr Gegenüber und sich selbst binnen weniger Sekunden dazu, eingefahrene Denkwege in Frage zu stellen. Zurück noch einmal zum Beispiel Europäisches Parlament. Angenommen, die Grundüberzeugung ist folgende: »Was die in Straßburg machen, interessiert niemanden. Deshalb brauchen wir darüber gar nicht oder nur selten berichten.« Lassen Sie das Krokodil mal zuschnappen! Mit wenigen Schritten lassen sich Überzeugungen wie diese gezielt infrage stellen.

- Woher wissen wir eigentlich, dass es so ist?
- Gibt es irgendwelche Beweise, die das belegen?
- Könnte nicht auch das Gegenteil der Fall sein?
- Wie würde es aussehen, wenn das Gegenteil eintreten würde?

Krokodilfragen dienen dazu, die eigenen Ansichten gezielt in Frage zu stellen, sich neuen Möglichkeiten zu öffnen und den persönlichen Horizont zu erweitern.

Sesamstraßen-Technik

»Wer? Wie? Was? Wieso? Weshalb? Warum? Wer nicht fragt, bleibt dumm.« Das kennen Sie aus der Sesamstraße. Und gerade weil fast jeder dieses Lied irgendwie im Kopf hat, eignet sich die Sesamstraßen-Technik ausgezeichnet, um Ihre Kreativität zu stimulieren. Mit der Sesamstraßen-Technik können Sie sich Schritt für Schritt an Themen heranarbeiten. Mit ihr lassen sich aus der folgenden Agenturmeldung immer wieder neue Themen und Aspekte gewinnen:

> »In Deutschland studieren viel mehr Kinder aus Elternhäusern mit hohem Einkommen als Kinder aus sozial schwachen Schichten. Das zeigt eine neue Studie. Im Bundesdurchschnitt besitzen nur 16 Prozent aller Männer zwischen 40 und 60 Jahren einen Hochschulabschluss. Bei den Vätern von Studierenden sind es jedoch 37 Prozent.«

Frontal gefragt ist es gar nicht so einfach, den Ideenmotor anzuwerfen. Die Frage ist zu allgemein. In der gleichen Situation befinden Sie sich als Konferenzteilnehmer, wenn Sie direkt nach Ideen zu einem Thema befragt werden. Mit der Sesamstraßen-Technik können Sie das Thema systematisch hinterfragen und bekommen somit zahlreiche neue Ansätze für Themen.

- Wer sind die Betroffenen?
- Wie äußert sich das Problem in anderen Ländern?
- Was genau ist das Problem?
- Wieso gibt es keine guten Lösungen?
- Weshalb versagt das Bildungssystem?
- Warum ist das Problem entstanden?

Tipp

Bauen Sie in eine Konferenz immer wieder die Sesamstraßen-Technik ein, um Themen weiterzubringen. Es kostet nicht viel Zeit, diesen Umweg zu nehmen, doch es erleichtert den Prozess der Ideenfindung ungemein. Mit dieser kreativen Annäherung können Sie eine große Zahl möglicher Thesen, Assoziationen und Kombinationen schaffen, aus denen sich Themen leichter entwickeln lassen.

Negativliste

Eine Form, bestimmte Fragen an ein Thema zu richten, ist die so genannte Negativliste. Anstatt das aufzuschreiben, was von einem Thema bekannt ist, wird notiert, was nicht bekannt ist. Beispiel: Ein Prominenter hat angekündigt, in die Politik zu gehen. Ein Redakteur soll darüber einen Bericht machen. Statt nur zusammenzufassen, was bereits bekannt ist, erstellt er zunächst eine Negativliste mit Dingen, die er nicht weiß:

- Welche inhaltlichen Ziele hat er?
- Was sind seine persönlichen Motive?
- Welche Fähigkeiten hat er im Vergleich zu Toppolitikern?
- Haben die Parteien Interesse an ihm?
- Wird er vielleicht eine eigene Partei gründen?
- Was befähigt ihn dazu?
- Was könnte er realistisch verbessern?
- Welche Wahlchancen hat er in seinem Wahlkreis?
- Was bedeutet ihm Macht?

Diese Negativliste ist nicht nur ein guter Fahrplan für die Recherche, sie kann auch die Grundlage für die weiterführende Berichterstattung sein.

Weitere Fragetechniken

Fragen, um die Sichtweise zu wechseln:
- Wie stellt sich das Thema aus einer anderen Perspektive dar?
- Wie lässt sich das Thema neu formulieren?
- Wie machen es andere bei analogen Problemen?
- Was sollten die Beteiligten auf keinen Fall tun?

Fragen, um die zeitliche Perspektive zu ändern:
- Wann begann das Problem?
- Wie hat es sich früher geäußert?
- Wie wurde dem Problem in der Vergangenheit begegnet?
- Welche Auswirkungen hat das Problem in der Zukunft?

Spekulative Fragen:
- Was wäre, wenn …?

Fragetechniken zum Themendrehen

Medien orientieren sich oft an anderen Medien. Radio- und Fernsehredaktionen suchen Themen in Zeitungen und Zeitschriften, Printredaktionen beziehen Anregungen aus elektronischen Medien. Dabei geht es nicht unbedingt darum, Themen zu klauen, sondern Ansätze für weitere Ideen zu gewinnen.

Bei dieser Themensuche beschränken sich Journalisten oft auf Medien, die die gleiche oder eine ähnliche Zielgruppe bedienen. Dabei macht es Sinn, auch einen anderen Weg auszuprobieren: Redakteure einer Boulevardzeitung können Themen im Kulturmagazin eines Fernsehsenders finden, ein Jugendradio kann in einer Finanzzeitung wertvolle Anregungen finden. Natürlich lassen sich die Themen in den seltensten Fällen so wie sie sind auf das eigene Medium übertragen. Doch mithilfe kreativer Techniken können sie weiterentwickelt werden.

Beispiel

Eine Modemarke verkündet in einer Finanzzeitung eine gesenkte Prognose für das neue Jahr. Ist dieses Thema allein spannend für ein Frauenmagazin? Nein. Spannend ist er die Weiterentwicklung des Themas: Wenn die Hersteller von Luxusmarken sinkende Gewinne melden, sinkt offenbar die Bereitschaft der Konsumenten, für teure Namen Geld auszugeben. Das Magazin recherchiert und schreibt: »Luxus ade! Weniger Geld für Prada und Co.« Eine Tageszeitung bricht das Thema regional herunter. Ein Jugendradio greift diese Meldung auf und fragt in der eigenen Zielgruppe nach. Die Redaktion findet heraus, dass es in der Zielgruppe wirklich einen Trend gibt, weniger Markenkleidung zu kaufen. Ein Stadtmagazin hört diese Meldung und fragt nach: Jugendliche geben mehr Geld für Handys und Videospiele aus. Diese Meldung wird wiederum von der Wirtschaftszeitung aufgegriffen und so weiter.

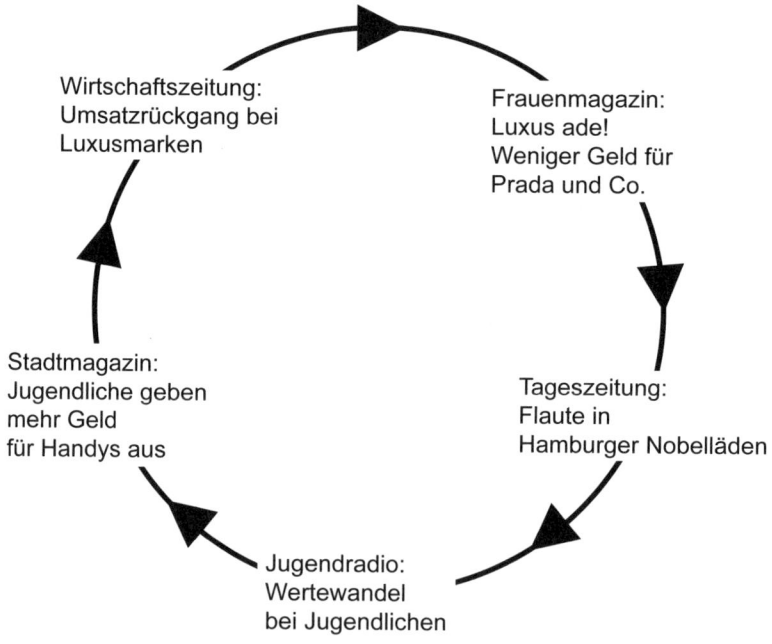

Abb. 26: Der ewige Themenkreislauf

Wenn Redaktionen Themen anderer Medien aufgreifen und bewusst weiterentwickeln, entstehen Themenketten, von denen letztlich alle Redaktionen profitieren. Für diesen Weiterdreh gibt es eine Methode: Themen können modifiziert, generalisiert und fokussiert oder systematisch hinterfragt werden.

Modifikation
Das Thema wird aus Sicht der Zielgruppe oder mit Blick auf die Zielgruppe bewertet und entsprechend modifiziert. Dabei stellt sich die Redaktion folgende Fragen:
- Lässt sich das Thema so darstellen, dass es einen Bezug zu unserer Zielgruppe gibt?
- Hat das Thema Auswirkungen auf unsere Zielgruppe?
- Gibt es Aspekte, die unsere Zielgruppe betreffen oder interessieren?

Generalisierung und Fokussierung
Eine Meldung kann zum Ausgangspunkt eines vollkommen neuen Themas werden, indem eine bestimmte Problematik generalisiert und anschließend neu fokussiert wird.

Beispiel
Ein Fernsehsender berichtet darüber, dass ein Unternehmen seinen Firmensitz verlegt. Diese Meldung führt zu der Frage: Was bedeutet das für die Angestellten? Müssen sie jetzt alle umziehen? Was bedeutet das für ihre Familien und ihr Privatleben?

Diese Frage wird zunächst generalisiert: Wie gehen Angestellte generell damit um, dass der Beruf eine immer höhere Flexibilität erfordert? Was bedeutet das für Familie und Freundschaft?

Dann wird das Thema neu fokussiert: Wie gehen Studenten einer bestimmten Universität mit diesem Thema um? Wie feiern Familien, die beruflich auseinander gerissen sind, bestimmte Feste etc.?

Aus der Meldung »*Unternehmen verlegt Sitz von München nach Berlin*« wird so das Konzept für einen Beitrag »*Reisestress zur Weihnachtszeit*«. Der Beitrag zeigte die stressigen Festtage eines Paars, das Heiligabend nach Köln zur Mutter des Mannes, am ersten Weihnachtstag zum geschiedenen Vater nach Bremen und weiter zur Familie der Frau reiste, nur um es allen recht zu machen.

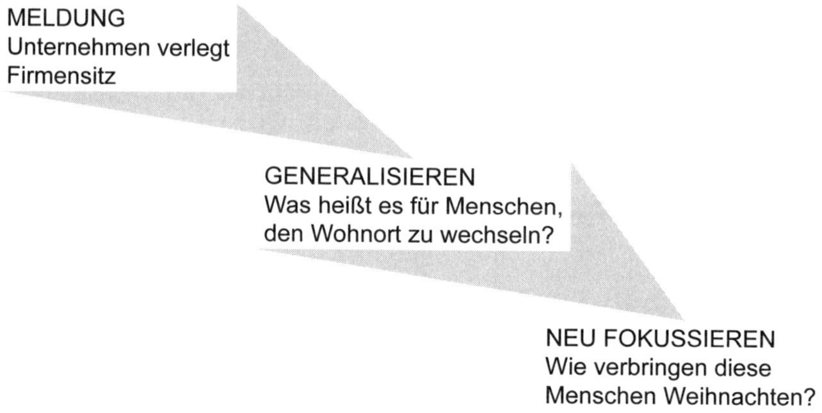

MELDUNG
Unternehmen verlegt
Firmensitz

GENERALISIEREN
Was heißt es für Menschen,
den Wohnort zu wechseln?

NEU FOKUSSIEREN
Wie verbringen diese
Menschen Weihnachten?

Abb. 27: Themen generalisieren und neu fokussieren

WARUM?-Methode
Themen lassen sich sehr schnell mit der WARUM-Methode modifizieren. Eine Redaktion fragt so lange WARUM, bis sie an dem Punkt angelangt ist, an dem sie das Thema umsetzt oder aufgibt: Warum meldet das Unternehmen sinkende Umsätze? Warum kaufen Kunden weniger? Warum haben sie weniger Geld? Warum gibt es weniger Aushilfsjobs? Und so weiter.

Tipp
Nehmen Sie sich ein beliebiges Thema oder eine beliebige Aussage. Stellen Sie die Frage: »Warum?«. Notieren Sie so viele Antworten wie möglich. Fragen Sie dann wieder »Warum?« Und so weiter. Binnen kürzester Zeit erhalten Sie so zahlreiche Themenansätze und -ideen.«

Kreative Denkstrategien für Journalisten

Abb. 28: Mit der WARUM?-Methode Ursachen unter der Oberfläche aufspüren

Kreative Fragetechniken für Interviews

Katz- und Maus-Fragen
Die Fragen sind nicht immer nett, dafür ungemein überraschend. In einem kleinen Nebensatz schieben Sie vor Ihre Frage eine leichte Provokation ein, zu der Ihr Interviewpartner Stellung beziehen soll (und es mit hoher Wahrscheinlichkeit auch tun wird). Sie spielen mit ihm bzw. ihr Katz und Maus. Sie hoffen darauf, dass Ihr Gegenüber das Spiel nicht gleich durchschaut.

Sie wollen von einem Prominenten wissen, ob er sich in seinem kleinen Heimatort manchmal eingeengt fühlt. Die normale Aussage wäre: »Nein, natürlich nicht ...« Also unterstellen Sie sanft, dass es so ist: »Viele Menschen, die in einer Kleinstadt leben, fliehen ab und zu aus der Enge. Von Goethe ist bekannt, dass er Weimar Hals über Kopf verlassen hat. Wie gehen Sie mit der Enge um?«

Sie verbinden eine Beobachtung mit einer Aussage, zu der der Interviewpartner (oder die Interviewpartnerin) Stellung beziehen soll: »Sie haben sich die Haare färben lassen. Üblicherweise lässt man sich die Haare färben, wenn es einem nicht gut geht. Was läuft in Ihrem Leben schief?«

»Sie sind ein sehr umgänglicher Mensch. Die meisten umgänglichen Menschen – das hat eine Studie gerade ergeben – haben eine zweite Seite. Wie sieht Ihre aus?«

Phantasie-Fragen
Sie bauen ein Phantasieszenario auf, das unrealistisch ist, jedoch die Gedanken des Anderen in eine bestimmte Richtung lenkt und ihn zwingt, in Konzepten zu denken.

- »Sie werden zum Most sexiest man alive/most sexiest woman alive gewählt. Warum?«
- »Sie stehen auf Seite 1 der BILD-Zeitung. Mit welcher Geschichte?«
- »Auf ARTE läuft ein Themenabend, der mit einem Porträt über Sie beginnt. Was ist das Thema?«
- »Ein Imageberater zwingt Sie zu einem Imagewechsel. Was hat er zu kritisieren?«
- »Sie haben noch ein Jahr zu leben. Was tun Sie?«
- »Ihre Geheimakte wird veröffentlicht. Was steht drin?«
- »Sie steigen in eine Zeitmaschine. In welches Jahr lassen Sie sich transportieren? Warum in dieses Jahr? Was reizt Sie an dem Jahr? Was wollen Sie dort erkunden?«

Katz und Maus-Fragen und Phantasiefragen machen Spaß, weil sie einzigartig sind. Sie eignen sich vor allem für Menschen, die häufiger interviewt werden und häufiger die gleichen Antworten geben. Solche Fragen sorgen dafür, dass Ihre Interviews eine persönliche Note bekommen und Sie Antworten erhalten, die Ihre Zielgruppe nicht schon eintausendmal gelesen oder gehört hat.

4.2 Durchsuchen Sie Ihre mentale Festplatte

Stellen Sie sich Ihr Unterbewusstsein wie die Festplatte Ihres Computers vor. Dort liegen viele Daten abrufbereit, allerdings braucht Ihr Kopf ein bisschen Zeit, um sie in Form von Assoziationen hervorzuholen. Assoziationen helfen, Gedanken aus dem Unterbewusstsein in das Bewusstsein zu bringen. Es geht dabei um mehr als den bloßen Einsatz einer Kreativtechnik: Assoziationen zu wecken ist eine hirnbiologische Notwendigkeit, um auf den Bestand von eigenem Wissen und eigenen Erfahrungen wirksam zugreifen zu können. Dabei werden Gedanken nicht einfach nur von einer Bewusstseinsebene mit niedriger Aktivität in die nächsthöhere geholt, sie werden regelrecht von einem Hirnsystem in ein anderes verlagert.

Mediziner gehen heute davon aus, dass Bewusstsein und Unterbewusstsein zwei funktional verschiedene Systeme des Gehirns sind. Sinnbildlich lässt es sich mit dem Arbeitsspeicher eines Computers vergleichen: Wären alle Daten ständig geladen, würde der PC langsam und störungsanfällig werden. Daten wandern deshalb vom Arbeitsspeicher auf die Festplatte und werden erst bei Bedarf gesucht und hervorgeholt. Ähnlich funktioniert das Gehirn. Um arbeitsfähig zu bleiben, verlagert es permanent Gedanken vom Bewusstsein ins Unterbewusstsein. »Bewusstsein ist für das Gehirn ein Zustand, der tunlichst zu vermeiden und nur im Notfall einzusetzen ist.«[14] Oft werden Gedanken erst nach langer und mühsamer Suche wieder gefunden. Das erklärt, warum der erste Einfall nicht immer der Beste ist und tiefes Nachdenken immer neue Assoziationen, Begriffe und Zusammenhänge hervorbringt.

Eine der Methoden, um eine hohe Anzahl von Assoziationen in kurzer Zeit zu bekommen, ist Mindstorming. Die Methode grenzt an seelische Folter, ist aber ungemein effektiv. Es geht darum, eine Mindestanzahl von 20, 30 oder 40 Assoziationen festzulegen und nicht eher aufzuhören, bis diese Zahl erreicht ist. Seminarteilnehmer haben so in kurzer Zeit zum Thema *Arbeitslosigkeit* eine ganze Liste von Assoziationen erarbeitet: Statistik, Verwaltung, Hoffnungslosigkeit, Bürokratie, innovative Arbeitsmodelle, Zeitarbeit, verdeckte Arbeitslosigkeit, Wachstum ohne neue Arbeitsplätze, Hausarbeit = arbeitslos?, Psyche/Motivation, Eigeninitiative, Selbstständigkeit, Ausbildung, Zukunftsjobs, Sicherheit?, Umschulung, Verschuldung, Kündigung Bankkredite, arbeitslos trotz guter Ausbil-dung, Suche nach Lösungen, Konzeptlosigkeit, überqualifiziert/unterqualifiziert usw.

Assoziationen visualisieren

Diese Listen sind ein guter Ausgangspunkt, sie haben nur einen Nachteil: Sie sind unübersichtlich. Mithilfe von Mindmaps oder so genannten Themenbäumen lässt sich das zunächst gewollte Chaos strukturieren. Erst werden Oberbegriffe gebildet, dann werden die Assoziationen um diese Oberbegriffe herum gruppiert.

---

14 Roth, G.: »Fühlen, Denken, Handeln – Wie das Gehirn unser Verhalten steuert«, Frankfurt/M. 2007, S. 231

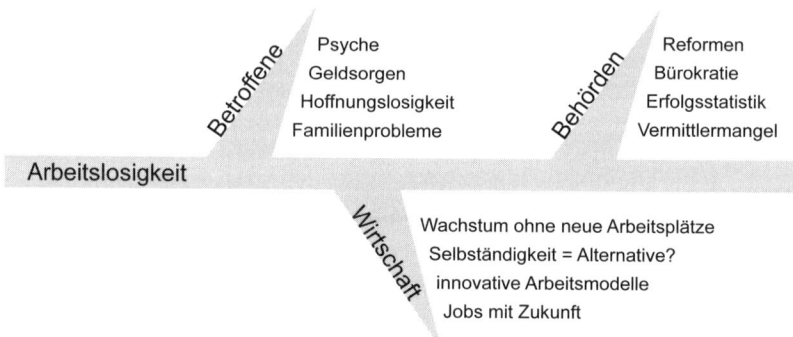

Abb. 29: Themenbaum

Mindmaps und Themenbäume eignen sich nicht nur für die Themensuche und -entwicklung, sie helfen generell, den Überblick zu behalten. Wenn beim Recherchieren das Ziel aus den Augen gerät, beim Schreiben das Gefühl entsteht, sich im Kreis zu drehen oder größere Projekte zu bewältigen sind, schaffen Mindmaps und Themenbäume Struktur. Der Arbeitsspeicher des Gehirns wird geleert, der Kopf wird frei für die Suche nach neuen Assoziationen und Ideen. Begriffe, Gedanken und Ideen zu visualisieren hat noch einen weiteren Vorteil: Die bildhafte Struktur sorgt dafür, dass die rechte Gehirnhälfte aktiv in den Prozess der Ideenfindung einbezogen wird. Die Gedanken fließen leichter.

Eine weitere Form, Gedanken zu visualisieren, sind Cluster. Im Gegensatz zu Mindmaps, die bereits eine thematische Ordnung enthalten, entsteht die Struktur eines Clusters bereits beim Nachdenken. Während Mindmaps dazu dienen, einen Überblick zu verschaffen, helfen Cluster, Gedanken zu entwickeln und von einem Begriff zum nächsten zu kommen. Grundlage eines Clusters sind Gedankenstränge, die visuell weiterentwickelt werden. Wenn ein Redakteur beispielsweise Anregungen für Beiträge von einer Jobmesse sucht, schreibt er das Wort in die Mitte. Dann fragt er sich: Was kann ich von diesem Begriff ableiten?

Kreative Denkstrategien für Journalisten

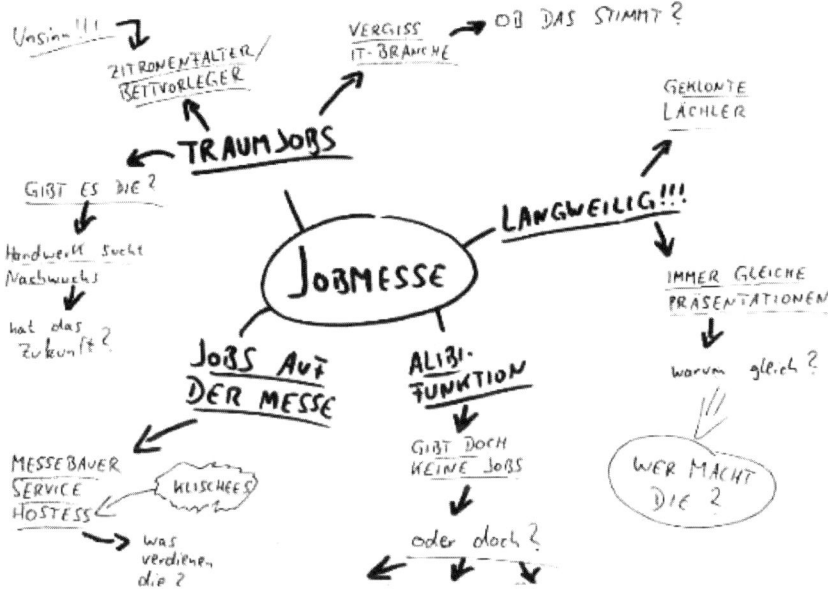

Abb. 30: Clustern – alles aus dem Kopf lassen

Der erste Gedanke könnte zum Beispiel *Jobs auf der Messe* sein, was zu *Messebauer, Service* und *Hostess* führt. Davon wird *Alltag auf der Messe* und *Verdienst* abgeleitet und so weiter. Ein Cluster kann auch Gedanken und Fragen enthalten. Wenn der erste Gedanke *total langweilig* lautet, kann dieser Gedanke Ausgangspunkt für einen neuen Gedankenstrang sein. *Langweilig* führt zu *immer gleiche Präsentationen, geklont aussehende Lächler* und *den ganzen Tag rumstehen*. Und schon sind Ansatzpunkte für eine Glosse gefunden ...

Beim Clustern ist es wichtig, sich für einen kurzen Moment zurückzulehnen bzw. zurückzuziehen und sich zu konzentrieren. Je weniger Störungen durch Kollegen oder klingelnde Telefone vorhanden sind, desto besser. Das Wort in der Mitte wird mit einem Kreis umschlossen. Das macht es bildhaft. Statt nur mit Begriffen zu arbeiten, entsteht eine Struktur. Die rechte Gehirnhälfte, die in Bildern und nicht in Begriffen denkt, arbeitet nun mit. Clustern kann sehr persönliche Züge annehmen. Emotionen wie *langweilig!* werden genauso aufgeschrieben wie Fragestellungen oder Gedanken wie *geklonte Lächler*. Gerade weil diese Methode so persönlich ist, eignet sie sich auch hervorragend für alle Fragen rund um die Selbsterkenntnis. Ein Redakteur, der in seinem Aufgabenfeld unzufrieden ist, kann – statt in dieser Position zu verharren – den Begriff *mein Traumjob* in die

Mitte schreiben und Gedanken entwickeln. So gesehen hat Clustern eine zweite Funktion im kreativen Bereich: Es ist eine Methode, sich selbst gegenüber ehrlich zu sein. Am Ende kann dabei herauskommen, dass der Einzelne in einer beruflichen Sackgasse steckt und etwas verändern muss, um seine berufliche Kreativität wiederzuerlangen.

Prioritäten bei Mindmaps und Clustern setzen

Wenn das Projekt es erfordert Prioritäten zu setzen, beispielsweise die beste oder machbarste Idee zu bewerten, hat es sich bewährt, die einzelnen Ergebnisse zunächst unabhängig voneinander zu bewerten. Beispielsweise folgendermaßen: Im Cluster, mit dem Themen für eine Jobmesse entwickelt werden, tauchen Stichworte wie *Jobs auf der Messe*, *Traumjobs* oder *Alibifunktion* auf. Eine Möglichkeit, die beste Idee herauszufiltern, ist, sie nach verschiedenen Kriterien zu beurteilen: Originalität, Servicewert, Relevanz für die Zielgruppe, Unterhaltungswert, Aktualität. Mit diesen Kriterien wird Begriff für Begriff möglichst spontan aus dem Bauch heraus bewertet, beispielsweise mit einer Anzahl von Punkten:

Jobs auf der Messe	Originalität: 2 Punkte Servicewert: 1 Punkt Relevanz für die Zielgruppe: 1 Punkt Unterhaltungswert: 1–3 Punkte (abhängig von der Umsetzung) Aktualität: 1 Punkt
Traumjobs	Originalität: 3–5 Punkte (abhängig von der Umsetzung) Servicewert: 2 Punkte Relevanz für die Zielgruppe: 2 Punkte Unterhaltungswert: 1–3 Punkte (abhängig von der Umsetzung) Aktualität: 2 Punkte

Die Bewertung ist beispielhaft und von Einzelfall zu Einzelfall verschieden. In diesem Beispiel würde eine Redaktion, die sich für eines der Themen entscheiden müsste, wahrscheinlich einen Bericht über Traumjobs machen.

4.3 Werden Sie zum kreativen Beobachter!

Die besten Themen liegen auf der Straße. Diesen Satz bekommen Volontäre oft schon in den ersten Wochen immer wieder zu hören. Und doch entstehen Themen vielfach aus Terminen, Pressekonferenzen und -mitteilungen. Ein Grund dafür ist, dass der Satz »die besten Themen liegen auf der Straße« nur bedingt wahr ist. Natürlich passiert es, dass ein Journalist zufällig auf eine Situation oder einen Menschen trifft und ihn eine Geschichte dabei förmlich anspringt. Doch das ist relativ selten. In den meisten Fällen findet sich auf der Straße nur der Rohstoff für Geschichten. Das Thema selbst entsteht durch Assoziationen oder Nachfragen.

Eines der schönsten Beispiele beschreibt der amerikanische Journalist Charles Kuralt in seinem Buch *On the road*. Kuralt hat eine bislang einzigartige journalistische Karriere hinter sich: Jahrelang fuhr er in Begleitung eines Kamerateams mit einem Wohnmobil durch die Vereinigten Staaten von Amerika, immer auf der Suche nach Themen, die auf der Straße liegen. Eines Tages fuhr er an einem Haus vorbei, an dem ein Transparent aufgehängt war: »Welcome Johnny.« Kuralt sah das Transparent, ignorierte es und fuhr weiter. Einige Kilometer weiter fragte er seinen Kameramann: »Was sollte das Transparent bedeuten?« Der Kameramann konnte es sich auch nicht erklären. Kuralt und sein Team beschlossen umzudrehen. Sie klingelten und fragten nach Johnny. Doch Johnny war nicht da. Er diente als Soldat im Vietnamkrieg. Seine Familie wusste nur, dass er irgendwann in diesen Wochen zurückkommen sollte und wartete auf ihn. Die Familie hatte sich entschlossen, ihn mit einer Feier begrüßen. Seit Tagen war alles vorbereitet, das Einzige was fehlte, war Johnny.

Die Geschichte wurde zu einer der bekanntesten in Kuralts Karriere. Was hatte er gemacht? Kuralt hatte erkannt, dass das Transparent Rohstoff für ein Thema sein könnte. Er stellte die richtigen Fragen und begann, die Antworten mit dem zu assoziieren, was er täglich in den Nachrichten sah und hörte. Diese Assoziation machte die Geschichte so erfolgreich. Hätte nur diese eine Familie auf Johnny gewartet, der sich auf seinem Weg in den Heimaturlaub verspätete, hätte Charles Kuralt allenfalls eine lokal bedeutsame menschliche Geschichte erzählen können und wäre vermutlich weitergefahren. Doch Kuralt erkannte, dass überall in Amerika Familien auf ihren *Johnny* warteten und mit der täglichen Ungewissheit leben mussten. Mehr noch: Jeder in Amerika kannte wahrscheinlich eine Familie, die in ständiger Angst lebte und darauf hoffte, dass *Johnny* zurückkehren würde. Die Geschichte von *Johnny* erreichte die Herzen einer ganzen Nation.

Diese Art, mit offenen Augen durch die Straßen zu gehen und nach dem Rohstoff für Themen zu suchen, lässt sich jeden Tag einsetzen: bei jedem Spaziergang, jedem Einkauf, jeder Busfahrt. Sogar im Büro. Der Ausgangspunkt ist eine Gedankenreise. Ein Redakteur auf der Suche nach einem Thema lehnt sich zurück, begibt sich gedanklich in eine bestimmte Situation und schreibt unkommentiert alle Beobachtungen auf. Dabei entsteht eine Rohstoff-Liste wie diese: Der Wecker hat am Morgen die falsche Zeit angezeigt; Schlafmangel; stand vor dem Kleiderschrank und wusste nicht, was ich anziehen sollte; der Mann am Zeitungskiosk war unfreundlich; es war kalt; Bauarbeiter haben um 08:45 Uhr schon Glühwein getrunken; Menschen in der Bahn haben verbittert geguckt und so weiter.

Es gibt zwei Möglichkeiten, aus diesen Beobachtungen Ideen zu generieren. Sie durch Modifikation, Generalisierung und Fokussierung und die WARUM?-Methode systematisch zu hinterfragen oder Assoziationen zu bilden.

Hinterfragen durch Modifikation

- Wie geht die Zielgruppe des Jugendradios mit Schlafmangel um? Was ist den Hörern wichtiger – feiern oder der Beruf?
- Bauarbeiter trinken Glühwein wegen der Minusgrade. Was tut der Einzelne in der Zielgruppe gegen die Kälte?
- Wie wirkt sich die Unfreundlichkeit auf den Einzelnen in der Zielgruppe aus?

Hinterfragen durch Generalisierung und Fokussierung

- Wie gehen Frauen generell mit dem Problem um, dass sie »nie etwas anzuziehen« haben? (Generalisierung) Haben Models dieses Problem eigentlich auch? (Fokussierung)
- Angst vor dem Weckerversagen. (Generalisierung) Welche Tricks haben Topmanager oder Stars, wenn sie hundertprozentig aufwachen müssen? (Fokussierung)
- Schlägt die dunkle Jahreszeit auf die Psyche? (Generalisierung) Wie wirkt sich die Polarnacht auf deutsche Austauschstudenten im Norden von Finnland aus? (Fokussierung)

Hinterfragen durch die WARUM?-Methode

- Warum sind Menschen unfreundlich? (Wetter schlägt auf die Psyche)
- Warum schlägt das Wetter auf die Psyche? (Wegen des fehlenden Lichts)
- Warum beeinflusst uns das Licht? Und so weiter …

Hinterfragen durch Assoziationen

Der Redakteur greift eine dieser Beobachtungen auf und beginnt, Assoziationen dazu zu entwickeln: Begriffe, die ihm gerade in den Sinn kommen, Nachrichten, persönliche Erlebnisse oder Erzählungen anderer. Es geht in diesem Schritt noch nicht darum, wirklich konkrete Ideen für Themen zu entwickeln. Die Liste mit Assoziationen darf wirr, unlogisch und unstrukturiert sein. Seminarteilnehmer eines Jugendradios haben zu den Beobachtungen rund um die Frage »Was ziehe ich an?« folgende Assoziationen entwickelt:

- Typisches Frauenproblem. Oder nicht?
- Modetipps: Was ist angesagt? Welche Trends sind in?
- Models
- Samstagvormittag einkaufen gehen
- Kaufsucht
- Kleiderkombinationen
- Modemacher/Akademie für Modedesign
- Sex/Ausstrahlung/Erotik. Rolle der Kleidung
- Nachtleben/Szene
- Markenhype/Statussymbol
- Anlass
- Außenseiter
- Ost-West-Unterschied, andere Kulturen

Die Assoziationen werden nun zu Gruppen zusammengefasst. Daraus entsteht ein Mindmap. Aus dem anfänglichen Problem, dass jemand nicht wusste, was er/sie morgens anziehen sollte, ist ein Überblick über eine ganze Reihe möglicher Themenideen entstanden.

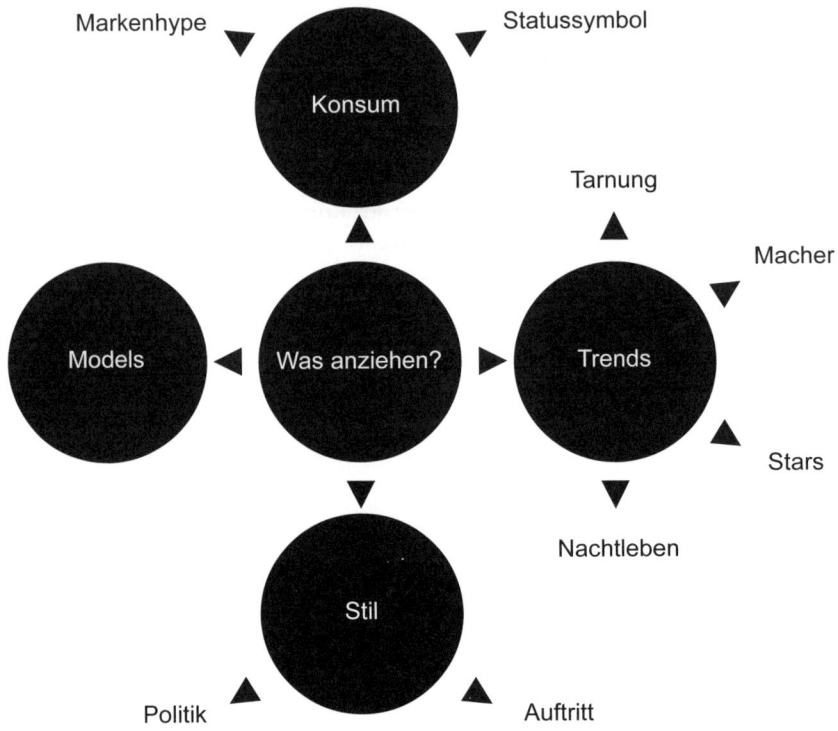

Abb. 31: Durch Assoziationen von einem Thema zum anderen

Erst im letzten Schritt wird damit begonnen, Themen zu entwickeln. Die vorhandenen Anregungen werden dabei immer weiter mit eigenen Erfahrungen und Gedanken ergänzt. Die Redakteure des Jugendradios entwickelten daraus folgende Themen:
1. Stars und ihre Trends
   In einer Serie stellen Stars ihr liebstes Stück vor
2. Trendscouts
   Was tut ein Trendscout? Wie nutzen Markenhersteller Trendscouts in der Szene? Daraus entstand die Idee für eine Aktion: Der Sender wirbt eigene Trendscouts an, die die aktuellen Trends ihrer jeweiligen Stadt vorstellen.
3. Modemacher
   Wer macht die Mode? Wie entsteht ein Trend? Wie werde ich Modedesigner?

4. Model-/Starleben
   Wie erlebt ein Model/Jungstar den Aufstieg? Was passiert nach der Karriere? Wie geht es ehemaligen Models bzw. Stars?
5. Politik und Outfit
   Zusammenhang zwischen Parteizugehörigkeit und Kleidung oder: Warum ein Grüner wie ein Grüner und ein CDU-Mitglied wie ein CDU-Mitglied aussieht
6. Kaufsucht
   Wenn Konsum zur Sucht wird: Vor allem Frauen verschulden sich für Markenartikel

Das Interessante an der Assoziationsmethode ist, dass die Themen am Ende häufig nicht mehr allzu viel mit dem Ausgangsbegriff zu tun haben. Die Gedanken reisen im wahrsten Sinne des Wortes von einem Begriff zum nächsten und von einem Thema zum anderen. Eine Gedankenreise allein oder im Team dauert zwischen 60 und 90 Minuten. Diese Methode empfiehlt sich vor allem für die längerfristige Planung.

4.4 TAF – Die »Fünf-Minuten-Terrine« der Ideenfindung

Mit dem folgenden Schema lassen sich Assoziationen und Fragen verbinden, um in kurzer Zeit Themen auszuarbeiten. Mithilfe von Assoziationen wird zunächst das persönliche Archiv an Wissen und Erfahrungen systematisch durchsucht. Ob als Liste oder als Mindmap bzw. Cluster ist eine Frage der persönlichen Vorlieben. Dann werden systematisch Fragen an diese Begriffe gestellt:

Thema	Assoziationen	Fragen
Schlüsselbegriff	Gedanken/Erinnerungen rund um diesen Begriff. Freier unbewerteter Gedankenfluss!	Wo? Wie? Was? Warum? Wer? Wann? ...

Abb. 32: Die TAF-Methode: Kreativ auf Knopfdruck

Ein Journalist, der beispielsweise den Auftrag erhält, binnen eines halben Tages einen Hintergrundartikel über Sinn und Unsinn der Mobilfunktechnologie UMTS zu schreiben, notiert zunächst wahllose Assoziationen. Im ersten Schritt kommt es nicht darauf an, möglichst schön oder möglichst originell zu formulieren, sondern so viele Begriffe wie möglich in das Bewusstsein zu verlagern. Dabei entstehen beispielsweise folgende Assoziationen: *Milliardengrab, überbewertete Technologie, Totgesagte leben länger, neue Sendemasten, Videos auf dem Handy, wozu braucht man das?, irre Zinszahlungen, Bundeshaushalt hat Milliarden kassiert* etc. Im zweiten Schritt werden Fragen an diese Begriffe gestellt, z.B.:

- Milliardengrab: Wie lange dauert es, bis Unternehmen Gewinne erwirtschaften können? Was müssen sie einnehmen, damit sich die Lizenzgebühren und Anlaufkosten bezahlt machen? Wie groß sind die Aussichten, dass Verbraucher höhere Gebühren wirklich akzeptieren?
- Überbewertete Technologie: Wie viel ist mit UMTS wirklich machbar? Was haben die Marketingexperten damals versprochen und was ist davon realistisch?
- Totgesagte leben länger: Welche Angebote werden gerade entwickelt? Wie ist die Zukunft der Technologie?
- Neue Sendemasten: Wie gefährlich sind diese Sendemasten? Gibt es Bürger, die protestieren? Wenn ja, laufen Klagen? Wie lange wird es dauern, bis diese Fälle geklärt sind? Klagen mehr oder weniger Bürger als von den Unternehmen erwartet?
- Bundeshaushalt hat Milliarden kassiert. Die hohen Gebühren haben die Unternehmen tief in die roten Zahlen getrieben, jetzt zahlen sie kaum noch Steuern, fahren Investitionen zurück und bauen Personal ab. Hat sich das für die Bundesregierung letztlich gelohnt?

Die TAF-Methode eignet sich gerade unter Zeitdruck sehr gut, um allein Ideen zu generieren. Näheres zur Ideenfindung unter Zeitdruck später.

4.5 Denken mit dem Kopf des Anderen – Perspektivenwechsel

Manchmal macht es Sinn, ein Thema nicht aus der eigenen journalistischen Sichtweise zu betrachten, sondern eine andere Perspektive einzunehmen. Was sagt eine alte Frau zu einem bestimmten Thema? Was sagt ein Handwerker? Ein Kind? Harald Schmidt? Die Antworten sind frei: Es können Begriffe sein, ganze Sätze, Fragen, Gedanken, Ideenansätze. Diese Methode dient dazu, das

Denken in verschiedene Richtungen zu lenken und dabei vor allem originelle Ideen zu generieren. Seminarteilnehmer haben die Hauptversammlung eines großen Aktienunternehmens aus verschiedenen Sichtweisen betrachtet:
Die Sichtweise der Unternehmensführung:
- »Wir investieren in die Zukunft.«
- »Unsere Kritiker prangern uns zu Unrecht an.«
- »Unsere Umsatzrückgänge haben mit der Wirtschaftslage zu tun.«
- »Das ist alles Stimmungsmache.«
- »Diese Kleinaktionäre sind Amateure.«

Die Sichtweise einer alten Frau:
- »Die wirtschaften doch alle in die eigene Tasche.«
- »Wo ist eigentlich mein Geld geblieben?«
- »Erlebe ich die Kehrtwende noch?«
- »Ich versteh das Gequatsche nicht.«

Die Sichtweise von Harald Schmidt:
Schmidt würde echte und falsche Analysten testen, er würde in seiner Sendung einen Japaner einladen, der 20 Minuten börsendeutsch redet und mit Play-mobil-Figuren spielen.

Die Sichtweise eines Kindes:
- »Was ist eine Aktie?«
- »Käpt'n Blaubär und Hein Blöd sind lustiger.«
- »Hier gibt es leckere Kekse.«

Alle diese Gedanken lassen sich weiter entwickeln. Aus »hier gibt es leckere Kekse« wurde das Konzept für eine Reportage über Hauptversammlungstouristen, die sich mit einer Aktie im Depot von Hauptversammlung zu Hauptversammlung durchessen. Aus »ich versteh das Gequatsche nicht« und »diese Kleinaktionäre sind Amateure« entstand die Idee, einen Verständnis-Test zu machen: Wie viel von dem, was der Vorstandsvorsitzende des Unternehmens sagt, bleibt wirklich hängen?

Die Erfahrung hat gezeigt, dass es häufig schon reicht, eine bestimmte Perspektive einzunehmen und die Ideen beginnen zu fließen. Ein Beispiel: Seminarteilnehmer sollten die Hauptversammlung des Unternehmens aus Sicht eines Kindes beschreiben und hatten sofort einen kompletten Film im Kopf: Angelehnt an die Sendung mit der Maus entwarfen sie das Konzept für einen glossierenden Bericht mit Mausmusik und Kindertext: »Das ist der Vorstandsvorsitzende … Klingt komisch, ist aber so … Er hat mehr Geld als dein Papa … Das ist sein Haus, das ist sein Boot ... Das sind die Menschen, die sein Boot bezahlt haben ... Die nennen sich Aktionäre und haben auch weniger Geld als der Vorstandsvorsitzende ...«

4.6 Der Fünf-Brillen-Blick – Die schnelle Variante des Perspektivenwechsels

Wenn Sie gerade nicht die Zeit haben (und das soll ja bei Journalisten durchaus einmal vorkommen ...), für ein Thema verschiedene Perspektiven zu entwickeln, hilft der Fünf-Brillen-Blick. Nehmen Sie ein Thema und betrachten Sie es nacheinander durch die Brille von fünf verschiedenen Redakteuren. Beispielsweise durch die Brille eines BILD-Redakteurs, einer BRIGITTE-Redakteurin, eines Redakteurs vom MANAGER-MAGAZIN und so weiter. So können Sie selbst für scheinbar langweilige bzw. schwierige Themen wie »Orchideen« oder »Depressionen« spannende Herangehensweisen entwickeln.

Fachmagazin-Brille	»Orchideen richtig pflegen«	»Depressionen erkennen und heilen«
BILD-Brille	»Abzocke mit falschen Orchideen!«	»Vorsicht Wunderheiler! Warum die Pseudo-Therapien wirkungslos sind«
BRIGITTE-Brille	»Glücksmacher im Blumentopf«	»Hilf Deiner besten Freundin«
BUNTE-Brille	»Die Blume der Promis«	»XY und sein düsteres Geheimnis«
MEN'S-HEALTH-Brille	»Der Duft, der unwiderstehlich macht«	»Putsch Dich auf! Brain-Doping gegen schwarze Löcher!«
MANAGER-MAGAZIN-Strategie	»Die Orchideen-Strategie: Sanftes Durchsetzen in Verhandlungen«	»Worüber niemand redet: Einsamkeit an der Spitze«
TECHNOLOGY REVIEW	»Bionik: Was Ingenieure von der Orchidee lernen«	»Mikrochips gegen Depressionen«
PLAYBOY-Brille	»Scharfmacher im Schlafzimmer«	»Der Depri-Blick: So kriegen Sie sie rum«

Abb. 33: Der Fünf-Brillen-Blick

Der Fünf-Brillen-Blick könnte natürlich auch der Zehn-Brillen-Blick heißen. Ich empfehle Ihnen aber, sich bei Zeitnot für die schnelle Methode zu entscheiden. Suchen Sie sich fünf verschiedene Blickwinkel, die zu Ihrem Medium passen, und spielen Sie den Fünf-Brillen-Blick im Kopf häufiger durch. Natürlich können Sie auch andere Perspektiven wählen, beispielsweise eine SPIEGEL-Brille oder eine STERN-Brille. Wichtig ist nur, dass Sie von dem Medium, das Sie wählen, eine klar umrissene Vorstellung haben, im bösen Sinne gesprochen also ein Klischee. Sie nutzen dieses Klischee bewusst, um Themen zu drehen. Mit Medien, von denen Sie keine klare Vorstellung haben, funktioniert der Fünf-Brillen-Blick nicht.

5 Kreativität in der Berichterstattung

Ein guter Journalist springt aus dem Auto, zückt Notizbuch oder Mikrofon, wirft einen kurzen Blick in die Runde und wird von Einfällen geradezu überschüttet. Seine Geschichte erzählt sich beinahe wie von selbst, heraus kommt eine großartige Reportage. Schön wäre es, wenn es so einfach wäre. Gerade junge Redakteure blicken am Ort des Geschehens erst einmal ratlos in die Runde, erschlagen von den vielen Eindrücken. Wenn bei einem Konzert 2.000 Besucher im Saal sind, bietet die Veranstaltung mindestens 2.000 verschiedene Erzählperspektiven.

In einem solchen Fall ist es die pure Verwirrung, die den Ideenfluss blockiert. Es besteht die Gefahr, dass aus der Reportage 08/15 wird, so wie in diesem Livebericht eines Radioreporters:

> »Die Halle war ganz dunkel, dann kam XY auf die Bühne, sagte: Guten Abend. Und schon hat die Halle richtig gekocht. Er hat seine größten Hits gespielt, die ganze Halle hat geklatscht und Wunderkerzen hochgehalten.«

Um in der Berichterstattung kreativ zu sein, brauchen Redakteure mehr als nur ein solides Fachwissen und eine gute Beobachtungsgabe. Sie müssen ihrer Fantasie freien Lauf lassen und die Nähe zum Geschehen genauso nutzen wie die Distanz.

5.1 Die kreative Reportage

Das Wort »Struktur« hat eine merkwürdige Wirkung: Der kreative Mensch verdreht die Augen, es sträuben sich die Nackenhaare. Struktur? Ist das nicht etwas für Beamte und Versicherungsangestellte? Die klare Antwort ist »nein«: Eine Struktur weist dem kreativen Hirn die Richtung. Ein Redakteur, der die Bausteine einer Reportage kennt, kann sein kreatives Potenzial nutzen, andere werden vom Geschehen erschlagen. Die hier beschriebenen Bausteine haben sich nicht nur für junge Journalisten als hilfreich erwiesen. Auch im Training mit erfahrenen Redakteuren entstanden dabei vollkommen neue Ansätze.

Kreativität in der Berichterstattung

Erster Baustein: Die Beobachtungen

Ein Journalist kann sein Auge wie eine Kamera einsetzen: Er hat die Wahl, diese »Kamera« nur im Weitwinkel-Modus zu benutzen, also das zu sehen, was offensichtlich ist, oder auf Details zu fokussieren. Eine geschickt bediente Kamera kann Dinge größer erscheinen lassen, als sie sind, sie mal von der einen, mal von der anderen Seite betrachten, die einen Dinge auswählen und die anderen ausblenden. Ein Reporter, der alle Sinne nutzt, hört zu, wie ein Politiker auf eine unangenehme Frage antwortet. Sein Auge registriert dabei Details: Zuckt sein Auge? Verkrampft seine Lippe? Scharrt er ungeduldig mit den Füßen? Wirft er dem Fragesteller Minuten später, als es bereits um ein anderes Thema geht, böse Blicke zu?

Beobachtungen als Baustein für den »etwas anderen Dreh« zu sammeln, heißt vor allem, in Hinblick auf die spätere Aussage des Beitrags bzw. des Artikels zielgerichtet zu beobachten. Zwei Beispiele:

Beispiel 1
Allein durch die Auswahl der Beobachtungen kann der Eindruck vermittelt werden, ein Konferenzzimmer sei entweder modern oder schlampig.
- Beobachtungen, die den Eindruck eines schlampigen Konferenzzimmers vermitteln: Es gibt keine Fußleiste, der Putz bröckelt an der Teppichkante, die Deckenplatten haben Spalten, die Schranktüren sind abgestoßen, die Glasscheiben fettig, am Schrank löst sich ein Aufkleber ab, Kabelsalat hinter der Stereoanlage.
- Beobachtungen, die auf ein modernes Konferenzzimmer schließen lassen: Zwei Wände sind durch Glasscheiben ersetzt, der Raum ist lichtdurchflutet mit Blick in die Redaktionsräume, in die Decke sind Halogenstrahler eingelassen, auf einem Tisch mit Milchglasplatte steht ein Laptop, Schranktüren in warmen Rottönen.

Beispiel 2
Ein Reporter kündigt in einem Radiobericht ein Spiel für den kommenden Samstag an. Der Bericht beginnt mit den Worten:
»Die Mannschaft geht voller Selbstbewusstsein in das Spiel gegen XY. Nach dem 3:0-Sieg am vergangenen Wochenende sind die Spieler optimistisch ...«

Was fehlt, ist ein Bild, aus dem der Hörer schließen kann, dass die Mannschaft voller Selbstbewusstsein ist. Der Reporter lässt in dem Beitrag einen wichtigen Schritt aus: Er teilt seine Analyse mit, nicht aber die Beobachtungen, die ihn zu dieser Analyse veranlasst haben.

Beobachtungen bei einer selbstbewussten Mannschaft:	Beobachtungen bei einer nicht selbstbewussten Mannschaft:
Spieler blicken in die Runde (Interpretation: Sie freuen sich über die Aufmerksamkeit)	Spieler weichen den Blicken der Zuschauer aus. (Interpretation: Sie fühlen sich beim Training gestört)
Lachen beim Training, Spieler erlauben sich Scherze, über die sich auch der Trainer amüsiert	Spieler gehen dem Trainer aus dem Weg, folgen Anweisungen mit sichtlich genervtem Blick
Mittelstürmer freut sich auf ein Interview, geht offen auf Journalisten zu	Mittelstürmer gibt widerwillig ein Interview
Während des Interviews: fester Ton in der Stimme, direkter Blick	Während des Interviews: stockende Stimme, gesenkter Blick

Abb. 34: Beobachtungen als Basis von Reportagen

Wenn der Reporter noch einen Vergleich mit früheren Trainingssituationen zieht und eine pointierte Sprache benutzt, zeigt er Kompetenz und Kreativität. Die Einstiegssätze für einen Beitrag könnten z.B. lauten:

»Zufriedenes Lächeln auf den Gesichtern der Spieler. Das gab's schon lange nicht mehr. Noch vor wenigen Wochen schlich die Mannschaft wie ein Rudel geschlagener Hunde vom Feld. Mittlerweile wird beim Training wieder gelacht.«

Zweiter Baustein: Die Geschichten

Menschen haben Motive, aus denen heraus sie handeln. Sie kommen von irgendwoher und sie gehen irgendwohin. Sie haben Träume und Ängste, Meinungen und Überzeugungen. Journalistisch kreativ sein, heißt nachzufragen, diese Geschichten erfahren zu wollen und die kleine Geschichte in der großen zu finden. Der Bericht über die Jugendmeisterschaften im Motorrad fahren beispielsweise kann die Kulisse als Ganzes beschreiben, die Anzahl der Teilnehmer und die Startreihenfolge nennen und die Aussagen von Siegern und Verlierern zusammenfassen. Im Gegensatz zu dieser Kulissenbeschreibung kann der Journalist auch versuchen, eine Handlung zu finden, über die es sich zu berichten lohnt:

- Der Sohn eines erfolgreichen Fahrers fährt heute sein erstes Rennen. Kann er seinem Papa in die Fußstapfen folgen?
- Eine Gruppe von fünf Jungen hat aus alten Motorrädern ein Motorrad der Marke Eigenbau zusammengezimmert. Kann das Renngerät gegen die teuren Maschinen der anderen bestehen?
- Die jüngste Teilnehmerin ist gerade mal vier. Wie hat sie Motorradfahren gelernt?
- »Der Ministar« – zehn Jahre und schon deutscher Meister
- Der Protest der Umweltschützer gegen das Rennen
- etc.

Dieser kreative Ansatz ist häufig der spannendere. Um es mit einem Theater zu vergleichen: Die Kulisse ist wertvoll und schön, doch letztlich zählt die Handlung im Stück.

Dritter Baustein: Die Fantasie

Dies ist die Spielwiese des Reporters, das Brainstorming mit sich selbst: Lassen sich zu den Beobachtungen Assoziationen, Analogien oder Vergleiche finden? Lassen sich Handelnden Gedanken zuschreiben, gibt es einen Bezug zu Ereignissen, die mit dem Geschehen in Verbindung stehen?

Ähnelt ein Menschenauflauf einem Ameisenhaufen, der scheinbar chaotisch ist und doch funktioniert? Ist der Auftritt eines Politikers wie eine Fernsehshow inszeniert? Was könnten die Kinder denken, wenn sie einen Staatsmann sehen? Haben sie Respekt oder ist es »der große nette Onkel aus dem Fernsehen, über den Papa immer meckert?«

Um die Fantasie spielen zu lassen, lassen sich eine Reihe kreativer Denktechniken wie gezielte Fragen, Assoziationen, Mindstorming oder Cluster anwenden.

Vierter Baustein: Die Aussage

Die Kernaussage eines Artikels oder Beitrags sollte möglichst in einem Satz zu erklären sein. Wenn Leser, Hörer oder Zuschauer diese Kernaussage anschließend wiedergeben können, ist das Ziel erreicht. Die Aussage eines Hörfunkbeitrags über den Kanzlerbesuch bei einem Sportfest kann lauten: »Showtime im Stadion, doch die wahren Probleme sind außen vor« (kritischer Ansatz), »wie schlägt sich der Kanzler beim Sportwettbewerb?« (bunter Ansatz) oder »internationale Politik überschattet den Besuch« (nachrichtlicher Ansatz). Ein Bericht über wilde Mülldeponien kann den Tenor »Behörden sind machtlos« oder »Behörden sind untätig« bekommen, entsprechend ist die Auswahl der Beobachtungen und O-Töne, entsprechend gestaltet sich die Recherche.

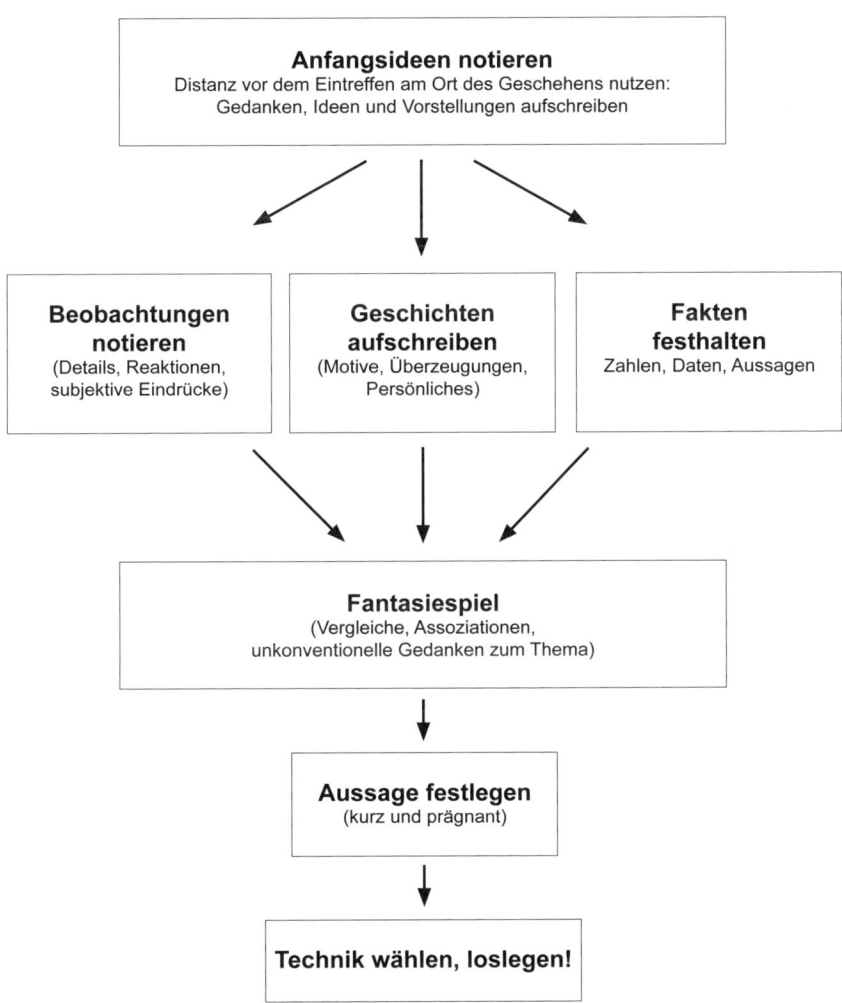

Abb. 35: Schritte zum kreativen Reportagestil

5.2 Kreative Erzähltechniken

Durch den Einsatz verschiedener Denkmethoden lässt sich die Erzählweise eines journalistischen Beitrags in eine bestimmte Richtung lenken. Die nachfolgenden Techniken können als Hilfsmittel dienen und Anregungen liefern. Eine erschöpfende Aufzählung sind sie nicht. Der Übergang zwischen den einzelnen Techniken ist in der Praxis mitunter fließend: In eine Charakterisierung können durchaus Elemente einer Ortsbeschreibung einfließen und umgekehrt. Ein Beispiel ist hier der Einstieg in eine Reportage über den Weißwurst-Europameister, der bezeichnenderweise nicht aus Bayern, sondern aus Wien kommt.

Ortsbeschreibung

Möglichst detaillierte Beschreibung eines Ortes, Konzentration auf symbolische Details, die für die Gesamtatmosphäre prägend sind.

> »Europas beste Weißwürste kommen aus einem schmucklosen Hinterhof direkt an der vierspurigen Durchgangsstraße. Ein Fleischwolf, zwei Aluminiumtöpfe und ein überdimensionaler Holzlöffel, das ist die gesamte Produktionsstätte.«

Handlungsbeschreibung

Detaillierte Beschreibung der Handlung einer Person oder einer Interaktion zwischen mehreren Menschen.

> »Franz D. stopft seine Würste mit der Präzision eines Uhrmachers. Geschickt nimmt er eine Hand voll weißer Masse aus dem Topf, rollt sie zwischen seinen Fingern und drückt sie vorsichtig in ein Stückchen Darm. Ein scharfer Blick, ein wenig Petersilie, das Meisterstück ist geschafft.«

Situationsbeschreibung

Beschreibt die Situation, in der sich ein Mensch zu einem konkreten Zeitpunkt befindet bzw. in die ein Mensch durch ein Ereignis von außen gebracht wird. Je nach Anlass ist die Sprachwahl witzig-ironisch, dramatisch oder einfühlsam.

»Seit einer Woche kann sich Franz D. vor Anrufen kaum noch retten. Alle 30 Sekunden klingelt das Telefon, gerade hat er ein Interview für die New York Times gegeben, jetzt fragt das Außenministerium an, ob er Weißwürste für einen Staatsempfang liefern kann.«

Charakterisierung einer Person

Beschreibung von Merkmalen, Reaktionen und Eigenschaften einer Person, die Rückschlüsse auf seinen Charakter schließen lassen bzw. seine Motive aufzeigen. In diesem Beispiel charakterisieren wir Franz D. als »Daniel Düsentrieb der Wurstbranche«.

»Franz D. ist Perfektionist. Jahrelang hat er für dieses Ziel gekämpft, Nacht für Nacht geduldig Rezepte ausgetüftelt, seine Kreationen immer wieder überarbeitet. Bis er sein Ziel erreicht hat: Die perfekte Weißwurst zu kreieren. Schon als Lehrling träumte Franz davon, das bayerische Wurstdiktat zu beenden, zu zeigen, dass auch Österreicher gute Weißwürste machen können.«

Vermenschlichung

Einem Tier oder einer Sache werden menschliche Eigenschaften bzw. Merkmale gegeben. Aus einem jungen Elefanten im Zoo wird ein verwöhnter Baby-Pascha, ein Auto bekommt Muskeln, ein Flugzeug eine »Nase wie Gerard Depardieu«. Dieser Ansatz ist spielerisch, im Beispiel von Franz D. wird bewusst die Assoziation zu einer Geliebten hervorgerufen.

»Franz D. ist überzeugt: Seine Weißwürste sind nicht einfach nur Weißwürste, sie haben eine Seele. Für ihn sind sie voll sinnlicher Weiblichkeit mit perfekten Rundungen und einer samtweichen Haut.«

Überspitzung

Bewusste Überspitzung eines Ortes, einer Situation oder einer Person, deutlich übertriebene Vergleiche. Aus einem herrischen Parkplatzwächter wird Napoleon, der sein Reich verteidigt; ein Schlafzimmer mit Samtvorhängen wird zum Barockschlösschen, kindische Streitereien auf einem Parteitag werden durch bewusste Verwendung von Comicsprache entlarvt.

> »Mit feierlichem Blick schreitet der Weißwurstkönig die Ehrenformation ab. Kritisch mustert er die rund 150 Würste, die heute Abend beim Staatsempfang gereicht werden sollen. Sehen sie fürstlich genug aus? Können sie das Geschlecht des Weißwurstkönigs würdevoll repräsentieren?«

Anekdote

Kuriose Geschichten, die mit dem Geschehen in Zusammenhang stehen. Dies können eigene Erlebnisse sein oder Geschichten, die andere erlebt haben bzw. andere erzählen. Am Wahlabend berichtet ein Korrespondent über die schlechten Chancen der Regierungspartei: »Ich habe vorhin den Regierungssprecher getroffen. Er hat bereits einen neuen Job.« Ein anderer beschreibt nach einem Börsencrash die Stimmung so: »Die Händler sehen es mit schwarzem Humor, heute Morgen kursiert ein Witz: Die Lage ist so schlimm, man muss 20 Minuten Schlange stehen, um aus dem Fenster zu springen.« Franz D. könnte zum Beispiel diese Anekdote erlebt haben:

> »Die Rezepte von Franz D. sind weltweit gefragt. Der Stempel auf der Siegerurkunde war kaum trocken, als eine merkwürdige Gestalt in seinem Geschäft auftauchte. Ein Mann im schwarzen Mantel, der mit osteuropäischem Akzent nach dem berühmten Weißwurstrezept fragte. Ein erster Fall von Industriespionage?«

Zitat

Vergleich alter und neuer Aussagen einer Person, plakative Zitate, die die Situation beschreiben oder historische Zitate zum Thema. Wenn beispielsweise Macchiavelli schreibt, »verwöhne sie oder vernichte sie, kleine Demütigungen werden sie rächen«, lässt sich dieses Zitat durchaus mit dem Führungsstreit in einer Partei in Verbindung bringen.

> »Wenn es um die Wurst geht, wird Franz D. philosophisch. Sein Motto: Meine Weißwurst ist wie die platonische Liebe: Ehrlich, sauber und ohne bitteren Nachgeschmack.«

5.3 Nie mehr der Experte vor der Bücherwand – Kreative Bildsprache im Fernsehen

Der Staatsanwalt vor seinen Büchern, die Protagonistin auf dem Familiensofa und die Totale vom Haus des Täters: Viele Einstellungen und Szenen haben Zuschauer hundertfach gesehen, sie sind austauschbar und phantasielos. Dabei sind Bilder der wichtigste Teil eines TV-Beitrags: Sie entscheiden darüber, ob Zuschauer dranbleiben oder sich gelangweilt abwenden, ob sie fasziniert sind oder verzweifelt nach der Fernbedienung suchen. Kreative TV-Journalisten entwickeln für ihre Beiträge eine kreative und ungewöhnliche Bildsprache, die Zuschauer überrascht und Beiträge einzigartig macht und sie entwickeln Szenen, die über den klassischen, ersten naheliegenden Einfall hinausgehen.

Down-Top statt Top-Down

Wenn Sie in einer Fernsehredaktion arbeiten, kennen Sie wahrscheinlich das Dilemma: super Thema, leider keine Bilder. Und schließlich wird das Thema deshalb beerdigt. Oder es wird mit den üblichen Einstellungen gesendet: der Staatsanwalt vor dem Bücherregal, die Protagonistin auf dem Familiensofa und so

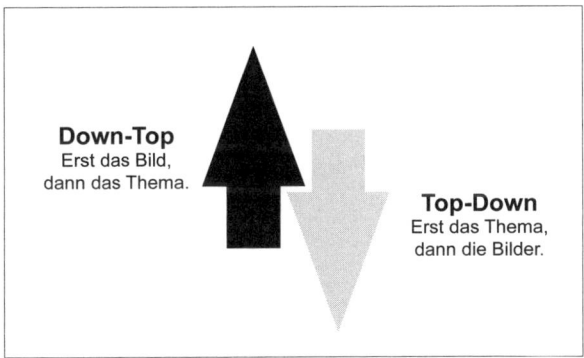

Abb. 36: Der Top-Down-Ansatz

weiter. Das hatten wir ja gerade. Eine sehr wirksame Methode ist es, den Prozess der Themenfindung einfach umzudrehen. Anstatt für ein Thema Bilder zu suchen, suchen Sie ein Thema für Bilder. Bilder, die Sie auf dem Weg zur Arbeit sehen, in der Kantine beim Mittagessen oder im Supermarkt um die Ecke. Denken Sie einfach anders, als es viele Redaktionen tun. Üblicherweise wird in der Redaktion nach einem Thema gesucht, anschließend werden für die Umsetzung dieses Themas Protagonisten und Drehorte gesucht sowie Szenen entwickelt. Dieser Ansatz ist der klassische Top-Down-Ansatz: Ich habe ein Thema, aber noch keine Protagonisten, Drehorte oder Szenen. Der Down-Top-Ansatz funktioniert umgekehrt: Ich habe einen Protagonisten, Drehort bzw. eine Szene, aber mir fehlt das Thema. Beobachten Sie Dinge und fragen Sie sich: In welchem thematisch übergeordneten Beitrag könnte der Protagonist, der Drehort oder die Szene, die ich gerade sehe, eine Rolle spielen?

Beispiele

Beobachtung	Daraus generierte Themen
Neue Nachbarn im Haus	• Test: Wie gut kennen Menschen ihre Nachbarn? Was denken sie über sie und wie sind sie wirklich? • Nachbarschaftsstreits • Bürgerwehren in der Stadt: Wenn sich Nachbarn zusammenschließen • Nachbarschaftshilfe: Was ist erlaubt, was ist Schwarzarbeit? (Servicethema) • Vermietertypen: Der Neugierige, der Bürokratische, der Hinterlistige etc. • Doku-Soap: Mehrgenerationenhaus • Wohnen ohne Nachbarn: Auf einer Insel, auf dem Leuchtturm, auf dem Einsiedlerhof, in der Fabrikhalle etc.

Auf der Straße gibt es keinen U-Turn	• Wie viele Unfälle gibt es bei U-Turns? Wie gefährlich sind sie? • Der Städtevergleich: Wer hat die meisten/ gefährlichsten U-Turns? • Verkehrsplanung in einer Großstadt: Der große Report • Test: Kennen Autofahrer Verkehrszeichen? • »Die Kurve gekriegt«: Reportage über Menschen, die kurz vor dem Abgrund die Kurve gekriegt haben: Der gescheiterte Unternehmer, der neu angefangen hat etc. • Reportage über »Point of no return«: Wie fühlt es sich an, wenn Menschen diesen Punkt überschritten haben? Der Bankräuber, der plötzlich zum Geiselnehmer wurde? Der Mensch, der die Kontrolle über sein Auto verloren hat? Etc. • Den U-Turn genommen: Menschen, die ihr Leben verändert haben, etwa der Manager, der zum Mönch wurde etc.
Ein Bekannter hat heute einen Kuchen mitgebracht	• Können Männer backen? Der große Test • Die Geschichte des Kuchens • Der Hausfrauentest: Ist der Kuchen selbst gebacken oder gekauft? • Was ist generell ein gutes Geschenk? • Deutsche Bäckereien im Ausland. • Die Kuchen Top 10: Die beliebtesten Kuchensorten der Deutschen • Gesunder Kuchen: Backrezepte

Abb. 37: Von der Beobachtung zum Thema

Weg mit dem E.N.E.!

Jede Idee ist nur so gut wie ihre Umsetzung. Doch gerade bei der Umsetzung leiden viele Beiträge daran, dass sie dem typischen E.N.E. – dem »ersten naheliegenden Einfall« – folgen. Beispiel: Ein Sender macht eine Reportage über eine Stilberaterin, die gemeinsam mit einer Kundin einkaufen geht. Die Grundidee ist, die Beraterin einen Tag lang bei ihrer Arbeit zu verfolgen. Die Reportage zeigt, wie sie ihre Wohnung verlässt, mit dem Auto zur Kundin fährt, in der Wohnung der Kundin über den bisherigen Modestil der Frau spricht und dann in verschiedenen Geschäften mit ihr einkaufen geht.

Eine kreative Umsetzung ist anders: originell, überraschend und voller Ideen. Um das zu erreichen, empfiehlt es sich, als ersten Schritt die Grundidee und den E.N.E. zu notieren und davon ausgehend nach Alternativen zu suchen. Die Grundfragen bei der Suche nach Alternativen lautet: Geht es anders? Geht es origineller?

	E.N.E.	Anders?	Origineller?
Grundidee	Wir begleiten die Typberaterin mit einer Kundin beim Einkaufen.	»Typberaterin macht jeden zum Star.« Sie verwandelt die Protagonistin in einen Star, der abends bei einer Premiere auf dem roten Teppich läuft.	Vom Aschenputtel zur Prinzessin. Die Geschichte der Kundin wird mit starken Assoziationen zum Märchen »Aschenputtel« erzählt.
Szene	In ihrem Wohnzimmer zeigt die Kundin die Kleider, die sie trägt.	Stopset-Trick: Die Kundin in verschiedenen Posen in verschiedenen Kleidern.	»Modenschau der Scheußlichkeiten.« Die Szene erinnert an eine Glamour-Modenschau, wenn die Kundin ihre fürchterlichen Kleider präsentiert.

Abb. 38: Vom E.N.E. zur originellen Umsetzung

Es geht bei dieser Methode nicht darum, eine komplette Aufstellung von Szenen zu erhalten, die dann nur noch aneinandergereiht werden müssen, sondern darum, möglichst viele originelle Ideen für die Umsetzung zu generieren. Am Ende werden die besten Ideen ausgewählt.

5.4 Und täglich grüßt das Murmeltier – Kreativität für Fachjournalisten

Jeden Tag das Gleiche. Von morgens bis abends. So denkt man gerne, wenn man an Fachjournalisten denkt. Journalisten, die über Themen wie Baustoffe, Naturheilkunde oder Lebensmittel schreiben und dabei Themen wie »Die Preise für Käse, Milch und Eier steigen«, »Zuversicht im Vorfeld der Grünen Woche«

oder »Großhändler knüpfen europäisches Netz« ins Blatt bzw. online nehmen. Ein Thema wie »Seekrank von Salami und Tomaten« zählt zu den Höhepunkten. Richtig? Nicken Sie jetzt? Dann sind Sie dem falschen Klischee aufgesessen. Fachjournalismus kann spannender sein als drei Berichte für STERN TV, die Seite drei der SÜDDEUTSCHEN und die Titelstory auf SPIEGEL ONLINE zusammen. Allerdings kann Fachjournalismus auch so spannend sein wie das Handbuch eines koreanischen Automobilherstellers: detailverliebt, frontal, schwer verständlich und schlichtweg langweilig. Egal, ob Sie als Redakteur über Bauen und Wohnen, Katzen und Hunde oder den Mittelstand berichten: Die folgenden drei Typen sind die eher unkreativen.

Typ 1: Der Einsiedler

Im Gegensatz zu Journalisten, die heute über dieses und morgen jenes Thema berichten, haben Fachjournalisten einen großen Kreativitätshemmer: Sie leben gemeinsam mit ihrer Zielgruppe auf einem Planeten. Es kann der »Planet Lebensmittel« sein, der »Planet Haustier« oder der »Planet Medien«. Auf dem Planeten wird eine eigene Sprache gesprochen: nach draußen hermetisch abgeriegelt, voller Fakten und Begriffe, die nur Insider interpretieren können. Der Einsiedler lebt auf seinem Planeten und er schreibt für seinen Planeten, und zwar genau so, wie er glaubt, dass es die Bewohner des Planeten von ihm erwarten. Vom Einsiedler hören Sie Sätze wie:»Das müssen wir so schreiben, das wollen unsere Leser so.« Oder: »Wenn wir das anders schreiben, empfinden unsere Leser das als zu flach.«

Typ 2: Der Pflichterfüller

Ordnet und sortiert die Fülle der eingehenden Pressemitteilungen von Unternehmen, Verbänden und Politikern, stellt daraus Nachrichtenblöcke zusammen und bringt sie ins Medium. Für den Pflichterfüller ist Fachjournalismus eher eine organisatorische als eine gestalterische Aufgabe, er sieht seine Pflicht darin, Meldungen zu gewichten, an das Format des Blattes bzw. des Online-Mediums anzupassen und gelegentlich mit dem PR-Redakteur der anderen Seite einen Meinungsaustausch über Formulierungen zu pflegen. Seine Arbeit ist so kreativ wie die eines Telefonbuchredakteurs.

Typ 3: Der Phrasendrescher

Seine Meldungen und Berichte klingen im Kern alle ähnlich. Der Phrasendrescher heißt so, weil er das Vokabular seiner Überschriften und Headlines oft direkt von den PR-Agenturen übernimmt, die häufig und gerne zu klassischen Phrasen greifen. Das Beispiel unten ist aus mehreren Artikeln von Fachzeitungen zusammengefasst. Es zeigt, wie Meldungen klingen, die vom Phrasendrescher geschrieben wurden: Sie können jedes Wort aus der Einleitung beliebig mit dem Mittelteil und dem Ende kombinieren.

Einleitung	Mittelteil	Ende
Waschmittel	... präsentiert sich ...	... in neuem Gewand.
Joghurt	... zeigt sich nach dem Relaunch ...	... noch emotionaler.
Limonade	... kommt jetzt ...	... im Trend-Design.
Vitamintablette		... mit verbesserter Rezeptur.
Mineralwasser		... mit echten Innovationen.

Abb. 39: Fachmeldungs-Phrasendrescher

Solange es keinerlei großen Veränderungen gibt – die Zielgruppe ist mit dem Fachmedium hochzufrieden und Einflüsse von »draußen«, wie Internetdienste, Blogs und RSS-Feeds, haben die Leserschaft bislang nicht berührt – können die drei unkreativen Typen problemlos im Fachjournalismus existieren. Problematisch wird es nur dann, wenn die technologische Entwicklung die alten Denkschemata kaputt macht: Wenn es nicht mehr genügt, den Planeten mit Frontalinformationen zu versorgen, die Pflicht zu erfüllen und die im Kern immer wieder gleichen Meldungen zu bringen. (Ich habe das jetzt bewusst überspitzt formuliert ...)

Auch im Fachjournalismus genügt es nicht sich darauf zu verlassen, dass die eigene Kompetenz auch weiterhin für treue Leser sorgt. Denn die technischen Veränderungen durch das Internet haben die Rolle von Fachzeitungen und -magazinen verändert und werden sie weiter drastisch verändern. Während das Fachmedium früher faktisch eine Monopolstellung hatte, sind in den vergangenen Jahren eine Reihe von Konkurrenten dazugekommen.

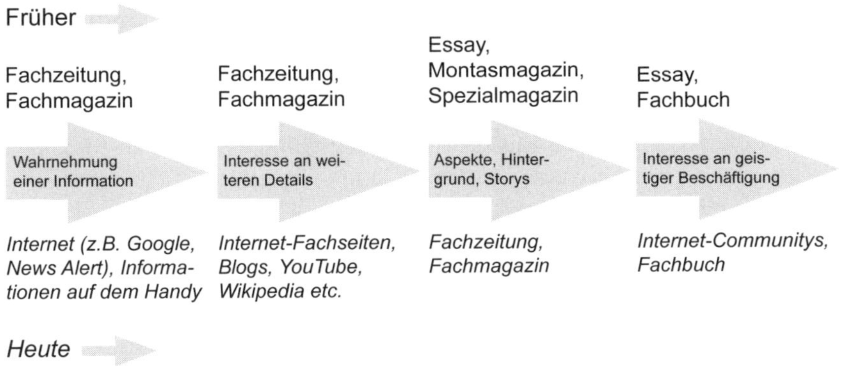

Kreativität in der Berichterstattung

Früher

| Fachzeitung, Fachmagazin | Fachzeitung, Fachmagazin | Essay, Montasmagazin, Spezialmagazin | Essay, Fachbuch |

| Wahrnehmung einer Information | Interesse an weiteren Details | Aspekte, Hintergrund, Storys | Interesse an geistiger Beschäftigung |

| Internet (z.B. Google, News Alert), Informationen auf dem Handy | Internet-Fachseiten, Blogs, YouTube, Wikipedia etc. | Fachzeitung, Fachmagazin | Internet-Communitys, Fachbuch |

Heute

Abb. 40: Informationsmedien für die verschiedenen Phasen der Informationsaufnahme

»Ach, das kennen wir schon alles, da ist in den letzten Jahren wenig passiert.« Wirklich? Vorsicht! Manch technische Revolution hat zwar etwas länger auf sich warten lassen als angekündigt. Die erste WAP-Welle (Internet aufs Handy) ging am Durchschnittskonsumenten praktisch spurlos vorbei. Doch spätestens seitdem Apple mit dem iPhone vorgemacht hat, wie gut Nachrichten auf dem Handy aussehen können, spätestens seitdem die UMTS-Flatrate mobiles Surfen zum erschwinglichen Vergnügen gemacht hat, haben sich die Anforderungen an Fachmedien weiter verändert.

Immer weniger sind Fachzeitungen und -magazine primäre Informationslieferanten wie früher. Der GOOGLE News Alert liefert zu ausgesuchten Themen weit schnellere Informationen als eine Fachzeitung. Selbst vertiefende Informationen zu einem Thema lassen sich per Internet häufig schneller und besser in Erfahrung bringen als in einer Fachzeitung oder einem Fachmagazin. Ist das Medium damit tot? Nein, nur die Rolle hat sich verändert. Und damit die kreativen Anforderungen. Weg vom Informationsvermittler alter Art, hin zu Inhalten, die klar erkennbare Mehrwerte zu den schnellen Frontalinformationen liefern.

25 Themen aus einer Wasserflasche – Was alles in einem Produkt steckt

»Genuss ohne Reue – Wie unsere Lebensmittel verändert werden« hieß eine Sendung des ZDF im Mai 2008. In der Sendung ging es um Erdbeeren, denen »der Hang zur Matschigkeit ausgetrieben wird«, Fleisch, bei dem »von ganz frisch« bis »noch frisch« der Haltbarkeitshinweis immer aktualisiert wird und High-Tech-

Methoden, mit denen das Huhn der Zukunft gesucht wird. Ein Beispiel, welche Themen hinter den frontalen Meldungen der Unternehmen stecken.

Mit der TAF-Technik, die Sie in diesem Buch bereits kennen gelernt haben, haben sich Teilnehmer eines Seminars an das Thema »Wasser« herangewagt. Sie können diese Übung gerne einmal in einer Redaktionskonferenz durchführen. Stellen Sie eine Flasche Wasser auf den Tisch und sagen Sie: »25 Themen bitte«. So wird es möglich:

Zunächst haben die Teilnehmer Assoziationen zu den Begriffen »Wasser« und »Flasche« gebildet: Grüner Punkt, PET, Ökobilanz, Marktpositionierung, Suche nach Wasserquellen, Weihwasser, Rohstoff der Zukunft, Test Wasseraufbereiter, Kosmetik mit Wasser, Entstehung einer Wasser-Marke, Marketing für kleine Quellen, Stars in der Wasserwerbung, Leben unter Wasser, übers Wasser gehen, Wassersport, Gesundheit, Frische, Handlichkeit, Durst, Herkunft, Haltbarkeit, Qualität, das beste Wasser, Umweltfreundlichkeit, Transport, Farben, Braten mit Wasser, kalt, warm, Lagerung, Kohlensäure, Schlankmacher, Heilung, Mineralien, Abwechslung, Vulkangestein etc. Dann haben sie Fragen an die Assoziationen gerichtet:

- Macht Weihwasser krank?
- Was bringt Wasser in der Kosmetik?
- Wird Wasser wirklich weniger?
- Wie kommt das Wasser zum Image?
- Erkennen Werbestars das Wasser, für das sie Werbung machen?
- Halten Werbesprüche das, was sie versprechen? Was steckt hinter den Werbeaussagen?
- Was bringen die Mineralien im Wasser?
- Macht Wasser schlank?
- Wer trinkt welches Wasser?
- Macht Wasser schön?
- Macht Trinken aus der gleichen Flasche krank?
- Wie lange mag man sein Wassergrundstück? Welche Nachteile haben Wassergrundstücke?
- Wie alt ist das Wasser wirklich? Kann Wasser schlecht werden?
- usw.

Dann hatten sie die Aufgabe, aus den Fragen 25 Themenideen zu generieren.
1. Mineralwasser: Wie der Blubb ins Wasser kommt.
2. Der Grüne Punkt: Fake oder Wirklichkeit?
3. Klimawandel: Wassermangel auch bei uns?
4. Markenphänomen Evian: Sag mir, was Du trinkst und ich sag Dir, wer Du bist (Psychotest?).

5. Der große Wassertest: Erkennen Sie Ihr gewohntes Wasser?
6. Keime am Wasserspender.
7. Flaschendesign: Die Psychotricks der Werbeindustrie.
8. Leben ohne Wasser – Der Wüstentest.
9. Experiment Wasser: Leben wie Arielle?
10. Der Jesus-Trick: Wie man übers Wasser gehen kann.
11. Wasser als Jungbrunnen: Machen Wasser-Cremes jung?
12. 5000 Jahre altes Gletscherwasser – Wie Grönland mit dem Klimawandel Geld verdient.
13. Die Wassersparreportage: Wie viel Geld Sie jeden Tag sparen können.
14. Trinkwasser aus der Pfütze: Wie weit ist die Wissenschaft?
15. Geldquelle Weihwasser: Lourdes Quellwasser in aller Welt.
16. Exportschlager Ostfriesenwasser: Teestunde mit heimischem Wasser (Hintergrund: Tee mit Original-Ostfriesenwasser schmeckt besser).
17. Der Tod aus dem Wasser – Wasser als Waffe.
18. Importiertes Markenwasser: Die miserable Ökobilanz der großen Marken.
19. Wasser für Afrika – Aufbereitung durch UV-Licht.
20. Das Wasser der Stars.
21. Die Farbe im Regenbogen.
22. Leitungswasser in der Flasche – Der Nepp der Getränkeindustrie.
23. Jungbrunnen Wasser – Gibt es verjüngendes Wasser? Oder Reportage: Die spannende Suche nach dem Jungbrunnen.
24. Macht Wasser schön? Gesichtskosmetik mit Wasser.
25. Wie viel Wasser ist gesund? Oder: Krank durch zu viel Wasser?

Natürlich ist nicht jedes dieser Themen eins zu eins für ein Fachmagazin zu übernehmen, doch die Übung zeigt, wie viele Themen tatsächlich in einer einzigen Wasserflasche stecken.

Der Themendreher für Fachjournalisten

Geben Sie Ihrer Berichterstattung den besonderen »Dreh«. Mit dem Themendreher können Sie die verschiedenen Aspekte einer Meldung nacheinander erarbeiten. Sie bekommen beispielsweise die Pressemeldung »Waschmittel zeigt sich nach Relaunch im Trend-Design« auf den Tisch. Im ersten Schritt gehen Sie auf die Metaebene, das heißt, sie suchen das übergeordnete Thema bzw. die übergeordneten Themen: »Relaunch« und »Trend-Design«. Jetzt ordnen Sie die Themen ein und erklären sie:

Kreativität in der Berichterstattung

- Relaunch: »Was bringt ein Relaunch? Erfahrungen von drei Unternehmen« oder »Die Neuerfinder – Reportage über Menschen, die Produkte wiedererfinden«
- Trend-Design: »Verpackung ist alles. Wie Unternehmen ihre Preise vervielfachen« oder »Alltagsprodukte: Warum selbst einfachste Dinge immer besser aussehen müssen.«

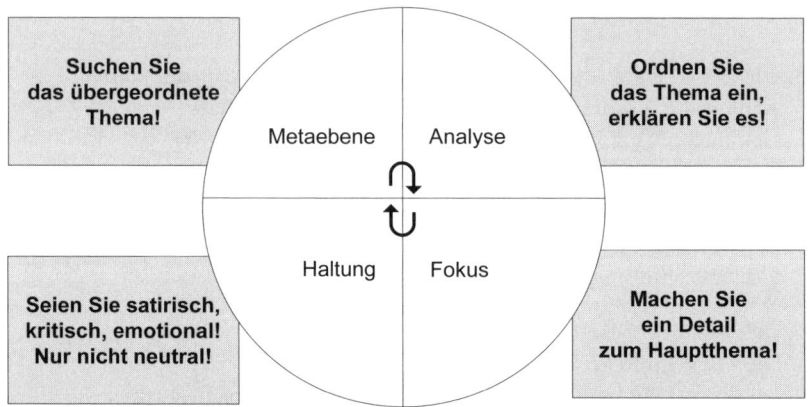

Abb. 41: Der Themendreher für Fachjournalisten

Sie können zusätzlich den Fokus verändern. Statt allgemein über Alltagsprodukte zu berichten, hängen Sie Ihren Beitrag an einem kleinen Detail oder einem originellen Beispiel auf: »Die Klostein-Designer«, ein Bericht über die Zusammenarbeit von Henkel und der Designerfirma Alessi. Und Sie können eine bestimmte Haltung zum Thema annehmen: Betrachten Sie offensichtliche Wahrheiten kritisch, Technisches emotional oder Ernstes satirisch. Kopieren Sie sich den Themendreher und gewöhnen Sie sich an, jedes Thema erst einmal »durchzudrehen«. Sie werden merken, dass Sie sehr schnell zu kreativeren Umsetzungen kommen werden.

6 Raus aus dem Hamsterrad!
Der Weg zum kreativen Redaktionsklima

Hechel! Hechel! »Wir brauchen noch Themen für das Blatt morgen. Ganz schnell!«
Hechel! Hechel! »Geht das mit der Recherche nicht schneller?«
Hechel! Hechel! »Mist, wieder keine tollen neuen Ideen!«

Kommt Ihnen das bekannt vor? Wahrscheinlich kennen Sie Sätze wie diese: »Bei uns erstickt Kreativität in den Strukturen.« Oder: »Irgendwie ist das Klima nicht kreativitätsfördernd.« Haben Sie vielleicht selbst schon einmal gedacht: »Ich muss hier raus, um auf neue Ideen zu kommen …«? Wenn Seminarteilnehmer die Arbeit ihrer Redaktion einer kritischen Analyse unterziehen, schildern sie häufig folgende Punkte, die sie als stark belastend empfinden:

- Pflicht schlägt Kür: Konferenzen dienen dazu, Themen und Termine zu verwalten, kreative Ideenentwicklung findet nicht statt.
- Es fehlt die Richtung: Redakteure wissen nicht genau, was Kreativität in Bezug auf ein konkretes Medium heißt. Was ist es, was einen kreativen Beitrag bzw. kreativen Artikel ausmacht? Wie weit darf Kreativität gehen?
- Mangelndes oder einseitiges Feedback: Mitarbeiter vermissen ein konstruktives Feedback zu ihrer Arbeit. Sind ihre Ansätze in Ordnung? Wo sehen Vorgesetzte ihre Stärken? Kommen die Ideen, die sie entwickeln, an?
- Masse statt Klasse: Redaktionen wollen zu viele Themen gleichzeitig entwickeln, anstatt sich darauf zu konzentrieren, wirklich gute Ideen für eine bestimmte Anzahl an Themen zu entwickeln.
- Ewige Besprechungen: Konferenzen dauern zu lange, es wird viel Zeit mit der Diskussion von Unwesentlichem verbracht und zu wenig lösungsorientiert kommuniziert.

Appelle zu mehr Kreativität gibt es genug. »Radio wird aus Ideen gemacht, nicht aus Agenturen« war eine Leitaussage der Hörfunktagung 2006 in Tutzing. Auch der Deutsche Werbekongress ging im gleichen Jahr mit einem Aufruf »Mut zum Querdenken« zu Ende. Und immer wieder ist gerade von Führungskräften der Ruf nach »mehr Kreativität« zu hören. Doch hinweisen, appellieren und mahnen

allein hilft nichts. Die wichtigste Frage, die sich Führungskräfte in den Medien stellen müssen, heißt »Wie?«
- Wie bekommen wir neue Ideen in die Redaktion?
- Wie sorgen wir für einen ständigen kreativen Fluss in unserem Medium?
- Wie verschaffen wir unserer Zeitung, unserem Portal, unserem Sender oder unserer Sendung durch eine kreative Handschrift, einen Wettbewerbsvorteil?
- Wie erschließen wir neue innovative Geschäftsmodelle für unseren Verlag oder unseren Sender?

Nicht nur in den Medien, auch in den Führungsetagen von Unternehmen weltweit herrscht Unsicherheit. Nach Jahren, in denen Rationalisierung und Effizienzsteigerung das Erfolgsrezept guter Manager waren, wird jetzt etwas anderes gefordert: Kreativität. »Viele der größten Unternehmen der Welt entdecken ihre schöpferischen Kräfte neu«, schreibt die WIRTSCHAFTSWOCHE Ende 2006 in einer Titelgeschichte. »Nach einer langen Phase des Sparens rückt Kreativität in den Fokus europäischer und amerikanischer Konzerne.« Das liest sich schön. Doch was heißt das? Typische Fragen, die sich Medienmanager stellen:
- Wie mache ich einen Verlag, der bis gestern auf Sparen getrimmt war, ab morgen kreativ?
- Wie versetze ich einer Redaktion, die Veränderungen nicht gewohnt ist, einen kreativen Schub?
- Wie kann ich das kreative Potenzial meiner Mitarbeiter voll ausschöpfen und in die richtigen Bahnen lenken?

Die amerikanischen Management-Professoren Alan G. Robinson und Sam Stern haben es in der Zeitschrift INNOVATION LEADER schon 1997 auf den Punkt gebracht: »Manager und Führungskräfte in den meisten Unternehmen sind sich darüber bewusst, dass das kreative Potenzial in ihrem Unternehmen bei weitem ihre kreative Performance übersteigt. Das Problem ist, dass sie nicht wissen, was zu tun ist.« Genau deshalb befassen sich in den USA angesehene Management-Professoren wie Teresa Amabile von der Harvard Universität mit der Frage, wie Führungskräfte Kreativität in Unternehmen etablieren können. »Unternehmen in jeder Industrie geht es besser, wenn es ihnen gelingt, eine Kultur der Kreativität zu etablieren«, sagt Amabile, die seit mehr als 25 Jahren an dem Thema forscht.

Neue und frische Ideen in Unternehmen sind genauso wenig Zufall wie eine kreative Kultur. In ihrem »Componential Model of Creativity in Organizations« hat Teresa Amabile Faktoren aufgelistet, die Kreativität in Organisationen ermöglichen. Eine der wichtigsten Erkenntnisse: Die Führungskraft hat einen entscheidenden Einfluss! Eine Organisation, die generell Innovationen gegenüber offen ist und Führungskräfte, die Kreativität unterstützen, sind nicht nur ein frommer

Wunsch, sondern unbedingte Voraussetzung für Kreativität. Führungskräfte, die ihren Mitarbeitern Zeit zur Ideenentwicklung einräumen und ihnen Methodik zum kreativen Denken vermitteln bzw. vermitteln lassen, können erheblich dazu beitragen, das kreative Potenzial einer Redaktion zu wecken.

- Zeit für Ideenentwicklung
- Training in Methodik

Ressourcen

Organisatorische Motivation

Management-Praktiken

- Generelle Orientierung in Richtung Innovation
- Unterstützung von Kreativität und Innovation

- Gewährung von Autonomie bei der Arbeit
- Interessante, herausfordernde Arbeit für Mitarbeiter
- Klare strategische Ziele
- Verschiedenartigkeit bei Teammitgliedern

Abb. 42: Harvard-Universität – Voraussetzungen für Kreativität in Unternehmen

Und nicht zuletzt sind es Managementpraktiken, die sich unterscheiden. Viele Redaktionen, die ich kenne und in denen ich Mitarbeiter trainiere, sind streng hierarchisch aufgebaut, Redakteure arbeiten nach klaren Vorgaben. Eigene Projekte umsetzen, ohne den Chef zu fragen? Dazu noch in Kooperation mit Kollegen aus vollkommen anderen Ressorts? Oder sogar aus anderen Bereichen des Verlags? In vielen Redaktionen, Sendern und Verlagen undenkbar! Bei Unternehmen wie Microsoft hingegen normal. Abteilungsübergreifende Projekte sind so selbstverständlich, dass manche Teams fast ausschließlich aus Mitarbeitern bestehen, die mit anderen Teams zusammenarbeiten. Weiß der Vorgesetzte, was seine Mitarbeiter machen? Ja. Kennt er jedes Detail? Kontrolliert er alles? Nein. Microsoft gewährt

Mitarbeitern die Autonomie, die Amabile fordert, und schafft damit die bürokratischen Hürden beiseite, die kreativem Denken im Weg stehen. GOOGLE geht noch einen Schritt weiter: 20 Prozent der Arbeitszeit eines Mitarbeiters stehen für eigene kreative Projekte zur Verfügung. Eigene Projekte. Wirklich eigene! Stellen Sie sich das einmal bitte bei einem öffentlich-rechtlichen Sender vor: Ein freier Mitarbeiter aus dem Informationsbereich im Hörfunk sucht sich selbstständig Mitstreiter aus der Fernsehunterhaltung und der Online-Redaktion, um einen experimentellen Infotainment-Blog ins Leben zu rufen, der auf der Homepage erscheint. In vielen Funkhäusern würde das einem Entlassungsgrund sehr nah kommen.

Führung 2.0 – Vom Controller zum Dirigenten

Es klingt paradox: Ausgerechnet in der Branche, die sich selbst die »Kreativbranche« nennt, müssen Führungskräfte in den kommenden Jahren umdenken. Die Stunde der Visionäre kommt. Die Verwalter werden gehen. Welchen Unterschied macht es, ob ein Dirigent oder ein Controller ein klassisches Orchester führt? Der Dirigent wird genau hinhören und sagen, dass bei der Wiederholung des Hauptthemas etwas mehr Kraft in die Geigen muss, sich die Musiker besser abstimmen sollen und dass die Oboen zu Beginn ihres Einsatzes kräftiger anspielen müssen. Er wird neue Wege suchen, das Werk zu interpretieren und seine Musiker ermuntern, kreative Wege zu finden. Und der Controller? Der Controller wird feststellen, dass die Wiederholungen in der Partitur überflüssig sind, man sie um 50 Prozent kürzen und die Musiker dann nur noch für die Hälfte der Zeit bezahlen kann. Zudem spürt er überflüssige Doppelarbeit auf: Zwölf Geiger machen die Arbeit, die auch zwei bis drei erledigen können. Den Raumklang könne man mit Hilfe elektronischer Geräte simulieren. Außerdem bemängelt er, dass die Oboen insgesamt nur dreimal zum Einsatz kommen, und schlägt vor, ihren Anteil aus dem Stück herauszunehmen. Der Dirigent fragt stirnrunzelnd, ob man damit nicht vielleicht Publikum verlieren würde. Der Controller antwortet: »Vielleicht, aber man kann die Hälfte der Oper ja schließen und als Büroräume vermieten.«

    Das Beispiel ist bewusst überspitzt, doch es zeigt eines deutlich auf: Kreative Teams müssen anders geführt werden. Der Dirigent wird seine Musiker erreichen, wenn er mit ihnen seine Vision teilt, eine neue Qualität in der Aufführung von Mozart oder Tschaikowsky erreichen zu wollen, um das Orchester einzigartig zu machen. Der Controller nicht. Medienmanager, die es verstehen,

- eine klare kreative Strategie zu entwickeln,
- das kreative Potenzial ihrer Mitarbeiter nutzbringend einzusetzen und
- das Umfeld für kreatives Denken zu schaffen,

verwandeln Teams und Unternehmen in eine Ideenfabrik. Andere machen Dienst nach Vorschrift. Denn neue Ideen und neues Denken entstehen nicht auf Knopfdruck. In diesem Kapitel werde ich Ihnen die zentralen Herausforderungen aufzeigen, die auf Führungskräfte in den nächsten Jahren zukommen und Ihnen zeigen, wie Sie das kreative Potenzial einer Redaktion erschließen.

6.1 Die sieben kreativen Todsünden – So ersticken Sie jede Idee im Keim

Todsünde 1: Kreative Monokultur schaffen

Das Klima einer Redaktion trägt wesentlich dazu bei, ob Mitarbeiter die Ziele eines Verlags oder eines Senders aktiv mitgestalten oder sich auf eine Position zurückziehen, in der sie in erster Linie Befehle empfangen und ausführen. Kennzeichnend für letztere Situation ist der Satz eines Redaktionsleiters: »Bei uns funktioniert das ganz einfach. Wer nicht jeden Tag fünf Ideen mitbringt, fliegt raus.«

Die Folge: kreative Monokultur. Anstatt frei und ungehemmt Ideen zu entwickeln, liefern Mitarbeiter in erster Linie Vorschläge, von denen sie glauben, dass sie erwartet werden. Die sicher sind. Und die in der Vergangenheit auch immer funktioniert haben. Im Fernsehen ist das der dreihundertvierzigste Beitrag über Betrug beim Gebrauchtwagenkauf oder Abzocke bei Schlüsseldiensten. In der kreativen Monokultur gibt es zwei Gesetze. Nummer eins: »Das wird dem Chef bestimmt gefallen.« Nummer zwei: »Das wird dem Chef aber gar nicht gefallen.«

Die kreative Monokultur funktioniert für einen bestimmten Zeitraum übrigens ganz gut, führt aber dauerhaft dazu, dass eine Redaktion wenig innovativ ist. Innovationen entstehen daraus, dass quergedacht bzw. anders gedacht wird, als es bislang der Fall war. Innovationen entstehen aus kreativer Unzufriedenheit. Kreative Unzufriedenheit kann jedoch erst dann entstehen, wenn der Wille Neues vorzuschlagen oder auszuprobieren nicht durch die Angst, unprofessionell oder aufsässig zu wirken, blockiert wird.

Die Angst muss dabei nicht unbedingt von oben geschürt werden. Auch Faktoren innerhalb der Redaktion oder die Rahmenbedingungen können für Angst sorgen: Wenn Mitarbeiter fürchten, Grenzen zu überschreiten, wenn Kritik unsachlich oder persönlich wird, wenn sich Redaktionen darauf konzentrieren, Fehler zu finden und nach Schuldigen zu suchen oder Meinungs- und Machtkämpfe das Klima prägen. Diese Faktoren werden in den folgenden Abschnitten näher erläutert.

Todsünde 2: Unsicherheit über Grenzen

Kreativität bedeutet, in geschmackliche Grenzregionen vorzustoßen. Wenn beispielsweise die TAZ einen Artikel über den Tod des McDonalds-Gründers mit »McDonalds ist einfach tot« titelt, ist vorprogrammiert, dass diese Headline nicht überall auf große Begeisterung stößt. Für die TAZ kein Problem.

Durchaus aber für andere Redaktionen, vor allem dann, wenn Kreativität zwar gewünscht ist, der Spielraum jedoch nicht genau festgelegt wurde. Einer öffentlich-rechtlichen Hörfunkredaktion wurde beispielsweise die Zielvorgabe gemacht, Themen unkonventionell und kreativ umzusetzen. Der Anspruch war, ein hochwertiges Radioprogramm zu produzieren, doch genau das führte zu Unsicherheiten: Was genau heißt das? Wie unterhaltsam darf ein hochwertiges Radioprogramm sein?

Ein klassisches »Ja, aber …«: Ideen, ja bitte, aber nur, wenn sie nicht unangenehm auffallen. In dieser Situation fehlte den Redakteuren der Mut zur Kreativität. Die Gefahr, mit einer glossierenden Themenumsetzung auf Widerstand in der oberen Hierarchieebene zu stoßen, war aus Sicht der Redakteure groß, weil die Beurteilung dessen, was *guter* oder *richtiger* Humor ist, stark geschmacksabhängig ist.

Die Antwort fällt nicht leicht: Zum einen unterliegen die Qualitätskriterien einem ständigen Wandel, zum anderen ist Journalismus zum großen Teil – wie gerade gesehen – ein Meinungsgeschäft. Was in einer Redaktion als qualitativ hochwertig angesehen wird, wird in der Nächsten verdammt. Eine Redaktion definiert seriöse Berichterstattung als »distanzierte Wiedergabe von Fakten«, in einer anderen bekommt ein Redakteur den gleichen Text mit der Bemerkung zurück, er solle erst einmal schreiben lernen. Selbst innerhalb einer Redaktion gehen die Meinungen darüber, was ins Blatt oder auf den Sender gehört, häufig weit auseinander. Im schlimmsten Fall gibt ein CvD (Chef vom Dienst) einen Bericht mit einer bestimmten thematischen Ausrichtung in Auftrag, der dann vom nächsten CvD mit der Begründung abgelehnt wird, die thematische Ausrichtung passe nicht zum Profil der Zeitung bzw. des Senders. Für einen Fernsehautor beispielsweise können Beitragsabnahmen zum Horrortrip werden, wenn das Stück von zwei verantwortlichen Redakteuren gemeinsam mit dem Chefredakteur begutachtet wird und jeder eine andere Meinung vertritt. Es ist nicht besonders außergewöhnlich, wenn ein Stück vom ersten verantwortlichen Redakteur gelobt, vom zweiten kritisiert und vom Chefredakteur verrissen wird, ohne dass erkennbar wird, welche Kriterien für die Beurteilung angelegt werden.

Als Folge versuchen Redakteure, es unterschiedlichen Vorgaben recht zu machen. Das wird vor allem dann zu einer beinahe unlösbaren Aufgabe, wenn sie die Vorgaben nicht genau kennen. Dass sie anschließend verunsichert sind,

das Gefühl von Willkür empfinden und mit Motivationsproblemen zu kämpfen haben, kann nicht wirklich überraschen. Die Frage, nach welchem Leitbild sich der Einzelne richten kann und soll, ist eine sehr wichtige. Folgende Fragen sollte jeder Redakteur einer Zeitung/Zeitschrift bzw. eines Senders beantworten können:
- Mit welchen Schlagworten lässt sich unser journalistisches Produkt beschreiben? (Jung/alt, frech/konservativ, schnell/hintergründig, sachlich/unterhaltend, weltoffen/heimatverbunden usw.)
- Was macht unser journalistisches Produkt speziell? Worin sind wir gut? Oder – um es in der Sprache des Managements auszudrücken: Worin besteht unsere U.S.P.? (Unique Selling Position)
- Was macht einen guten Artikel bzw. einen guten Bericht aus? Welche Kriterien legt die Chefredaktion an?

Ein redaktionelles Leitbild zu erarbeiten und zu kommunizieren, konstruktive Kritik anhand dieses Leitbildes zu üben und das Leitbild kontinuierlich weiterzuentwickeln, ist eine wichtige Voraussetzung, um die Identifikation der Mitarbeiter mit dem journalistischen Produkt zu steigern, für weniger Frust zu sorgen und in Folge mehr Kreativität zu erreichen. Kreativität braucht Sicherheit durch konkrete Vorgaben, die den kreativen Freiraum festlegen und zugleich schützen: Unter einem Damoklesschwert entstehen selten gute Ideen.

Todsünde 3: Vernichtende Kritikkultur

Kritik kann ein journalistisches Produkt voranbringen oder bis zur Konturenlosigkeit entstellen, sie kann Redakteure aufbauen oder verunsichern, Mitarbeiter motivieren oder zur Kündigung veranlassen. Die Form, wie eine Führungskraft im Medienbereich die Arbeit von Mitarbeitern kritisiert, hat einen großen Einfluss auf die Kreativität des Einzelnen.

Konstruktive Kritik zeichnet sich dadurch aus, dass sie
- in dem Bewusstsein ausgesprochen wird, die Entwicklung des Kritisierten zu fördern,
- Leistungen ehrlich und ohne Rücksicht auf persönliche Sympathien beurteilt,
- keine pauschalen Urteile ausspricht, sondern verschiedene Details einer Leistung tiefer beleuchtet,
- die Kriterien für die Beurteilung transparent macht,
- dem Kritisierten Wege aufzeigt, die Stärken auszubauen und an den Schwächen zu arbeiten.

Einer der größten Fehler, den Führungskräfte beim Kritisieren machen, ist, sich ausschließlich auf das zu konzentrieren, was ihrer Meinung nach schlecht oder falsch ist. Statt dass Mitarbeiter ihre Stärken erkennen und ausbauen können, fühlen sie sich klein und wertlos, haben sie sich doch so viel Mühe gegeben, alles richtig zu machen … Statt als selbstbewusster kreativer Mitarbeiter geht der Einzelne irgendwann hasenfüßig durch die Redaktion und versucht, nicht anzuecken.

Die Tücken der Gruppenkritik
Eine häufig praktizierte Form ist die Gruppenkritik: In einer größeren Konferenz wird Blatt- bzw. Sendungskritik geübt, wobei neben dem Chef auch Redakteure zu Wort kommen. Nacheinander werden die Artikel und Beiträge besprochen, wobei jeder Redakteur seine Meinung äußert. Letztlich spricht die Konferenz zu jedem Artikel bzw. Beitrag ein Urteil, das *sehr gut, ganz o.k.* oder *nicht so gelungen* lautet. Dieses Urteil beruht nicht immer ausschließlich auf sachlichen Argumenten, oft ist es nicht viel mehr als ein Geschmackskonsens der Meinungsführer. Das Ansehen des Einzelnen hängt stark vom Urteil dieser Konferenz ab.

So eine Kritikform kann dazu beitragen, das Wir-Gefühl einer Redaktion zu stärken, sie hat aber auch ihre Tücken:
- Tendenziell ist der Einzelne in einer Gruppe eher geneigt, seine Schwächen zu verbergen als sie offen zuzugeben. Hat sich so eine Verteidigungshaltung erst einmal festgesetzt, geht das zulasten der Lern- und Innovationsbereitschaft.
- Die Gefahr, dass ungewöhnliche Ansätze, die dem Geschmack der Meinungsführer entgegenstehen, in der Gruppe verurteilt werden, ist groß. Weil der Einzelne mit dieser Verurteilung einen Ansehensverlust erleidet, sinkt die Bereitschaft, Ungewöhnliches auszuprobieren.
- Kritik ist nicht immer ehrlich. In jeder Gruppe spielen formelle oder informelle Hierarchien und Sympathien eine Rolle, die den Einzelnen dazu veranlassen, Dinge zu kritisieren, die nicht unbedingt zu kritisieren sind bzw. umgekehrt Dinge nicht zu kritisieren, die eigentlich kritikwürdig sind.
- Ob diese Kritikform für eine Redaktion geeignet ist, hängt stark vom Umgang der Teilnehmer miteinander ab sowie ihrer generellen Bereitschaft, den Kritisierten zu unterstützen.

Todsünde 4: Konzentration auf Fehler

»Aus Fehlern lernt man.« Dieser Satz ist so banal wie weise und wird doch viel zu selten in die Praxis umgesetzt. Stattdessen werden Menschen von frühester Kindheit darauf konditioniert, auf Fehler zu achten und Fehler zu vermeiden: »Geh nicht auf das Klettergerüst, du könntest fallen.« In der Schule wird spannendes praktisches Tun in leere theoretische Formeln umgewandelt, die es anschließend zu beherrschen gilt. Statt – wie beispielsweise im Lateinunterricht – die Begeisterung für eine Sprache und eine Kultur zu wecken, werden Regeln gepaukt. Wer in einer Prüfung gegen diese Regeln verstößt, fällt durch.

Dieses Denken setzt sich fort: Fehler sind schlecht. Wer Fehler macht, versagt. Man muss Fehler vermeiden. Der Erwachsene konzentriert sich schließlich übermäßig stark darauf, Fehler zu finden und diese auszuschalten. Diese Logik, die im Kontrollzentrum eines Atomkraftwerkes sicherlich ihre Berechtigung hat, wirkt dort hinderlich, wo es gilt, Eigeninitiative, Innovation und Kreativität zu fördern. Ein Journalist, der neue Wege beschreitet, wird beinahe zwangsläufig Fehler machen oder Grenzen überschreiten. Um Kreativität in Redaktionen zu fördern, müssen Fehler als Teil des Prozesses, mehr noch: als notwendiger Bestandteil des Lernens akzeptiert werden.

> »Kreativität heißt: Erfinden, experimentieren, Risiken eingehen, Regeln brechen, Fehler machen und Spaß haben.«
> *Mary Lou Cook, amerikanische Künstlerin*

Bei einer deutschen Polizeibehörde hat vor Jahren ein denkwürdiges Bewertungssystem zunächst für Applaus gesorgt, später für stetig ansteigenden Frust. Das System funktionierte folgendermaßen: Beamte, gegen die es nur wenige oder gar keine Beschwerden gab, wurden schneller befördert als die, gegen die vergleichsweise viele Disziplinarverfahren liefen. Diese Vorschrift machte auf den ersten Blick durchaus Sinn: Polizeibeamte, die sich im Einsatz besonnen verhalten, sollten von ihrer Umsichtigkeit profitieren, Rambos hingegen auf der Karriereleiter stehen bleiben. Und doch zeigte dieses System schnell seine Schattenseiten:

Gegen Beamte, die mit viel Eigeninitiative versuchten, lokale Kriminalitätsschwerpunkte zu bekämpfen, wurden weit häufiger Disziplinarverfahren eingeleitet als gegen solche, die ihren Dienst vorwiegend am Schreibtisch verbrachten und sich ohnehin schon schwer motivieren ließen. Kriminelle, die sich den Luxus teurer Anwälte leisten konnten, erkannten schnell, dass es sich lohnt, immer und sofort mit einer Anzeige gegen den handelnden Beamten zu drohen. In der Tat führte diese Vorschrift, die ausschließlich die Fehler von Mitarbeitern bewertete, schnell dazu, dass Polizeibeamte bei jedem Einsatz eine Risikoabwägung trafen: Lohnt es sich, für diesen Einsatz meine Karriere zu riskieren?

Die Vorschrift, die übrigens schnell modifiziert wurde, wirkte extrem leistungsfeindlich. Sie belohnte Untätigkeit und bestrafte Eigeninitiative. Obwohl das

Ziel, besonnene Beamte früher zu befördern, im Prinzip richtig war, ließ dieses Bewertungssystem zwei wesentliche Grundsätze außer Acht:
- Aktive Mitarbeiter machen zwangsläufig mehr Fehler als passive Mitarbeiter.
- Mitarbeiter, die neue Wege gehen, machen noch einmal mehr Fehler als die, die sich in eingefahrenen Bahnen bewegen.

Hätte Thomas Edison einen Vorgesetzten gehabt, der ihn ausschließlich nach seinen Fehlern bewertete, wäre er wahrscheinlich entlassen und die Glühbirne niemals erfunden worden. Edison brauchte rund 9.000 Versuche, bis die Glühbirne einwandfrei funktionierte. Er sah die gescheiterten Versuche übrigens niemals als Fehler an, sondern als eine Gelegenheit, Dinge zu entdecken, die nicht funktionieren.

Das Beispiel des leistungsfeindlichen Beförderungssystems scheint auf den ersten Blick ein Kuriosum des Beamtenstaats zu sein. Doch die Denkweise findet sich auch in der täglichen Arbeit von Journalisten wieder.

Beispiel 1
Der Moderator eines Nachrichtenjournals im Hörfunk investiert viel Arbeit in die Vorbereitung seiner Sendung, sammelt Ideen und bemüht sich, jeder Anmoderation eine besondere Note zu geben. Von seinem Chefredakteur bekommt er nur eine einzige Reaktion: Eine E-Mail, in der er sehr förmlich darauf hingewiesen wird, dass er an einem bestimmten Sendetag um 10:00 Uhr vormittags »Guten Morgen« statt »Guten Tag« gesagt hat.

Beispiel 2
Die Redaktion einer Lokalzeitung versucht jeden Tag, eine selbst recherchierte Geschichte auf die Titelseite zu bringen. Das kostet Zeit und Personal. Der Redaktionsleiter entschließt sich, zugunsten der selbstrecherchierten Geschichte eine Pressekonferenz des Bürgermeisters nicht zu besetzen. Der Bürgermeister beschwert sich direkt in der Verlagsleitung und der Redaktionsleiter erhält die folgende Weisung per E-Mail: »Ich möchte Sie darauf hinweisen, dass künftig alle Pressekonferenzen des Bürgermeisters zu besetzen sind.«

Was ist die wahrscheinlichste Reaktion? Der Moderator des Nachrichtenjournals wird schnell lernen, dass er, wenn er nicht unangenehm auffallen will, keine Fehler machen darf. Da seine Anstrengungen, der Sendung eine besondere Note zu geben, im Gegenzug nicht honoriert werden, wird er diese Bemühungen nach und nach einstellen und sich darauf konzentrieren, Fehler zu vermeiden. Der Leiter der Lokalredaktion wird künftig der Pressekonferenz den Vorzug geben und im Zweifelsfall auf die selbstrecherchierte Geschichte verzichten.

In beiden Fällen ist die Reaktion der betroffenen Redakteure: Frust. Nicht dass die Weisungen der Vorgesetzten grundsätzlich falsch waren, doch die ausschließliche *Konzentration auf Fehler* tötet Engagement und Kreativität.

Manchmal sind es nicht einmal echte, sondern nur angenommene Fehler. Die Geschäftsführung eines Medienunternehmens wird in das Redaktionsgeschehen häufig erst dann involviert, wenn irgendetwas Außergewöhnliches passiert ist, das heißt, wenn Aktivitäten der Redaktion außergewöhnlich positiv oder negativ aufgefallen sind. Die Erfahrung zeigt, dass dabei Reaktionen auf außergewöhnlich negative Aktivitäten deutlich überwiegen.

Wenn sich beispielsweise die Kirche oder eine bestimmte Interessengruppe durch einen Artikel oder einen Beitrag ungerecht behandelt fühlt, richtet sich diese Beschwerde häufig direkt an die Geschäftsführung, die diese Beschwerde dann oft ungefiltert in die unteren Ebenen weitergibt. In einer hierarchisch aufgebauten Redaktionsstruktur hat die Beschwerde damit bereits einen Teil ihrer beabsichtigten Wirkung erreicht: Die Beschwerde kommt *von oben*, die Redaktion oder ein einzelner Redakteur ist *unangenehm aufgefallen*.

Die Wirkung einer solchen Beschwerde kann sich auf das kreative Klima einer Redaktion oder den Mut des Einzelnen ausgesprochen destruktiv auswirken, auch wenn nicht einmal ein konkreter Fehler vorliegt. Es setzt eine Spirale der Mutlosigkeit in Gang, die ein Klima schafft, das eine ganze Redaktion vergiften kann. Fehlervermeidung wird zum obersten Ziel. Sich zu profilieren bedeutet korrekt zu sein, wobei der Korrekteste gewinnt. Die Versuchung für den Einzelnen ist groß, sich durch Verrat statt Leistung zu profilieren. Statt eines offenen kreativen Arbeitsklimas entsteht eine Atmosphäre gegenseitigen Misstrauens.

Todsünde 5: Meinungs- und Machtkämpfe

Der Kampf um den Titel des kompetentesten Journalisten lässt Redakteure mitunter zu Stellungskriegern werden. Verbissen verteidigen sie ihre Meinung zu einer Sache, die sie genauso gut von einer anderen Seite sehen könnten. Sie verschanzen sich hinter Argumenten, laden großkalibrige (verbale) Munition und ballern alles nieder, was ihre Ansichten gefährden könnte. Gerade in einem Redaktionsklima, das von einem starken Konkurrenzkampf geprägt ist, werden Meinungsdiskussionen oft mit der Verbissenheit eines Heiligen Krieges geführt. Während oberflächlich noch über Themen geredet wird, ist aus der Auseinandersetzung längst ein

Stellvertreterkrieg geworden. »Du hast keine Ahnung von diesem Thema«, sagt sich leichter als »du bist ein Idiot.«

Aus Sicht des Kreativen sind diese Meinungskämpfe vollkommener Unsinn, weil jeder Recht haben kann. 90 Prozent aller journalistischen Diskussionen sind nicht viel mehr als Auseinandersetzungen über unterschiedliche Meinungen. Auf die Frage, ob dieses oder jenes Thema ein Thema für die Nachrichten ist oder nicht, wird es in Grenzfällen nie eine verlässliche Antwort geben. Ob ein Thema in den Nachrichten von höherer oder geringerer Bedeutung ist, ist in den meisten Fällen ebenso eine Frage der Auffassung. Selbst die Ansichten über das, was guter und was schlechter Journalismus ist, gehen – abgesehen von objektiven Bewertungskriterien wie unverständliche Sprache oder ungenügende Recherche – weit auseinander.

Eine besondere Form des Machtkampfes ist der Anspruch auf Ideenhoheit. Die führenden kreativen Köpfe einer Reaktion lehnen nicht nur die Vorschläge anderer ab, sie lassen ihre Kollegen auch spüren, dass es gefährlich sein kann, sich auf ein kreatives Duell mit ihnen einzulassen. Der Kampf um die Ideenhoheit ist in der Regel kein offenes Machtduell, sondern wird subtil ausgetragen. Häufig ist es schwer, diesen Anspruch auf Ideenhoheit überhaupt zu bemerken: Die kreativen Köpfe sind in der Regel die Stütze der Redaktion und auf den ersten Blick scheint es so, als ob die anderen Mitarbeiter faul und ideenlos seien. Häufig werden sie jedoch einfach nur erdrückt und verlieren den Mut, der Dominanz der Kollegen eigene Ideen entgegenzusetzen.

Eine Redaktion, in der Toleranz gegenüber dem Andersdenkenden nicht besonders stark ausgeprägt ist, in der Meinungsvielfalt als Bedrohung angesehen wird und Karrieren durch eine Vielzahl gewonnener Profilierungsschlachten entschieden werden, findet allenfalls eine sehr einseitige Kreativität statt. Für solche Machtkämpfe zahlt eine Redaktion ihren Preis: Es bedeutet, auf einen großen Teil des kreativen Potenzials einer Redaktion zu verzichten.

Todsünde 6: Der »Aufhänger-Reflex«

In der Medienlandschaft gibt es zwei Arten von Redaktionen: Die, die selbstbewusst Themen machen und die, die warten, bis der so genannte »Aufhänger« da ist. Für die einen ist es selbstverständlich, dem Großteil der anderen Medien voraus zu sein und eine ganz eigene Linie zu haben, die anderen reagieren so, so als gäbe es ein Gesetz, nachdem ein Thema erst dann ein Thema ist, wenn dpa es meldet. Um Themen zu machen, müssen sich Redaktionsleitung und Journalisten von einer wesentlichen Denkblockade lösen: Der reflexartigen Suche nach dem Aufhänger, dem äußeren Anlass.

Wenn beispielsweise ein Redakteur vorschlägt, ein Interview mit einem Landesminister über den Klimaschutz in der Region zu machen, ist die erste Frage des CvD mit hoher Wahrscheinlichkeit: Wo ist der Aufhänger? Würde der Landesminister eine Pressekonferenz zu dem Thema geben oder würde dpa eine Stellungnahme veröffentlichen, wäre der Aufhänger hingegen da. Diese krampfhafte Suche nach dem Aufhänger führt in der journalistischen Praxis zu grotesken Situationen: Ein Korrespondent bietet seiner Redaktion ein Thema an. Der CvD lehnt das Thema ab, weil die Agenturen nicht darüber berichten und demzufolge der Aufhänger fehlt. Der Korrespondent ruft das örtliche dpa-Büro an und gibt die Geschichte weiter. Jetzt muss er nur noch darauf warten, dass dpa die Geschichte veröffentlicht, sein Telefon klingelt und der CvD die Geschichte bei ihm bestellt.

Was ist es, was Redakteure dazu verleitet, bei jedem Thema nach dem Aufhänger zu fragen? Es sollte kurz erwähnt werden, dass diese Frage prinzipiell nicht ganz unberechtigt ist: Der Aufhänger soll davor schützen, dass wahllos Meldungen und Berichte veröffentlicht werden, die nichts mit dem zu tun haben, was in der Gesellschaft aktuell diskutiert wird. Prinzipiell gibt es also durchaus nachvollziehbare Gründe für die Frage nach dem Aufhänger:

- Aktualität: Dem Konsumenten soll das Gefühl vermittelt werden, etwas zu erfahren, das einen Nachrichtenwert hat.
- Betroffenheit: Der journalistische Beitrag soll an etwas andocken, von dem die Zielgruppe entweder bereits erfahren hat oder was die Zielgruppe beschäftigt.
- Logik: Die Zielgruppe soll nachvollziehen können, warum ein bestimmter Beitrag oder Artikel im Medium erscheint. Dass über die Pressekonferenz eines Ministers berichtet wird, leuchtet einem Leser, Hörer oder Zuschauer im Zweifelsfall sofort ein.

Der Aufhänger ist in erster Linie eine Orientierungshilfe sowohl für die veröffentlichende Redaktion als auch für die Zielgruppe. In der täglichen journalistischen Praxis gibt es eine Reihe von Anlässen, die als Aufhänger für einen Bericht gelten:

- Anlassbezogener Aufhänger: Pressekonferenzen, Fußballspiele, Konzerte, Messen, Unglücke/Katastrophen
- Personenbezogener Aufhänger: Tennisspieler und seine neue Liebe, Popsänger will in die Politik, Hollywood-Star stellt seinen neuen Film vor
- Zeitlicher Aufhänger: Weihnachten, Sommerschlussverkauf, Winteranfang, Rosenmontag
- Themen aus anderen Medien (sog. Themenkarrieren): Krokodil im Rhein, Klinikskandal: Ärztin legt Mutter Babys zum Sterben auf die Brust

Hinterfragt man diese Anlässe, stellt man fest, dass die Mehrzahl der Aufhänger dadurch geschaffen wird, dass die Presseabteilung eines Ministeriums sich entschließt, ein Thema in die Öffentlichkeit zu bringen, dass die PR-Abteilung eines Unternehmens durch eine geschickt ausgearbeitete Kommunikationsstrategie einen Anlass schafft oder dass andere Medien es verstehen, ihre eigenen Geschichten so zu vermarkten, dass die Illusion von Wichtigkeit entsteht. Beinahe zwangsläufig stellt sich die Frage: Wenn andere einen Aufhänger schaffen können, warum sollte die eigene Redaktion das nicht auch können? Wenn ein Großteil der Meldungen in den Medien ohnehin durch künstlich geschaffene Anlässe entsteht, was hält eine Redaktion davon ab, eigenen Themen einen höheren Nachrichtenwert als fremden Themen beizumessen, das heißt, einen eigenen Aufhänger zu schaffen, anstatt auf einen äußeren Anlass zu warten? Warum soll nicht ein Redakteur, der auf dem Weg zur Arbeit an einem Bauernhof vorbeifährt und sich fragt, welche Auswirkungen der Klimaschutz wohl auf die Bauern hat, zum Telefonhörer greifen, das Wirtschaftsministerium anrufen, den Minister interviewen und daraus anschließend eine Nachrichtenmeldung machen? Und dies auch ohne äußeren Anlass.

Es gehört Mut dazu, sich vom Aufhänger-Reflex zu lösen und eigene Anlässe für die Berichterstattung zu schaffen. Wichtig ist, die prinzipiell positive Funktion des Aufhängers nicht zu vergessen, das heißt darauf zu achten, dass Aktualität, Betroffenheit und eine Logik in der Informationsauswahl gewährleistet bleiben:

- Aktualität: Die Zielgruppe muss das Gefühl haben, aktuelle Informationen zu bekommen. Diese Frage nach der Aktualität lässt sich allerdings auf verschiedene Arten stellen: Welche Themen sind tagesaktuell, bzw. was ist für unsere Zielgruppe heute aktuell? Oder: Was ist latent aktuell bzw. was ist für die Zielgruppe generell ein aktuelles Thema? (Klimaschutz wird in der öffentlichen Diskussion noch lange für Gesprächsstoff sorgen, Themen wie Arbeitslosigkeit oder Parkplatznot sind für den Einzelnen in der Zielgruppe auch dann ein Thema, wenn nicht gerade eine Pressekonferenz zu dem Thema stattfindet.) Häufig schafft allein der Fakt, dass ein Medium über ein Thema berichtet, für die Zielgruppe schon eine Aktualität.
- Betroffenheit: Was beschäftigt die Zielgruppe außerhalb der Tagesaktualität und außerhalb dessen, was in der Politik stattfindet oder auf den Titelseiten der Leitmedien steht? Diese Frage ist vor allem für lokale und regionale Medien sowie Medien mit einer speziellen thematischen Ausrichtung wichtig.
- Logik: Die Zielgruppe kann eine Logik in der Informationsauswahl schon dadurch erkennen, dass die Zeitung, Zeitschrift bzw. der Sender einen Rahmen dafür schafft, sei es durch eine bestimmte Rubrik (Menschen aus der Region, Geschichten aus der Nachbarschaft etc.) oder durch Regelmäßigkeit. Die Frage »Warum berichtet meine Zeitung, meine Zeitschrift oder mein Sender über

dieses Thema?« kann sich die Zielgruppe dann beantworten: »Weil meine Lokalzeitung regelmäßig Menschen aus der Region vorstellt.« »Weil mein Radiosender genau das sendet, was mich als Jugendlicher interessiert.« »Weil das Magazin XY immer Geschichten aufdeckt.«

Gerade Medien, die es sich zum Ziel setzen, über Trends (in einer bestimmten Zielgruppe oder einer bestimmten Region) zu berichten und dabei ganz vorne zu liegen, haben es schwer, für ihre Geschichten einen klassischen Aufhänger zu finden. Ein Beispiel: Wenn die Redaktion eines Jugendmediums beschreibt, dass es einen neuen Anti-Konsum-Trend bei der Jugend gibt, fehlt der konkrete Aufhänger. Der Aufhänger wäre dann gegeben, wenn eine neue Jugendstudie vorgestellt wird, die genau diesen Trend beschreibt. Das Gleiche gilt für ein Wirtschaftsmagazin, das über neue Trends in der Unternehmensführung berichtet. Wenn erst einmal alle darüber reden, ist der Trend bereits auf dem Höhepunkt oder sogar schon wieder am Abebben.

Eine Redaktion, die eigene Themen verwirklichen will, kann nicht auf den Aufhänger warten, sondern muss ihn schaffen.

Todsünde 7: »Ab morgen fünf Ideen. Basta!«

Kreativität per Anordnung. Das wäre einfach. »Ab morgen bringt jedes Redaktionsmitglied fünf Ideen mit in die Konferenz!« Und fertig. Sie könnten dieses Buch zur Seite legen, die redaktionelle Kreativverordnung per Mail an jeden weiterleiten und ab morgen wäre der Ideenfluss gesichert. Funktioniert leider nur eingeschränkt. Positiv ist: Die Ideen werden durchaus zahlreicher, spätestens wenn die Basta!-Anordnung mit Druck durchgesetzt wird. Negativ: Die Qualität wird nicht unbedingt besser. Kreative Quoten werden nur lustlos erfüllt. Mitarbeiter geraten unter Druck und neigen dazu,
- Bagatellvorschläge zu machen,
- Vorschläge in nur leicht variierter Form immer wieder einzubringen,
- Ideen von anderen Medien zu übernehmen und als eigene zu verkaufen oder
- Vorschläge zu machen, die nicht realisierbar sind.

Andererseits ist eine Kreativitätsquote – beispielsweise in einer Konferenz – durchaus nicht nur negativ. Jetzt mal ehrlich: Brauchen Sie nicht auch manchmal einen Tritt? Falls Sie jetzt antworten: »Nein! Ich nicht! Ich bin jeden Tag kreativ!«, sind Sie definitiv in der Minderheit. Selbst der kreativste Mensch braucht ab und zu einen gepflegten Tritt in den Hintern …

6.2 In zehn Schritten zum kreativen Klima

Fast jede Redaktion hat bereits die eine oder andere Erfahrung mit Kreativitätsoffensiven gemacht. Viele dieser Erfahrungen sind frustrierend: Redaktionsmitglieder werden zum Ideentraining geschickt, Konzepte entwickelt, Motivationskreise gebildet und am Ende verpufft die Offensive nach kurzer Zeit. Ergebnis: Alles bleibt, wie es war. Doch es hilft nichts, den Kopf in den Sand zu stecken. Zum einen ist Kreativität eine langfristige Herausforderung, die täglich neu bestanden werden muss. Zum anderen ist eine Redaktion ein System, in dem unterschiedlichste Charaktere aufeinander einwirken, die Einzelnen von unterschiedlichen Interessen geprägt und durch verschiedene Dinge motiviert bzw. demotiviert werden. Dauerhaft kreative Strukturen zu etablieren bedeutet, die Arbeitsweise einer Redaktion dem kreativen Prozess anzupassen, klare Ziele zu definieren, einen kreativen Freiraum festzulegen, lernfähige Strukturen zu schaffen und positiv zu kommunizieren.

Redakteure von Printmedien, Hörfunk und Fernsehen haben auf Seminaren eine Reihe von Vorschlägen und Wünschen an ihre Redaktionen formuliert:

- Alltagskonferenzen verkürzen: Redakteure fühlen sich im starren Korsett von Konferenzen häufig erdrückt. Sie wünschen sich eine straffere Gesprächführung, schnellere Entscheidungen und mehr lösungsorientierte Kommunikation statt langer Debatten.
- Mehr Mut zum Alltäglichen: In vielen – vor allem tagesaktuellen – Redaktionen haben Mitarbeiter das Gefühl, dass Themen aus dem unmittelbaren Erfahrungshorizont eine niedrigere Priorität haben als beispielsweise die Landespolitik. Interessanterweise beklagen sich umgekehrt Führungskräfte der gleichen Redaktion oft, dass Redakteure keine Ideen für alltägliche Themen einbringen.
- Mehr Input durch Leser, Hörer und Zuschauer: Nur wenige Redaktionen haben einen wirklich guten Draht zu ihrer Zielgruppe. Das Leser-, Hörer- bzw. Zuschauertelefon könnte weit mehr Ideen und Anregungen liefern, als es das bisher tut.
- Schaffung von Prioritäten: Zu oft bekommen alle Themen des Tages in Konferenzen und im Alltag den gleichen Stellenwert. Da wird lange über die Pressekonferenz des Bürgermeisters gesprochen, während für Themen, die Entwicklungspotenzial haben, die Zeit zum Ideenspinnen fehlt.
- Entwicklung von Ideen im Team. Redakteure wollen auch halb fertige Vorschläge präsentieren können, die dann nicht totdiskutiert, sondern gemeinsam entwickelt werden.

- Feedback: Im »eigenen Saft zu schwimmen« empfinden viele Redakteure als extrem kreativitätshemmend. Wenn gute wie schlechte Arbeit gleichermaßen nicht registriert wird, kommt schnell der Gedanke auf, dass es sowieso egal sei. Entsprechend lassen Mühe und Eifer nach.
- Mehr Themen machen: nicht einer von außen vorgegebenen Aktualität folgen, sondern die Aktualität selbst bestimmen und eigene Geschichten nach vorne bringen.

All diese Wünsche und Gedanken sind nicht neu. Sie finden sich in beinahe jeder Redaktion wieder. Damit sie keine Wünsche und Gedanken bleiben, müssen Redaktionen systematisch an die Umsetzung herangehen. Der hier vorgeschriebene Weg soll dabei als Leitfaden dienen.

Schritt 1: Definieren Sie Kreativität als Ziel!

Viele Redaktionen leben in einem permanenten Widerspruch: Sie wollen mehr Kreativität von ihren Mitarbeitern, doch sie geben Mittelmaß als Ziel vor: Beiträge werden gesendet, obwohl sie langweilig sind und Artikel veröffentlicht, obwohl der Inhalt weder neu noch relevant ist. Dass sich das in der Praxis nicht immer vermeiden lässt, ist selbstverständlich. Doch die Messlatte sollte höher liegen: Wer Mittelmaß vorgibt, bekommt Mittelmaß. Wer von seinen Mitarbeitern keine Ideen fordert, bekommt auch keine.

Wenn die Ziele einer Zeitungsredaktion in erster Linie lauten, *seriös* zu berichten, besteht aus Sicht der Mitarbeiter nicht unbedingt die Notwendigkeit, nach ausgefallenen eigenen Themen zu suchen. Im Gegenteil: Wer lacht und ausgefallene Ideen spinnt, gilt nicht als seriös.

Wozu es führt, wenn nicht Kreativität als Ziel definiert wird, sondern ausschließlich *Erhöhung des Marktanteils* und *Senkung der Produktionskosten*, lässt sich am Beispiel privater Radiosender deutlich sehen: Wort gilt vielfach als Störfaktor oder sogar als »Lizenz zum Langweilen«, wie es die Programmchefin eines Regionalsenders einmal ausdrückte. Als Konsequenz wurde dieser Störfaktor weitgehend aus den Programmen verbannt. Wer heute an einem Werktag zwischen 06:00 und 09:00 Uhr durch die Privatsender der Republik zappt, hört oftmals inhaltsleeres Blabla, Gewinnspiele und immer wieder die gleichen Slogans: »Der beste Mix, die meisten Hits« usw.

Die privaten Radiostationen haben es zu einem großen Teil nicht geschafft, kreatives Wort zu etablieren. Statt spannende Themen zu setzen, über die die Hörer reden, produziert ein Großteil der Sender Langeweile. Doch wer sagt eigentlich, dass Hörer generell an Inhalten nicht interessiert sind? Wäre das der Fall, würden weder Zeitschriften noch Zeitungen verkauft und Informationssendungen im Fernsehen nicht gesehen werden. Radioredaktionen haben die Wahl, ihren Wortanteil als Störfaktor zu betrachten und entsprechend pflichtgemäß abzuhandeln oder die Herausforderung anzunehmen, Wortbeiträge als Mittel zur Hörerbindung zu nutzen und dem Programm damit einen ganz eigenen Charakter zu geben.

Kreativität als Unternehmens- und Redaktionsziel ist mehr als nur Luxus. Eine kreative Kultur macht ein Programm, ein Magazin oder eine Zeitschrift interessant und damit krisenfest. Um beim Beispiel Radio zu bleiben: Ein gesichtsloser Musiksender läuft nicht nur Gefahr, Hörer an einen Konkurrenzsender zu verlieren, sondern auch an andere Medien, die Gleiches bieten. Wer sich mit kostenlosen MP3-Files aus dem Internet sein persönliches Musikprogramm zusammenstellen kann, braucht keinen reinen Musiksender mehr. Der Wettbewerbsvorteil des Radios gegenüber MP3 besteht in der persönlichen Ansprache des Hörers: Je kreativer, desto besser.

Der erste Schritt ist eine Grundsatzentscheidung: Soll der Wunsch nach mehr Ideen ein Wunsch bleiben oder ist die Redaktionsleitung bereit, Kreativität als Ziel zu definieren? Letzteres bedeutet Arbeit, weil es heißt, eine Vision zu entwickeln und diese Schritt für Schritt umzusetzen. Es bedeutet, eine Balance zwischen Fördern und Fordern, zwischen Druck und Freiraum zu schaffen.

Schritt 2: Herr, wo geht die Reise hin? Entwickeln Sie eine kreative Vision!

Helmut Schmidt hat einmal gesagt: »Wer Visionen hat, gehört zum Arzt.« Das mag ja mal richtig gewesen sein … Ist es aber nicht mehr. Kreative Visionen sind es, die Medien einzigartig machen, der Rest ist langweiliges Einerlei. Dabei ist Kreativität nicht gleich Kreativität: Für einen privaten Radiosender kann es bedeuten, Themen einen bunten oder witzigen Dreh zu geben, eine lokale Zeitung kann sich das Ziel setzen, zum Themenmacher der Region zu werden, ein TV-Magazin will in erster Linie die Qualität der Bildsprache verbessern usw.

Für eine Redaktionsleitung besteht der erste Schritt darin, eine Vision zu entwerfen: Wie wäre es, wenn alle Redakteure kreativer wären? Welche Themen würden im Tagesprogramm eines Hörfunksenders laufen, wie würden die Schlagzeilen der Lokalzeitung aussehen? Um diese Vision eines kreativen journalistischen Produkts zu entwickeln, lässt sich zum Beispiel ein persönlicher Erfahrungsbericht für eine Fachzeitung in zwei Jahren schreiben. Der Titel: »Wow! Ich hätte nie gedacht, wie kreativ unsere Redaktion sein kann!«

Der Programmchef eines Hörfunksenders:

> »Ich hätte nie geglaubt, dass wir es schaffen, in unserer Morning Show ständig aktuelle Weiterdrehs zu liefern und damit der Zeitung immer einen Schritt voraus zu sein. Unsere Moderatoren sind viel frecher geworden. Die Pointen sind auf den Punkt gebracht und treffen den Humor unserer Zuhörer. Wir sind von einem farblosen Sender zum Kultradio geworden.«

Der Redaktionsleiter einer Lokalzeitung:

> »Früher haben wir fast nur über Lokalpolitik und Veranstaltungen berichtet. Mittlerweile machen wir Themen, über die die ganze Region spricht. Einen richtigen Namen haben wir uns gemacht, als wir den Skandal über Schmiergelder in der Baubehörde aufgedeckt haben.«

Der CvD eines TV-Magazins:

> »Mein Gott, war unser Magazin früher langweilig. Immer die gleichen Einstellungen von Protagonisten, Pressekonferenzen, Interviews und Gebäuden. Das wirkte total statisch. Inzwischen haben wir bildstarke Reportagen im Programm, der Zuschauer hat das Gefühl, wirklich dabei zu sein.«

Um eine Vision zu entwickeln, ist es wichtig, ein möglichst klares mentales Bild zu entwerfen:

> »Wir werden der Themenmacher Nummer 1 in der Stadt sein. Wir liefern das Gesprächsthema und wir sind das Gesprächsthema. Dafür sind wir bekannt!« Die Vision ist bewusst einfach gehalten. Sie ist ein Leitmotiv, das später jedem Redakteur in seiner täglichen Arbeit bewusst sein wird. Jeder Redakteur, der ein Thema bearbeitet, wird sich fragen: »Kann ich damit Gesprächsthema Nummer 1 werden?«

Es genügt übrigens nicht, der Redaktion einmal mitzuteilen, welche Ziele und Visionen das Unternehmen in Bezug auf kreativen Journalismus hat. Die Erfahrung hat gezeigt, dass es einige Zeit in Anspruch nimmt, bis diese Ideen bei den Mitarbeitern angekommen sind. Noch länger dauert es, bis sie so verstanden sind, dass Mitarbeiter Ziele und Visionen verinnerlicht haben und sich ihre Arbeit

danach ausrichten. Vorschläge von Markus Venzin, Professor an der Steinbeis-Hochschule Berlin:
- Anstatt einzelne Maßnahmen zu beschreiben (»Wir wollen in diesem und jenem Bereich weiter vorne sein«), sollte das große Bild kommuniziert werden: »Wir werden Themenmacher Nummer 1 in der Region.«
- Das KISS-Prinzip anwenden: »Keep it stupid and simple«.
- Gemeinsame Erfahrungen nutzen, um Ziele und Visionen deutlich zu machen: »Erinnern Sie sich daran, wie unsere Redaktion damals den Skandal um die Mülldeponien aufgedeckt hat. Das sind Themen, mit denen wir für Gesprächsstoff sorgen.«
- Metaphern bzw. Bilder verwenden: »Wir sind die Wespe, die die Behörden sticht.«
- Nachfragen: Der Vorgesetzte fragt nach, inwieweit Mitarbeiter Ziele und Visionen verstanden haben. Beispielsweise können sie nachhaken und Redakteure bitten, ihr Verständnis der Ziele und Visionen zu formulieren.
- Wiederholung: Visionen und Ziele müssen immer und immer wieder kommuniziert werden.

Schritt 3: Entwickeln Sie Kriterien für Kreativität!

Wissen Sie, wie Sie Mitarbeiter am Effektivsten in die Verzweiflung treiben können? Stellen Sie sich hin und fordern Sie laut: »Werden Sie kreativer!« Kreativität – das haben Sie ja an vielen Stellen im Buch schon gelesen – ist ein schwer definierbarer Begriff. Genau deshalb tun sich die meisten Redaktionen schwer damit, Kreativität zu definieren und konkrete Kriterien zu entwickeln. Alles, was anders ist, ist ja irgendwie kreativ. Doch was ist anders? Und wollen wir wirklich jeden Tag anders sein? Kriterien helfen, den Ideenfluss einer Redaktion zu lenken und den Begriff Kreativität näher zu definieren. Diese Kriterien sind von Redaktion zu Redaktion verschieden. Die wichtigste Frage, an die an anderer Stelle im Buch noch eingegangen wird, lautet: Wie genau soll die kreative Handschrift Ihrer Redaktion aussehen? Kriterien für Kreativität können beispielsweise folgende sein:
- Originalität: Ein Artikel oder Beitrag unterscheidet sich deutlich von vergleichbaren journalistischen Produkten anderer Medien, beispielsweise durch die thematische Ausrichtung oder die Umsetzung.
- Überraschungsmomente: Die Zielgruppe bekommt immer wieder etwas geboten, womit sie zunächst nicht gerechnet hat, beispielsweise interessante, aber in der Öffentlichkeit wenig dargestellte Meinungen, ungewöhnliche Vergleiche, Bezüge oder Formulierungen.

- Bewusster Klischeebruch: Gängige Klischees werden nicht bestätigt, sondern bewusst aufgebrochen. Leser, Hörer und Zuschauer haben die Möglichkeit, sich von einem bestimmten Thema ein anderes Bild zu machen.
- Perspektivenwechsel: Der Beitrag betrachtet ein bestimmtes Thema aus einer ungewöhnlichen Perspektive und erklärt beispielsweise den Nahost-Konflikt aus Sicht eines jüdisch-arabischen Liebespaares.
- Hintergründig: Der Artikel oder Beitrag beantwortet Fragen, die sich die Zielgruppe stellt und die noch nicht gelöst sind. Das Gegenteil wäre, dass der Beitrag Fragen beantwortet, die schon lange gelöst sind bzw. deren Antworten die Zielgruppe wahrscheinlich nicht interessieren.
- Mehrwert zu anderen Medien: Ein Medium, wie beispielsweise eine Zeitung, konkurriert nicht nur mit dem Konkurrenzblatt, sondern auch mit anderen Medien wie Radio, Fernsehen oder dem Internet. Welchen Mehrwert oder besonderen Nutzen schafft ein bestimmter journalistischer Beitrag? Fasst er nur das zusammen, was sowieso schon bekannt ist oder nutzt er die spezifischen Vorteile des Mediums? Ein Zeitungsartikel kann im Vergleich zu einem Radiobeitrag vielschichtiger über ein Thema berichten und durch Infografiken ergänzt werden, dafür ist das Medium Radio schneller und hat den entsprechenden Weiterdreh im Idealfall schon einen Tag vor der Zeitung.
- Assoziativ: Der Artikel oder Beitrag stellt im Aufbau und im Text Assoziationen zu Begriffen oder Bildern her, die den Inhalt verdeutlichen. Streitigkeiten in den Mannschaften der Fußball-Bundesliga können beispielsweise Assoziationen zu einem Vulkanausbruch wecken: Beim ersten Klub brodelt es, beim zweiten sind bereits deutliche Erschütterungen zu vernehmen, beim dritten ist schon eine Rauchwolke zu sehen, beim vierten versprüht der Trainer heiße Lava und hinterlässt verbrannte Erde etc.

Einen solchen Kriterienkatalog gemeinsam zu entwickeln, gibt einer Redaktion ein Wir-Gefühl und ist eine gute Grundlage, um eine kreative Kultur zu entwickeln. Dieser Leitfaden kann mit Beispielen versehen werden und durchaus fließend sein: Was heute als kreativ angesehen wird, kann schon morgen ein alter Hut sein.

Schritt 4: Führen Sie eine kreative Inventur durch – Schätzen Sie Ihre Mitarbeiter ein

Bei einem Computer ist es ganz einfach: Wenn Ihnen ein Programm nicht gefällt, einfach entfernen und ein neues installieren. Das alte Datenbankprogramm war zu schwer verständlich? Dann kaufen wir halt das mit den bunten Bildern. Mit unseren Mitarbeitern ist das nicht ganz so einfach. Der Fachredakteur ist zu trocken?

Dann wird er das auch bleiben, da lässt sich kein Programm entfernen und kein neues installieren. Fachredakteur 1.0 als knochentrockene Variante, Fachredakteur 2.0 mit bunten Einfällen und Fachredakteur 3.0 mit einem neuen Thesaurus für bildhafte Ausdrucksweise ... Das bleibt auf absehbare Zeit unrealistisch.

Keine Diskussion, kein Memo und kein Seminar werden den Grundcharakter eines Menschen jemals ändern. Ein knochentrockener Mensch kann kreative Techniken lernen, doch er wird neue Ideen immer von seinem knochentrockenen Standpunkt aus betrachten. Ihrem Pointengenie in der Redaktion können Sie viel über kreative Recherche beibringen, wenn ihm der Biss fehlt, wird er niemals einen Skandal aufdecken. Machen Sie in Ihrer Redaktion eine kreative Inventur. Überlegen Sie, wen Sie haben und über welches kreative Potenzial Ihre Mitarbeiter verfügen. Fragen Sie sich:

- Was macht ein Mitarbeiter anders und besser als die anderen? In welchem Bereich liefert er Ansätze, die ihn unterscheiden und einzigartig machen?
- Welches kreative Potenzial steckt in ihm und was könnte er erreichen, wenn er optimal gefördert würde? Welche Tipps kann ich ihm geben?
- Wo liegen seine Grenzen? Und über welche Fähigkeiten wird er niemals verfügen?

Das kreative Potenzial einer Redaktion lässt sich auch grafisch darstellen. Dabei werden die einzelnen Mitarbeiter einer Redaktion bewertet und auf einer Matrix eingetragen. Grob lässt sich zwischen vier verschiedenen Mitarbeitertypen unterscheiden:

1. »Hochkreative«: Sie produzieren von sich aus ständig neue Ideen, sie wollen sich einsetzen und sich profilieren. Hochkreative können der Motor einer ganzen Redaktion sein, wenn sie entsprechend eingesetzt werden. Häufig finden sich Hochkreative jedoch in einer Nischenrolle wieder: Sie sind an Machtspielen anderer nicht interessiert und ziehen sich zurück, wenn es ihnen zu viel wird.
2. »Pflänzchen«: Sie tragen das Potenzial zur Kreativität in sich, wissen aber nicht genau, wie sie es wecken sollen. Sie fragen sich: Wie schaffen es andere, ständig auf neue Ideen zu kommen? Ein großer Teil dieser (oft jungen) Mitarbeiter ist sich der eigenen Kreativität noch gar nicht bewusst. Sie brauchen Entwicklungsmöglichkeiten und Felder, in denen sie sich ausprobieren können. Wichtig ist darauf zu achten, die Pflänzchen nicht zu zertrampeln.
3. »Problemfälle«: Diese Mitarbeiter können zwar kreativ sein, sie haben das vielleicht in früheren Positionen oder Funktionen schon bewiesen, doch sie sind nicht motiviert. Sie haben einfach keine Lust, das Produkt mit eigenen Ideen voranzubringen. Für diese Mitarbeiter gibt es nur individuelle Lösungen.
4. »Beamte«: Diese Mitarbeiter können perfekte Organisatoren oder Verwalter sein, doch sie haben weder ein besonders hohes kreatives Potenzial noch den

Ehrgeiz, mithilfe von Kreativtechniken Ideen zu entwickeln. Solange sie im Redaktionsablauf nicht stören, indem sie durch persönliche Dominanz neue Ideen verhindern, können sie mit Aufgaben beschäftigt werden, die andere Mitarbeiter von unkreativer Arbeit entlasten. Doch Vorsicht! Ein »Beamter« kann – vor allem, wenn er frustriert ist – das gesamte Klima einer Redaktion vergiften.

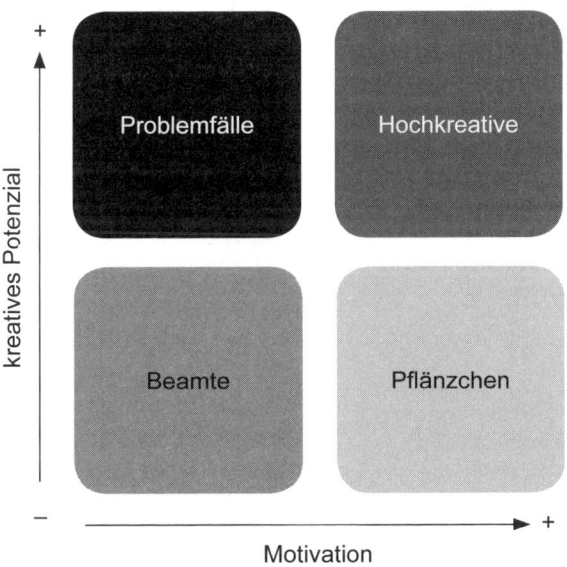

Abb. 43: Kreative Mitarbeitertypen

Nutzen Sie die kreativen Eigenschaften Ihrer Mitarbeiter!

Sie haben ja zu Beginn des Buches bereits gelesen, dass kreativ nicht gleich kreativ ist. In den seltensten Fällen finden Sie »Kreativklone«, die genau gleich ticken und genau die kreativen Ergebnisse liefern, die Sie sich vorstellen. Zu kreativen Redaktionen gehören Mitarbeiter, die auf verschiedene Weise kreativ sind. Ein Mitarbeiter mit besonders hoher Problemsensitivität schlägt nicht unbedingt jeden Tag 20 neue Ideen vor. Umgekehrt ist ein Redakteur, der zahlreiche Vorschläge für originelle Themen liefert, nicht unbedingt derjenige, der hartnäckig ungewohnte Recherchewege geht. Ein CvD mag selbst höchst kreativ sein, doch er wird Probleme bekommen, ein kreatives Klima zu schaffen, wenn er es nicht versteht,

Kreativität bei anderen zu fordern und zu fördern. Nur wenige Menschen sind sich ihrer kreativen Eigenschaften bewusst. Noch weniger Vorgesetzte machen sich bewusst, über welche kreativen Fähigkeiten ihre Mitarbeiter verfügen bzw. welche Eigenschaften notwendig sind, um eine bestimmte Position auszufüllen.

Verabschieden Sie sich von der Vorstellung, dass es »richtige« oder »falsche« Kreativität gibt! Für Vorgesetzte ist es entscheidend, die Qualitäten der verschiedenen Arbeitsstile zu erkennen, eine Atmosphäre gegenseitiger Anerkennung zu schaffen und Mitarbeiter so einzusetzen, dass sie ihr Potenzial entfalten können. In einer Redaktion gibt es eine ganze Reihe verschiedener Charaktere und Arbeitsstile. Beispielhaft sollen hier vier Typen aufgezeigt werden:

Typ	Typische Sätze	Vorzüge	Zu beachten
Dominanter Kreativer	»Ich habe da eine geniale Idee!« »So ist der Text zu langweilig!«	Produziert schnell viele neue Ideen, bringt das Produkt nach vorne, selbstständiger Macher	Kann durch seine Dominanz andere einschüchtern, ungeduldig, machtbewusst. Neigung, für sich Ideenhoheit zu beanspruchen
Stiller Kreativer	»Ich hätte da vielleicht auch noch eine Idee ...« »So kommen mir keine Ideen.«	Entwickelt oft ganz andere Ideen als der dominante Kreative, hängt stark von der Umgebung ab, Teamworker	Schnell eingeschüchtert, braucht Rückhalt und Sicherheit
Analytiker	»Das ist mir zu flach.« »Das stand vor zwei Jahren so schon im Spiegel.«	Wandelndes Lexikon, achtet auf Genauigkeit, gibt dem Produkt Tiefgang	Verurteilt Ideen oft zu schnell, weil »die Erfahrung dagegen spricht« oder es »so etwas Ähnliches schon mal gab.«
Verwalter	»In den Agenturen steht dazu nichts.« »Schöne Idee, aber wir haben so viele Pressekonferenzen zu besetzen ...«	Zuverlässig, übersieht keinen der sog. Pflichttermine, fleißig, guter Zuhörer	Neigung zum Terminjournalismus, unflexibel im Denken, fehlende Begeisterung und fehlender Mut für Neues

Abb. 44: Kreative Typen und ihre Arbeitsstile

Ein dominanter Kreativer ist eine Bereicherung für die gesamte Redaktion: Mit seinem hohen Output an Ideen, seinen originellen Themenvorschlägen und ungewöhnlichen Denkwegen ist er der kreative Motor einer Redaktion. Allerdings gibt es eine Kehrseite: Dominante Kreative neigen dazu, andere zu erdrücken, vor allem dann, wenn sie einen gewissen Exklusivitätsanspruch haben: »Meine Ideen sind die besten!« Für eine Führungskraft besteht die Kunst darin, einen solchen Mitarbeiter so einzusetzen, dass er die Redaktion zwar bereichert, jedoch den anderen das Denken nicht abnimmt. Das würde ein Ungleichgewicht zur Folge haben, bei dem sich die Redaktion dauerhaft vom Input eines Einzelnen abhängig macht, während die anderen Mitarbeiter ihr kreatives Potenzial nicht entwickeln. Als Führungskraft ist ein dominanter Kreativer ebenfalls eine Bereicherung, doch die Gefahr ist die gleiche: Anderen Mitarbeitern wird das Denken abgenommen. Es macht deshalb Sinn, auch von den Redakteuren kreative Leistungen einzufordern, die aus eigenem Antrieb heraus bislang wenige Ideen entwickelt haben. Um beispielsweise Themen zu entwickeln, lassen sich Arbeitsgruppen bilden, aus denen der dominante Kreative bewusst außen vor bleibt.

Ein stiller Kreativer fühlt sich schnell unter Druck gesetzt und glaubt oft, seine Ideen seien nicht gut genug. Das kann der Praktikant oder der Volontär sein, der Angst davor hat, sich mit einer Idee zu blamieren. Es kann eine Redakteurin sein, die eine bestimmte Rubrik betreut und sich bei politischen Fragen zurückhält, weil »es ja eine spezielle Redaktion dafür gibt.« In der Konferenz sind stille Kreative häufig zurückhaltend und werden deshalb gerne übersehen. Doch es lohnt sich, sie zu fordern, ihnen die Verantwortung für Nischen zu übergeben oder ihnen bewusst Aufträge zur Ideenentwicklung im Team zu geben.

Der Analytiker ist der Erbsenzähler in der Redaktion. Er weiß viel und wenn er Ideen ablehnt, dann meistens, weil er sie schon einmal irgendwo gesehen, gelesen oder gehört hat. Das mag im Einzelfall anstrengend sein, doch sein Fachwissen macht diesen Mitarbeiter zu einer wertvollen Ressource. Wichtig ist, dass Analytiker lernen, ungewöhnliche Vorschläge nicht im Ansatz abzuwürgen, sondern ihr Fachwissen einzusetzen, um neue Ideen voranzubringen. Als Schlussredakteur oder CvD einer Redaktion können sie dann redaktionelle Kreativität extrem voranbringen, auch wenn sie selbst nicht unbedingt vor Ideen sprudeln.

Der Verwalter ist der Typ »eingefahrener Redakteur«, der glaubt, alles zu wissen, was es zu wissen gibt. Dieser Mitarbeitertyp macht seine Arbeit in der Regel ordentlich und zuverlässig, aber ohne großen Elan. Die Meinung, »dass Dinge so gehen« oder eben »so nicht gehen«, ist tief in ihm drin. Im Zusammenspiel der verschiedenen Redaktionsmitglieder lassen sich solche Mitarbeiter in erster Linie einsetzen, um Redakteure mit hohem kreativen Potenzial von Routineaufgaben zu entlasten. Konflikte entstehen dadurch, dass auf den Verwalter starker Druck ausgeübt wird, sich zu ändern und kreativer zu werden. Meistens ohne Erfolg, denn sein kreatives Potenzial ist begrenzt und er widersetzt sich jedem Anflug von Veränderung. Wichtig ist, dass ein Verwalter die Stimmung einer Redaktion nicht dadurch negativ beeinflusst, dass er Ideen anderer Mitarbeiter kritisiert und damit ungewöhnliche Vorschläge im Ansatz erstickt. An falscher Stelle eingesetzt – zum Beispiel in der Planungsabteilung einer Fernsehredaktion – kann ein Verwalter eine Redaktion einschläfern und jeglicher kreativer Energie berauben.

Um kreative Strukturen zu schaffen, ist es wichtig,
- die Qualitäten der verschiedenen Charaktere und Arbeitsstile zu erkennen,
- eine Atmosphäre gegenseitiger Anerkennung zu schaffen und
- Mitarbeiter so einzusetzen, dass sie ihr Potenzial entfalten können.

Schritt 5: Bringen Sie kreative Teams zum »Ticken«

Sich still in die Ecke zu verziehen und Ideen zu spinnen, das ist nicht jedermanns Sache. Im Gegenteil: Einsam vor dem PC sitzend oder in der Ecke nachdenkend haben viele Menschen eher eine Gedankenblockade als neue Ideen. Kreativität entfaltet sich in Teams am Besten, die zueinander passen und doch verschieden sind. Ein Widerspruch? Nur auf den ersten Blick. Mitglieder von Kreativteams müssen sich mögen und vertrauen. Achten Sie darauf, dass Mitglieder von Kreativteams menschlich zusammenpassen. Machtspiele, Streit um Anerkennung und Konkurrenzdenken sind im Kreativteam fehl am Platz. Das hat wenig mit Sozialromantik oder »Wir mögen uns alle« zu tun, sondern handfeste pragmatische Gründe: Wenn Teammitglieder Ideen zurückhalten oder taktieren, leidet das Ergebnis.
- Überlegen Sie, welche Mitarbeiter sich ergänzen. Welche Teams haben in der Vergangenheit gute kreative Ergebnisse geliefert? Wie verstehen sich die einzelnen Mitglieder? Sind sie in der Lage, miteinander Spaß zu haben? (Die letzte Frage ist ernst gemeint! Spaß ist ein wichtiger Motor für Kreativität!)
- Welche Mitarbeiter verhindern Ideen? Wie tun sie das? Gibt es Mitarbeiter, die auf eine subtile Art und Weise Ideen verhindern? Nehmen Sie diese Mitarbeiter aus kreativen Teams heraus! Auch wenn Sie innerlich denken: »Das geht doch nicht, das kann ich nicht machen. Dann ist der-/diejenige verstimmt.« Gehen Sie hier keine Kompromisse ein!

Achten Sie aber zugleich darauf, dass sich die Mitarbeiter nicht zu nahe stehen. Schließlich wollen Sie ein Kreativteam, kein Kuschelteam. Stecken Sie nicht immer wieder diejenigen zusammen, die sich ohnehin von morgens bis abends sehen. Achten Sie darauf, dass sich die kreative Handschrift der einzelnen Mitarbeiter voneinander unterscheidet. Der Redakteur für Buntes und der Politikexperte aus der Redaktion können sich perfekt ergänzen, wenn sie sich verstehen und an einem gemeinsamen Ziel arbeiten: Politik bunter zu gestalten. Fragen Sie sich: »Wie könnten sich die kreativen Handschriften der einzelnen Beteiligten ergänzen?«

Einer der wesentlichen Faktoren, den es dabei zu bekämpfen gilt, ist die Angst vor Kreativität. Sie steht im krassen Widerspruch zu dem Wunsch nach mehr Kreativität.

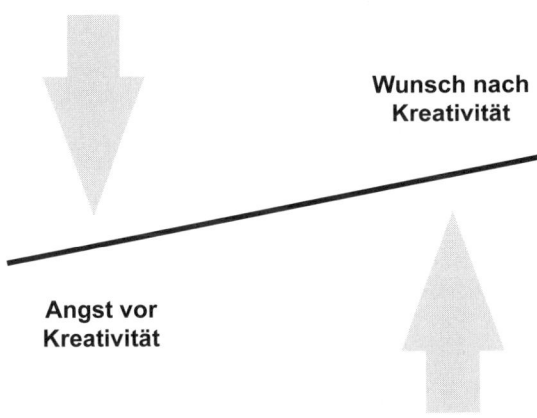

Abb. 45: Angst vor Kreativität und Wunsch nach Kreativität wirken gegeneinander

Prinzipiell belohnt die Gesellschaft eher normiertes als außergewöhnliches Verhalten. Ein Schüler, der mit dem frontalen Unterrichtsstil seines Lehrers nicht zurechtkommt, wird in der Regel mehr davon haben durchzuhalten und in der Masse mitzuschwimmen, als seinem Lehrer ein neues Unterrichtskonzept vorzuschlagen. Ein Gast, der mit dem Service eines Restaurants unzufrieden ist, wird – wenn er sich beschwert – tendenziell eher als Störenfried denn als kostenloser Unternehmensberater gesehen. Ein Jungredakteur, der die Form der Themenumsetzung in Frage stellt, wird zunächst misstrauischer beäugt, als ein anderer, der die Vorgaben ohne Murren umsetzt.

Die Angst vor Kreativität beruht vor allem auf zwei Faktoren:
- Furcht vor dem Anecken: Niemand in einer Redaktion ist wirklich unabhängig. Ein Redakteur muss die Reaktion des CvD oder des Redaktionsleiters fürchten, diese die Reaktion der Geschäftsführung bzw. Programmdirektion, diese unterliegt dem Einfluss von Gesellschaftern oder einer mächtigen Intendanz, die wiederum auf die Reaktion von Interessengruppen oder der Politik Rücksicht neh-

men muss. So gesehen lässt sich das Gefühl von Redakteuren, keinen Freiraum für Kreativität zu haben, bis in die Spitzen eines Unternehmens verfolgen.
- Furcht vor dem Verlust von Souveränität: Für eine Führungskraft ist es nicht einfach, mit Kreativität und Selbstständigkeit in einem Unternehmen umzugehen, bedeutet es doch, einen Teil der eigenen Verantwortung abzugeben. Mitarbeitern kreative Freiräume einzugestehen heißt zwangsläufig, eine Entwicklung zu mehr Eigenständigkeit zu fördern und damit letztlich auch Kritik zuzulassen, die sich nicht nur auf das Produkt, sondern auch auf die Strukturen oder das eigene Führungsverhalten bezieht. Ein Gedanke, der im alten hierarchischen Denken, in dem Verbesserungsvorschläge aus den Reihen der Mitarbeiter als Schwäche des Vorgesetzten interpretiert wurden, unvorstellbar war.

Wenn Sie ein kreatives Team zum »Ticken« bringen wollen, müssen Sie die Angst vor dem Anecken abbauen. Ermutigen Sie Ihre Mitarbeiter, gemeinsam mit Ihnen neue Grenzen zu erkunden. Nehmen Sie in Kauf, dass Sie die Grenzen dabei gelegentlich auch einmal überschreiten.

Schritt 6: Beleben Sie Ihre Kommunikation!

Kommt Ihnen der folgende Monolog aus der Redaktionskonferenz bekannt vor?

»Hat jemand Ideen?«
Schweigen ...
»Hat wirklich niemand Ideen?«
Immer noch Schweigen ...
»Es wird doch wohl irgendjemand Ideen haben, oder?«
Räuspern, Blick nach unten, Schweigen ...
Innerlich denkt der CvD: »Wie kriege ich diese verschlafene Bande bloß zum Mitdenken?« Was passiert? Der CvD zuckt die Schultern, überlegt, dass er die Sendung oder das Blatt schließlich irgendwie vollbekommen muss und vergibt Themen. Kardinalfehler Nummer eins! Was lernt der anwesende Redakteur daraus? »Ich brauche nicht mitdenken, ich werde versorgt ...«

Natürlich ist das überspitzt, spiegelt aber die Situation in vielen Redaktionen wieder. Redaktionsleiter und CvDs geben viel zu schnell auf. Sie fragen in der Frühkonferenz nach Ideen, die Runde schweigt, die Redaktionsleitung frustet. Dabei gilt in einer Redaktionskonferenz der gleiche Grundsatz wie in einem Interview: Die Antworten sind nur so gut wie die Fragen.

Wenn Sie eine Konferenz leiten, entscheidet Ihre Kommunikation darüber, ob die Anwesenden Ideen haben oder nicht. Mit Ihrer Kommunikation setzen Sie Prioritäten, Sie zeigen, ob Sie auf neue Ideen oder die pflichtgemäße Erfüllung von Aufgaben Wert legen.

> **Beispiel**
> »Heute Mittag findet die jährliche Pressekonferenz der Wirtschaftskammer statt. Das müssen wir machen.« Wenn ein Pressekonferenztermin mit dieser Bemerkung vergeben wird, sagt das zwei Dinge aus:
> 1. Der CvD bzw. Redaktionsleiter ist bereit, ein Thema auch dann ins Blatt bzw. auf den Sender zu nehmen, wenn er es zweitklassig oder sogar langweilig findet.
> 2. Die Pressekonferenz ist so wichtig, dass das Thema gemacht werden MUSS. Welchen Grund sollte ein Redakteur jetzt noch haben, dieses Thema spannend umzusetzen oder sogar kritisch zu hinterfragen?

Regen Sie Konferenzteilnehmer zum Mitdenken an! Schicken Sie niemanden zu einem solchen Termin ohne ihn aufzufordern, Vorschläge für kreative Drehs zu machen.
NICHT: »Müller, gehen Sie mal da hin, machen Sie mal einen Bericht.«
SONDERN: »Ich denke, aus diesem trockenen Thema können Sie einen spannenden Bericht machen. Bevor Sie aber aufbrechen, arbeiten Sie mir bitte fünf Fragestellungen aus, die das Thema interessant machen könnten.«
Fragen Sie sich bei der Leitung einer Konferenz:
- Wie rege ich die Anwesenden zum Mitdenken an?
- Binde ich bei der Ideenfindung alle ein oder dominieren stets dieselben die Kommunikation?
- Wie frei können sich Ideen entfalten?
- Was passiert mit Ideen, die auf den ersten Blick nicht ins Muster passen?
- Sind die Aufträge, die vergeben werden, konkret genug? Beinhalten sie einen Zwang zum Nachdenken oder ist zu viel vorgedacht worden?

Das Thema Kommunikation wird in den folgenden Kapiteln noch ausführlicher behandelt.

Schritt 7: Kommen Sie Ideenkillern auf die Spur!

Wenn Sie in einer Redaktion mangelnde Kreativität feststellen, ist nicht unbedingt das Problem, sondern fast immer das Symptom eines tieferliegenden Problems, häufig sogar mehrerer Probleme. Die wichtigsten Fragen dabei sind: Wo werden Ideen getötet? Was genau ist das Problem?

Für die Geschäftsführung heißt das Problem vielleicht mangelnder Erfolg und mangelnde Effizienz, für den CvD Ideenlosigkeit und Überarbeitung, beim einzelnen Mitarbeiter schlagen fehlende Anreize und erdrückende Strukturen auf die Motivation. Was üblicherweise geschieht, ist, dass entweder die Geschäftsführung oder die Chefredaktion beginnt, ausschließlich an der Lösung eines Symptoms zu arbeiten. Mangelnder Effizienz wird durch höhere Zielvorgaben begegnet, was dazu führt, dass beispielsweise für den CvD das Problem Überarbeitung nicht gelöst, sondern verschärft wird. Die Mitarbeiter erleben die Strukturen unter Umständen noch erdrückender als sie es bislang schon tun.

Dabei sind alle Aussagen verschiedene Ursachen des gleichen Symptoms. Um das Problem mangelnder redaktioneller Kreativität in einer Redaktion anzugehen, müssen zunächst einmal alle Ursachen aufgeschrieben werden, die zu diesem Problem beitragen. Die Probleme müssen so exakt wie möglich definiert werden, wobei möglichst wenige Faktoren ausgelassen werden dürfen.

Ein CvD fühlt sich überlastet, weil er das Gefühl hat, er allein sei dafür zuständig, Ideen zu generieren. Mitarbeiter fühlen sich von der dominanten Art des CvD erdrückt, der – so drücken sie es aus – wie ein Diktator über Themen und ihre Umsetzung bestimmt. Eine erste Lösung kann hier bereits sein, gemeinsam mit dem CvD Wege zu einer teamfähigen Kommunikation zu erarbeiten und zugleich die Mitarbeiter verstärkt in den kreativen Prozess einzubinden. Die gesteigerte Motivation wirkt sich beinahe automatisch auf die Leistung des Einzelnen und damit auf die Effizienz des gesamten Redaktionsteams aus.

Wenn die Probleme definiert sind, lauten weitere Fragen: Auf welche Art lässt sich das Problem noch definieren? Warum ist das überhaupt ein Problem? Wann ist es erste Mal aufgetreten? Wen betrifft das Problem? Wie wirkt es sich noch aus? Wo genau liegt die Ursache?

> »There are no problems – only opportunities to be creative.«
> *Dorye Roettger, amerikanische Autorin*

Der Versuch, das Problem zu definieren, gehört zum schwersten Teil des Prozesses. Mitunter kostet es die einzelnen Beteiligten erhebliche Mühe, ihr Problem überhaupt zuzugeben. Wer mag schon seinem dominanten Chef ins Gesicht sagen, dass er sich von ihm erdrückt fühlt? Wer mag schon zugeben, dass die eigene Motivation dem Nullpunkt entgegen geht? Die Mitarbeiter müssen davon überzeugt werden, dass eine Situation geschaffen werden soll, von der alle profitieren. Sie müssen davon überzeugt werden, dass ihr Vertrauen nicht ausgenutzt wird. Mitunter empfiehlt es sich, einen externen Berater ins Haus zu holen, der Probleme mitunter schneller erkennt und präziser formuliert, als Mitarbeiter der Redaktion bzw. der Geschäftsleitung. Mögliche Denkrichtungen:

- Sind alle Mitarbeiter des Unternehmens optimal eingesetzt? Wie lassen sich Hochkreative mehr in den Prozess der Ideenfindung einbinden? Welche Mitglieder in der Redaktion lassen sich stärken?
- Welche Arbeitsabläufe lassen sich verändern? Gibt es mehr Möglichkeiten für Teamwork? Lässt sich im Laufe eines Redaktionsalltages Zeit sparen, die bewusst für kreative Ideenfindung verwendet werden kann?
- Wie müsste die Kommunikation der Mitarbeiter untereinander bzw. von oben nach unten ablaufen, damit sich Ideen entwickeln können?
- Wie lassen sich bestimmte Probleme in der Redaktion aus Sicht der Mitarbeiter lösen? Welche Maßnahmen hält die Geschäftsführung für geeignet? Welche Vorschläge kann ein externer Berater unterbreiten?

Je mehr Lösungsmöglichkeiten geschaffen werden, desto besser. In der Gesamtstrategie werden die einzelnen Lösungen zu einem Gesamtpaket geschnürt. Je mehr Übereinstimmung dabei zwischen Geschäftsführung, Redaktionsleitung und den Mitarbeitern besteht, desto wahrscheinlicher ist es, dass die Lösungen später funktionieren.

Schritt 8: Schaffen Sie Anreize und Bedingungen!

Ein typisches Beispiel aus einer Hörfunkredaktion: Das Programm wird zu einem Großteil von freien Mitarbeitern bestritten, die nach Beiträgen bezahlt werden. Für jeden redaktionellen Beitrag mit einer Länge zwischen 60 und 90 Sekunden bekommen sie 75 Euro. Der normale Tagesablauf sieht folgendermaßen aus: In der Frühkonferenz sind Pressekonferenzen am Vormittag die begehrtesten Termine. Originelle Ideen kommen vonseiten der Mitarbeiter selten. Sie stehen bereits unter Zeitdruck, denn der erste Beitrag des freien Mitarbeiters läuft am Mittag, der Nachmittag ist frei, um einen weiteren Beitrag zu produzieren.

Ein Redaktionsleiter, der die Perspektive wechselt und sich die Situation von der Seite eines freien Mitarbeiters ansieht, kommt schnell zu dem Ergebnis: Kreativität zahlt sich nicht aus. Im Gegenteil: Aus wirtschaftlicher Sicht macht es überhaupt keinen Sinn, sich mit Beiträgen aufzuhalten, die einen zeitlichen Mehraufwand für Ideenfindung oder Recherche erfordern. Am Beispiel der Redakteure X und Y soll diese Situation verdeutlicht werden: X ist der Spezialist für Pressekonferenzen und Berichte über Termine und Veranstaltungen aller Art. Er schafft mindestens zwei Beiträge am Tag, verdient also an 20 Arbeitstagen 3.000 Euro. Redakteur Y mag Pressekonferenzen überhaupt nicht. Er liebt es, Ideen zu spinnen, hartnäckig zu recherchieren und eigene Themen auf den Sender zu bringen. Damit ist er nicht ganz so produktiv, sondern schafft im Durchschnitt nur maximal sieben Beiträge in einer Arbeitswoche. Am Ende des Monats kommt er auf 2.100 Euro. Kreativität zahlt sich also nicht aus, sondern bedeutet einen finanziellen Verlust.

Um Situationen, in denen Mitarbeiter ganz bewusst Masse statt Klasse produzieren, aufzubrechen, müssen Anreize geschaffen werden. Das bedeutet nicht zwangsläufig, mehr Geld auszugeben. Es ist möglich, lukrative Aufträge an Bedingungen zu knüpfen und damit schwerer erreichbar zu machen. Es kann bedeuten, andere Formen der Anerkennung auszusprechen, beispielsweise Mitarbeiter Y eine eigene Rubrik zu geben, die ihm ein gewisses Grundeinkommen sichert. Es können auch Anreize sein, die nicht auf einer materiellen Grundlage beruhen: Wie lässt sich die Arbeitszufriedenheit kreativer Mitarbeiter erhöhen? Welche spannenden Projekte können ihnen gegeben werden? Welche besonderen Entwicklungsmöglichkeiten bzw. Bildungsmaßnahmen können ihnen in Aussicht gestellt werden?

Redaktionen, die es verstehen, Kreativität zu belohnen, werden dauerhaft mehr Ideen von ihren Mitarbeitern bekommen.

Schritt 9: Geben Sie Feedback, schaffen Sie lernfähige Strukturen!

Die Redakteurin eines Hörfunksenders klagt: »Es ist vollkommen egal, was ich tue, das registriert sowieso keiner.« Ein Zeitungsjournalist: »Ich gebe mir Mühe und andere kriegen für die halbe Leistung das gleiche Geld.« Ein Fernsehredakteur: »Die ganze Nacht habe ich mir im Schnitt Mühe gegeben, nicht einmal ein Dankeschön.« Die Aussagen sind keine Einzelfälle frustrierter Redakteure, sondern Alltag in vielen Redaktionen. Besonderer Aufwand wird nicht honoriert. Das Gefühl, Mittelmaß täte es auch, macht sich breit. Der Ansporn kreative Ideen einzubringen, ungewöhnliche Themenansätze zu finden oder besondere

Interviewfragen auszuarbeiten, erstickt in der Flut der täglich produzierten Masse. Wozu anstrengen?

Man kann Führungskräften in Redaktionen durchaus unterstellen, dass sie ab einer bestimmten Hierarchiestufe aufwärts nicht mehr allzu viel Einblick in den Redaktionsalltag haben. Sie leben in einer Welt von Besprechungen und Konferenzen, Strategie- und Budgetfragen. Für die Redakteure eines Senders oder einer Zeitung bleiben sie jedoch, was sie sind: Vorgesetzte. Der Wunsch nach Anerkennung der eigenen Leistung ist ein menschliches Grundbedürfnis. Ein Lob vom direkten Vorgesetzten, vom Redaktionsleiter oder sogar aus der Geschäftsleitung trägt oft mehr zur Motivation bei als eine zusätzliche Geldzahlung. Ein Lob ist der preiswerteste Kreativitäts- und Motivationsmotor. Doch hinter dem Feedback sollte ein bestimmtes System stecken, damit nicht unbewusst Mittelmaß gelobt und harte kreative Arbeit unerwähnt bleibt. Redaktionsleiter können beispielsweise ihre CvDs anweisen, besondere Anstrengungen oder besondere kreative journalistische Leistungen an sie weiterzugeben und darauf auf verschiedene Arten reagieren: Es kann ein persönliches Lob im Vorbeigehen, ein Lob im Büro des Vorgesetzten, eine E-Mail, ein Lob in der Redaktionskonferenz oder sogar ein Lob der Verlagsleitung bzw. Geschäftsführung sein. Wichtig ist: Das Lob sollte ernst gemeint sein, mit Überzeugung präsentiert werden und Argumente enthalten, WARUM die Leistung gelobt wird. Die verschiedenen Arten des Lobs haben dabei verschiedene Wirkungen. Das persönliche Lob im Vorbeigehen hat einen zufälligen Charakter. Es signalisiert dem Einzelnen: Ich werde persönlich ernst genommen. Ein persönliches Lob sorgt für eine Bindung des Mitarbeiters an seinen Vorgesetzten. Ein Lob im Zimmer des Vorgesetzten ist förmlicher und bietet sich dann an, wenn der Vorgesetzte die Gelegenheit zu einer allgemeinen Kontaktaufnahme nutzen oder das Gespräch vertiefen möchte. Eine E-Mail hat einen förmlichen Charakter und ist am ehesten geeignet, wenn sich der Vorgesetzte ohnehin nicht häufig in der Redaktion aufhält. Prinzipiell jedoch ist dem persönlichen Gespräch ein höherer Wert beizumessen. Ein Lob in der Redaktionskonferenz erzielt nur dann seine Wirkung, wenn es entweder üblich ist oder es sich um eine wirklich besondere Leistung handelt. Ein Lob aus der oberen Ebene schließlich ist ein perfekter Motivationsfaktor, um einem dauerhaft engagierten Mitarbeiter zu signalisieren, dass seine Arbeit geschätzt wird. Wichtig sind beim Loben Kontinuität und Gerechtigkeit.

So schaffen Sie lernfähige Strukturen
Wenn in einer Redaktion die Sendungen oder das Blatt vom Vortag besprochen werden, gibt es zwei Methoden, die hundertprozentig dafür sorgen, dass am Ende gar nichts dabei herauskommt: Totschweigen und Totquatschen.

Totschweigen funktioniert nach dem Prinzip: »Wenn ich jetzt sage, dass ich den Beitrag (oder Artikel) von XY für nicht so gelungen halte, dann stehe ich als Kameradenschwein da, und spätestens morgen werden die anderen über meine Arbeit herziehen.« Totquatschen läuft genau anders herum: »Also, ich finde, dass gestern der Einstieg zum zweiten Absatz nicht so schön war und außerdem der Spannungsbogen irgendwann nachließ und die Grafik fand ich auch nicht schön.« »Ja, da schließe ich mich an.« »Ich fand die Grafik irgendwie auch nicht gut, das mit dem Einstieg kann ich nicht nachvollziehen, aber dafür finde ich, dass man den Tenor der Kleingartenreportage anders hätte machen können.« Und so weiter, und so weiter …

In beiden Fällen ist das Problem etwas Böses, das bekämpft gehört, auch wenn die zweite Variante basisdemokratischer daherkommt. Vielleicht liegt es daran, dass gerade Journalisten gewohnt sind, nach Fehlern zu suchen und diese Fehler bei jeder sich bietenden Gelegenheit anzuprangern. Das ist die Aufgabe der Presse. Politiker, die etwas falsch gemacht haben, werden mit Schlagzeilen wie »Muss der Pannenminister gehen?« kritisiert. Verständnisvolle Schlagzeilen wie »Neue Lerngelegenheit für Minister XY« würden eher lächerlich wirken.

In der Redaktionsarbeit müssen andere Regeln gelten: Jeder Fehler ist Teil eines kontinuierlichen Lernprozesses. Nicht umsonst heißt einer der Leitsätze für Kreativität: »Hurra, ein Problem!« Fehler sind eine Herausforderung. Es gilt, sie anzunehmen und sich nicht reflexartig auf die Suche nach einem Schuldigen machen.

Beispiel
Eine Hörfunkredaktion trifft sich regelmäßig am Nachmittag, um die Sendung des vergangenen Tages auszuwerten. Diese Kritik läuft folgendermaßen ab: Fünf bis zehn Redaktionsmitglieder hören einen Zusammenschnitt des Vortages und machen sich Notizen. Anschließend trägt jeder seine Meinung zu diesem oder jenem Beitrag, zur Moderation und zur allgemeinen Aufbereitung der Themen vor. Die Kritik wird protokolliert und als Mail an alle verschickt.

Ein grundsätzlich guter Gedanke: Die Kritik ist transparent und fördert den Zusammenhalt. Der Lerneffekt ist trotzdem gering, weil die Kritik nicht dazu führt, dass verbindliche Regeln und Kriterien aufgestellt werden, um das Positive zu fördern und das Negative zu verringern. Stattdessen kann jeder Redakteur in das Protokoll hineininterpretieren, was er möchte. Um aus solchen Besprechungen zu lernen, müssen wesentliche Fragen beantwortet werden:

- Was lief gut? Warum lief es gut? Was können wir ab heute tun, damit es noch besser läuft?
- Was war negativ? Was können wir daraus lernen? Wie können wir diese Fehlerquelle beseitigen? Welche Maßstäbe und Kriterien können wir daraus ableiten?

Die Ergebnisse können die Grundlage für einen redaktionsinternen Arbeitskreis zur Qualitätssicherung sein, Redaktionsmitgliedern als Protokoll zugeschickt werden oder in ein Redaktionsstatut einfließen. Wichtig ist die positive Grundeinstellung dem Problem gegenüber, der Wille, dieses Problem als Herausforderung anzunehmen und die Entschlossenheit, dieses Problem zu lösen.

In diesem Zusammenhang ist es wichtig, zwischen Problem und Symptom zu unterscheiden. Wenn – wie im Beispiel oben – mehreren Redakteuren auffällt, dass die Grafik zu einem Thema schlecht umgesetzt war, ist das zunächst einmal noch nicht das Problem. Das Problem kann tiefer liegen. Die Frage ist: Warum? So kann es beispielsweise sein, dass die Grafikabteilung vollkommen überlastet ist und im Fließbandverfahren arbeitet.

Auch das muss noch nicht das Problem sein. Warum ist die Grafikabteilung überlastet? Vielleicht ist ein Kollege im Urlaub, der andere ist kurzfristig krank geworden, der freie Mitarbeiter, der normalerweise einspringt, konnte nicht erreicht werden. Warum konnte er nicht erreicht werden? Weil er kein Handy hat und die Grafikabteilung kein Diensthandy zur Verfügung stellt. Die Lösungsmöglichkeiten, die sich hier abzeichnen, sind zum Beispiel folgende:
- Dem freien Mitarbeiter ein Handy zur Verfügung stellen, damit er bei Engpässen schnell erreichbar ist,
- einen Pool von weiteren freien Mitarbeitern schaffen, damit die Abhängigkeit von einem einzigen freien Springer sinkt oder
- akzeptieren, dass die Grafiken dann und wann schlechter sind.

Eine der besten Möglichkeiten, Probleme zu hinterfragen, ist die Frage WARUM? Wenn etwas schief lief, wird so lange WARUM? gefragt, bis der Kern des Problems gefunden ist und eine Lösung erarbeitet werden kann. Zu versuchen, ausschließlich ein Symptom zu beseitigen, wird auf Dauer wenig Erfolg haben.

Schritt 10: Vernetzen Sie Ressorts, nutzen Sie ungenutztes kreatives Potenzial!

Ein weiterer Schritt fördert Kreativität zu Tage: Ressorts miteinander zu vernetzen. Die Aufteilung einer Redaktion in Ressorts wie Politik, Wirtschaft, Umwelt, Gesellschaft und Soziales, Kultur, Sport, Vermischtes und Lokales. Das mag zwar der Übersichtlichkeit und der Orientierung dienen, doch die Aufteilung ist künstlich. Große Unternehmen können Politik stärker beeinflussen als manch ein Politiker es vermag, bei Meldungen aus dem Bereich der Umwelt lässt sich sehr oft ein lokaler Bezug herstellen, der Übergang zwischen dem Kultur- und dem Gesellschaftsressort ist fließend.

Die Aufteilung der Welt in Ressorts führt vielfach zum Schubladendenken, einige Ressorts (in der Regel Politik und Wirtschaft) berichten über die *großen* Geschichten, das Lokale vermeldet Betriebsjubiläen und Unfälle, Umwelt und Kultur führen ein Nischendasein. Dabei können gerade aus der Vernetzung der Ressorts hervorragende Themenideen und interessante Hintergrundberichte entstehen.

Beispiel
Eines der Kulturprojekte auf der Expo in Hannover war ein israelisch-palästinensisches Friedensmusical, bei dem Jugendliche beider Seiten gemeinsam eine Nahost-Version von Romeo und Julia aufführten: Ein palästinensischer Junge und ein israelisches Mädchen verlieben sich ineinander, beide lernen die Welt des anderen kennen. Sowohl der Freundeskreis des Jungen als auch der des Mädchens lehnen die Beziehung zunächst ab. Dann aber lernen sich die Freunde kennen und stellen fest, dass die Gegenseite tatsächlich menschlicher Natur und eigentlich ganz o.k. ist. Wenig später bricht Krieg aus, doch die israelisch-palästinensische Freundschaft bleibt bestehen. Trotzdem singen sie: »We are strong, we fight for freedom!«

Die Handlung des Musicals zeigte sich auch im Verhältnis der Darsteller zueinander, dokumentiert auf Video: Am Anfang beäugten sie sich kritisch bis ablehnend, am Ende ihrer gemeinsamen Zeit in Deutschland lagen sie sich in den Armen. Gemeinsam wollten sie das Musical auch in ihrer Heimat aufführen, doch dazu kam es nicht mehr: Etwa drei Monate später besuchte Ariel Sharon den Tempelberg, unmittelbar danach brach die Al-Aqsa-Intifada aus. Die Idee des Beitrags war, die Jugendlichen in ihren Heimatstädten (Beit Jala und Tel Aviv) zu besuchen und die Handlung des Musicals in der Realität zu überprüfen. Hat die lautstark besungene Solidarität und Freundschaft gehalten oder haben die alten Vorurteile gewonnen? Eine Geschichte, die viel über die Psychologie des Nahost-Konflikts aussagt.

Interessant war die Reaktion der verschiedenen Fernsehredaktionen, die ein Beitragsangebot vorliegen hatten: Den Politikredaktionen war die Geschichte zu kulturlastig, den Kulturredaktionen war sie zu politisch. Gesendet wurde der Beitrag schließlich im NDR Kulturjournal, das zu diesem Zeitpunkt einen kulturpolitischen Ansatz hatte.

(Nur um die Geschichte abzurunden: Die Jugendlichen waren keine Freunde mehr. Die palästinensischen Teilnehmer hatten sich echte politische Solidarität erhofft und waren von ihren israelischen Freunden enttäuscht, die israelischen Jugendlichen fanden die Erfahrung zwar nett, konnten aber die Enttäuschung der palästinensischen Seite nicht verstehen.)

Das Beispiel zeigt, dass die Trennung von Ressorts bei weitem nicht so logisch ist, wie es auf den ersten Blick scheint. Kultur kann Politik, Politik kann Umwelt, Umwelt kann Lokales sein. Es macht Sinn, beispielsweise die Ressorts Politik und Lokales hierarchieübergreifend miteinander zu vernetzen. Der Lokalteil kann davon profitieren, bundespolitische Themen zu lokalisieren, umgekehrt können lokale Geschichten durch gute Recherche zu bundespolitisch bedeutsamen Geschichten werden. Für die Redaktionen entsteht eine Win-win-Situation.

Eine solche Vernetzung lässt sich auf mehrere Arten realisieren: Gemeinsame Kreativrunden, ein ressortübergreifender Ideenpool oder Jobrotationsmodelle, durch die der klassische Karriereweg vom Lokalteil in die Politik aufgehoben wird. Natürlich erfordert das eine gewisse Offenheit und Einsicht der Beteiligten, denn eine Jobrotation mit dem Ziel, mehr Kreativität zu schaffen, funktioniert aus nahe liegenden Gründen nur freiwillig.

Erschließen Sie alle Kreativquellen Ihrer Redaktion!
Wer sich in einer Redaktion, einer Sendeanstalt oder einem Verlag auf die Suche nach Ideenquellen macht, stellt schnell fest, dass ein Großteil des kreativen Potenzials ungenutzt bleibt. Wer sagt, dass ausschließlich die Mitglieder eines bestimmten Ressorts die Ideenhoheit über ihren Bereich besitzen? Wer sagt, dass nur ausgebildete und berufserfahrene Redakteure in der Lage sind, Ideen für ein Blatt bzw. eine Sendung zu entwickeln? Warum steht für die Ideenentwicklung nur das enge Korsett einer Redaktionskonferenz zur Verfügung? Ungenutztes kreatives Potenzial lässt sich auf mehreren Wegen erschließen:

Das Potenzial der eigenen Mitarbeiter besser nutzen: Ideen kommen häufig zum falschen Zeitpunkt: Bei der Bearbeitung eines anderen Themas, unter Zeitdruck oder in der Freizeit. Oft sind es nur Gedankenfetzen, die im Rohzustand ein Thema beschreiben. Es fehlt die Zeit oder die Lust, diese Gedanken weiterzuentwickeln. Bis der Redakteur dazu kommt, seine Idee aufzugreifen, hat er sie entweder vergessen oder die Aktualität hat das Thema eingeholt. Dazu kommt, dass Mitarbeiter oft das Gefühl bekommen, perfekte Ideen präsentieren und diese sogar noch verteidigen zu müssen.

Es gibt eine Reihe von Möglichkeiten, dieses spontane und unausgereifte kreative Kapital zu nutzen. Die erste Herausforderung ist, Ideen dort zu sammeln, wo sie entstehen, um sie dann später in die Redaktionsarbeit einzubringen. Einen der originellsten Ansätze hat eine Hörfunkredaktion aus Österreich entwickelt, die das Glück hat, dass ein Großteil der Mitarbeiter begeisterte Jogger sind. Nachdem in Redaktionskonferenzen häufiger der Satz »heute Morgen ist mir im Wald Folgendes eingefallen« fiel, beschloss die Redaktion, Diktiergeräte anzuschaffen, auf denen Redakteure ihre frühmorgendlichen Geistesblitze festhalten können. Mit Erfolg: Die Anzahl der Ideen, die in die Frühkonferenz eingebracht wurden, stieg deutlich an.

Eine andere Redaktion hat in ihren Räumen einen Briefkasten aufgehängt, in den Mitarbeiter Ideenblitze oder auch nur Gedankenfetzen einwerfen konnten. (Ein weiterer Vorschlag, eine Ideenliste auf der Toilette aufzuhängen, wurde nie verwirklicht, aber vielleicht wäre es einen Versuch wert ...) Wichtig ist in jedem Fall, eine Person zu bestimmen, die diese Ideen kontinuierlich sammelt, bearbeitet und verwaltet.

Das Potenzial anderer Mitarbeiter und Außenstehender nutzen: Es ist interessant zu beobachten, wie viel Kommunikation in Medienunternehmen NICHT stattfindet: Es gibt Zeitungsredaktionen, in denen Mitarbeiter des Lesertelefons von der Redaktion weder beachtet noch eingebunden werden. Bei einem öffentlich-rechtlichen Radiosender beklagte sich ein Producer, der für die akustische Gestaltung einer Sendung zuständig war, dass er mit sämtlichen Ideen in der betreffenden Redaktion auf taube Ohren stößt. In vielen Verlagen oder Sendeanstalten reden die Abteilungen Marketing und Redaktion nur dann miteinander, wenn sie unbedingt müssen. Diese NICHT-Kommunikation verhindert täglich neue Ideen. Als Chefredakteur, Redaktionsleiter oder CvD lässt sich ungenutztes Potenzial durch ungewöhnliche Schritte aktivieren.

Die Redaktion eines Radiosenders überlegt, welche Beiträge sie zum Thema *Gesundheitstipps für die kalte Jahreszeit* produzieren lassen soll. Die gängige Art der Ideenfindung ist, in der Redaktionskonferenz zu fragen, ob jemand eine Idee hat. Es geht aber auch anders: Beispielsweise könnte ein Praktikant oder ein Volontär den Auftrag erhalten, gemeinsam zum Arzt und in die Apotheke zu gehen und bis zum Nachmittag 15 Themenideen auszuarbeiten. Es entsteht eine Win-win-

Situation: Die Redaktion erhält ohne großen Aufwand eine Vielzahl von Ideen, Praktikanten und Volontäre fühlen sich gebraucht und ernst genommen.

Die Redaktion einer Lokalzeitung bereitet eine Interviewserie mit den Kandidaten für das Bürgermeisteramt vor. Die Mitarbeiter des Lesertelefons werden beauftragt, jeden Anrufer zu fragen, was er von den Kandidaten wissen möchte. Oder ein Praktikant wird losgeschickt, um bei Bürgern Fragen zu sammeln. Wieder entsteht eine Win-win-Situation: Ohne großen Mehraufwand entsteht eine Vielzahl von Ideen, darunter sicherlich einige, auf die die Redaktion allein nicht gekommen wäre. Praktikanten, Mitarbeiter des Lesertelefons und sogar die Leser selbst fühlen sich gefordert.

Es geht nicht darum, der Redaktion die Hoheit über journalistische Themen zu nehmen, sondern in der Phase des Ideensammelns die Anzahl und die Bandbreite der Ideen ohne großen Mehraufwand zu erhöhen. Um ungenutztes Potenzial zu aktivieren, lassen sich folgende Fragen stellen:

- Was kann ich tun, um möglichst viele Ideen zur Lösung einer bestimmten Problematik zu generieren?
- Welche Personen (Mitarbeiter oder Außenstehende) kann ich dafür nutzen?
- Wie kann ich die Aufgabe so stellen, dass ich die personellen und zeitlichen Ressourcen meiner Redaktion möglichst wenig belaste?

6.3 Setzen Sie die Strategie um!

Wie eine Strategie zur Steigerung der Kreativität genau aussieht, ist von Fall zu Fall verschieden. Es hängt im Wesentlichen von der Personalstruktur, der internen Kommunikation und den Arbeitsabläufen innerhalb einer Redaktion ab. Noch einmal zurück zum Beispiel der Lokalzeitung. Die Vision heißt: »Wir werden der Themenmacher Nummer 1 in der Stadt sein. Wir liefern das Gesprächsthema und wir sind das Gesprächsthema. Dafür sind wir bekannt!« Um diese Vision Wirklichkeit werden zu lassen, beschließt die Redaktion verschiedene Maßnahmen wie beispielsweise folgende:

- Die Messlatte wird höher gesetzt. Es gibt klar definierte Kriterien, welchen Anforderungen ein Artikel entsprechen muss.
- Es werden Anreize geschaffen, damit sich kreative Leistungen für den Einzelnen lohnen.
- Die Redaktion geht Fehler positiv an. Statt nach einem Schuldigen zu suchen, werden Fehler als Lerngelegenheit begriffen.

- Es werden Workshops mit Seminaren zum Thema journalistische Kreativität veranstaltet, in denen Redakteure üben, Themen auf verschiedene Art und Weise anzugehen.

Wenn es an die Umsetzung der Strategie geht, ist in der Praxis oft die Frage: Auf einen Schlag oder nach und nach? Soll den Redakteuren eine Kreativitätsoffensive angekündigt werden oder sollen die einzelnen Maßnahmen eingeführt und immer wieder nachgebessert werden? Beide Arten haben ihre Vor- und Nachteile:

Eine Kreativitätsoffensive könnte beispielsweise mit einer Einführungsveranstaltung und mehreren Workshops beginnen und anschließend über einen längeren Zeitraum forciert werden. Diese Art der Umsetzung bringt mit Sicherheit großen Schwung in eine Redaktion, die diesen Schwung will und mitträgt. Es besteht aber die Gefahr, dass sich Redakteure zurückziehen und ganz in Ruhe ansehen, was *die da oben* eigentlich machen. Eine Haltung, die die Offensive schnell wieder im Sand verlaufen lässt. Eine Offensive empfiehlt sich deshalb in erster Linie in Redaktionen, in der das Wollen hoch ist oder die einen Relaunch von Programmen bzw. einer Zeitung plant.

In einer Redaktion, in der ein Großteil der Mitarbeiter in erster Linie demotiviert ist, ist es geschickter, nach und nach die Anforderungen hochzusetzen und verschiedene Maßnahmen aufeinander folgen zu lassen. Das führt dazu, dass beim einzelnen Redakteur ein kontinuierlicher Druck entsteht, der zugleich von Maßnahmen zur Motivationssteigerung begleitet wird.

Insgesamt empfiehlt es sich, Verantwortliche für verschiedene Maßnahmen zu benennen. Die Funktion eines Ideenmanagers in der Redaktion wird nachfolgend noch ausführlicher beschrieben. Mit Schaffung lernfähiger Strukturen kann ein anderer Mitarbeiter beauftragt werden, der im Programm bzw. im Blatt Schwachstellen sucht und allein oder im Team Lösungsvorschläge erarbeitet.

Vergessen Sie bitte bei der Umsetzung der Strategie eine wichtige Frage nicht: Wann ist die Strategie erfolgreich? Was bewertet die Geschäftsführung, was der Redaktionsleiter, was bewerten die Mitarbeiter als Erfolg? Gerade bei einem weichen Thema wie Kreativität scheint es auf den ersten Blick nicht einfach, konkrete Ziele zu setzen und Erfolgsmomente zu definieren. Bei Umsatzzahlen ist das wesentlich leichter. Kreative Ziele lassen sich schwer anhand objektiv messbarer Daten kontrollieren, sie orientieren sich stark an der Vision.

Neben den im letzten Abschnitt genannten Kriterien lassen sich weitere Orientierungspunkte erarbeiten, an denen der Erfolg gemessen werden kann: Die Anzahl von selbstrecherchierten Geschichten auf der Titelseite, die Originalität im Vergleich mit der Konkurrenz, die Anzahl von Zeiteinheiten, die bewusst für die Ideenfindung verwendet wurde etc.

Schaffen Sie einen kreativen Rahmen

Eine Frage, die in diesem Zusammenhang immer wieder gestellt wird: Wie kann ein Chef erreichen, dass die Mitarbeiter kreativ sind? Die Antwort darauf ist kurz: Gar nicht. Was ein Vorgesetzter erreichen kann, ist, Rahmenbedingungen zu schaffen, in denen sich die Kreativität des Einzelnen entfalten kann. Zu diesen Rahmenbedingungen gehören die Faktoren, die Sie gerade kennengelernt haben:
- Klare Zielsetzungen und Kriterien, die Kreativität in Bezug auf ein konkretes journalistisches Produkt definieren,
- Strukturen, in denen sich Kreativität entfalten kann,
- eine Kritikkultur, die sich nicht ausschließlich auf Fehler konzentriert etc.

Auf diese Faktoren haben Führungskräfte unmittelbaren Einfluss. Sie können auch die Kreativität des einzelnen Redakteurs dadurch stimulieren, dass sie
- Kreativität im gleichen Maße fördern und fordern,
- kreative Leistungen entsprechend würdigen oder
- Anreize schaffen, die kreatives Denken belohnen.

Doch sie sind nicht dafür verantwortlich, dass Ihre Mitarbeiter diesen kreativen Rahmen nutzen. Eigenmotivation und die Bereitschaft, professionelle Kreativität in die Arbeit einzubringen, gehören zum Selbstverständnis eines Redakteurs. Es ist ein Qualitätsmerkmal journalistischer Arbeit. Der Rahmen, den Führungskräfte gestalten können, soll anhand der folgenden Grafik noch einmal verdeutlicht werden.

Abb. 46: Der Rahmen für Kreativität in Redaktionen

6.4 Machen Sie den Ideen-TÜV! Wie kreativ ist Ihre Redaktion?

Mit dem Rahmen, den Sie als Redaktionsleiter oder -manager vorgeben, lenken Sie die Kreativität Ihrer Mitarbeiter. Lenken? Das klingt zunächst widersprüchlich, verbindet man doch mit Kreativität eigentlich freies Denken. Weit gefehlt: Selbst hochkreative Unternehmen wie GOOGLE setzen darauf, bei strategischen Kreativprojekten (im Gegensatz zu den freien Projekten, die ich gerade beschrieben habe) den Prozess der Ideenfindung in klare Bahnen zu lenken. »Kreativität entwickelt sich am besten, wenn sie beschränkt wird«, schreibt GOOGLE Vize-Entwicklungschefin Marissa Ann Mayer in einem Artikel für die amerikanische Business Week. »Beschränkung schärft und fokussiert Probleme und liefert klare Hürden, die es zu nehmen gilt.« Die GOOGLE Toolbar ist ein Ergebnis kreativer Beschränkungen: Bei der Entwicklung galt die klare Leitlinie, dass alle Funktionalitäten so gestaltet werden müssen, dass die Toolbar schnell heruntergeladen werden kann.

Als Führungskraft müssen Sie zunächst einmal definieren, was sie durch mehr Ideen erreichen wollen. Nichts ist schlimmer als ziellose Kreativität. Dann kann sich zwar jeder in der Redaktion auf die Schulter klopfen und stolz verkünden, wie kreativ das Unternehmen ist. Nur werden damit keine Ziele erreicht.

Wo wollen Sie hin? Vergleichen Sie den kreativen Soll- mit dem Ist-Zustand

Drei Redakteure, fünf Meinungen. Diese alte Weisheit gilt bis heute. Gerade weil Journalismus hochindividuell ist existiert in vielen Redaktionen ein Selbstverständnis, das der Zielsetzung der Redaktionsleitung oft zuwiderläuft. Machen Sie den Soll-Ist-Check:
- Welches journalistische Selbstverständnis hat die Redaktion bzw. haben verschiedene Gruppierungen innerhalb der Redaktion? Inwieweit deckt sich dieses Verständnis mit den Zielen und Wünschen der Redaktionsleitung?
- Wie läuft der Prozess der Themenfindung ab? Wie sollte er Ihrer Meinung nach ablaufen?
- Woran orientiert sich die Redaktion? Woran sollte Sie sich Ihrer Meinung nach orientieren?
- Welche Ressourcen nutzt die Redaktion bei der Ideenfindung? Welche Ressourcen sollte sie Ihrer Meinung nach nutzen?

- Wie geht die Redaktion mit ungewöhnlichen Ideen um? Wie sollte sie Ihrer Meinung nach mit ungewöhnlichen Ideen umgehen?
- Wie bewerten Sie das kreative Ergebnis von Konferenzen? Wie sollte das Ergebnis Ihrer Ansicht nach aussehen?

Arbeiten Sie im nächsten Schritt konkrete Maßnahmen aus, um vom Ist-Zustand zum Soll-Zustand zu kommen. Mitunter empfiehlt sich hier der Einsatz externer Berater, die die Vogelperspektive einnehmen können.

Welche Rolle spielen Sie selbst?

Dieses morgendliche Ritual hat sich in einer Redaktion wirklich zugetragen: Während der Frühkonferenz sitzt der Vorgesetzte am Tisch. Während Mitarbeiter ihre Planung für den Tag vortragen, schreibt er SMS oder hat sein Notebook offen und beantwortet E-Mails. Nur ab und zu, wenn ein Mitarbeiter eine Idee äußert, geht sein Blick nach oben. Ein Stirnrunzeln verrät, dass er nachdenkt. Sagt er nichts, ist die Idee angenommen. Wenn er etwas sagt, dann Sätze wie diese: »Das sehe ich nicht.« »Kein Thema für uns.« Oder: »Hatten wir schon.« Am Ende der Konferenz sagt er: »Wir brauchen mehr Kreativität.«

Sie können sich denken, wer oder was das Problem ist: Der Chef. Fragen Sie sich offen und ehrlich, wenn Sie ein Team führen: Wie wirken Sie als Führungskraft auf Ihre Mitarbeiter? Fördern Sie Kreativität? Motivieren Sie Ihre Mitarbeiter zum kreativen Denken oder kanzeln Sie ungewöhnliche Ideen ab? Fordern Sie Ihre Mitarbeiter zum Mitdenken auf oder denken Sie vor?

- Formulieren Sie Aufgabenstellungen an einzelne Redakteure konkret oder bleiben sie schwammig?
- Lassen Sie Ihren Mitarbeitern genug Freiraum zum eigenen Denken oder geben Sie bereits alles vor?
- Lenken Sie Diskussionen in eine konstruktive Richtung oder lassen Sie Diskussionen freien Lauf?
- Lassen Sie Mitarbeitern genügend Freiraum zur Entwicklung eigener Ideen?

Der Test: Wie kreativ ist Ihre Redaktion?

Der nachfolgende Test soll Ihnen helfen, das kreative Potenzial Ihrer Redaktion zu ermitteln, Probleme zu definieren und Ihnen aufzeigen, wo Sie ansetzen können, um den Ideenfluss zu steigern.

Der Weg zum kreativen Redaktionsklima

	Nein	Klappt nicht so richtig	Teilweise	Wir sind auf dem Weg	Ja
Kreativität ist nicht nur gewünscht, sondern als Ziel definiert.					
Es gibt eine klare Vision, die allen Mitarbeitern vertraut ist.					
Kreativität ist kein Luxus, sondern wird von Mitarbeitern eingefordert					
Kritik ist offen, sachlich und ohne Rücksicht auf die Person					
Fehler werden als Lerngelegenheit begriffen					
Machtkämpfe bleiben bei der Ideenfindung außen vor					
Kreative Leistungen werden anerkannt und gewürdigt					
Es gibt klare Kriterien für Kreativität, die jedem Redakteur bekannt sind					
Es gibt Mitarbeiter, die überdurchschnittlich kreativ sind					
Mitarbeiter können Ideen ohne Angst frei spinnen					
Mitarbeiter werden entsprechend Ihres Potenzials eingesetzt					
Das kreative Potenzial Außenstehender wird von uns genutzt					
Eigene Themen sind genauso wichtig wie Themen mit Aufhänger					

Abb. 47: Der Ideen-TÜV für Ihre Redaktion

Je weiter links Ihre Antworten liegen, desto schwieriger sind die Rahmenbedingungen. Sie müssen sich Zeit nehmen, um die Probleme weiter zu definieren und verstärkt daran arbeiten, die Ursachen für diese Probleme zu beseitigen. Wenn Sie beispielsweise feststellen, dass versteckte Machtkämpfe die Entstehung neuer Ideen verhindern, müssen Sie zunächst mit den entsprechenden Mitarbeitern Lösungen finden, bevor Sie Arbeitsgruppen einrichten oder andere Redakteure zu Schulungen schicken. Wenn Ihre Antworten tendenziell im rechten Bereich liegen, haben Sie gute Voraussetzungen, um ein kreatives Arbeitsklima zu schaffen.

7 Vom Debattier- zum Kreativclub – Die Redaktionskonferenz

7.1 Machtspieler, Selbstdarsteller und andere Ideenvernichter

Konferenzen – so sagt es jedenfalls die Redaktionstheorie – sollen der kreative Mittelpunkt des journalistischen Alltags sein. Hier werden Themen zunächst durchdacht und dann gemacht, die Erfahrungen der Anwesenden ergänzen sich auf wundersame Weise, frei und offen werden Ideen gesponnen. In manchen Redaktionen funktioniert das, doch vielfach sieht die Realität anders aus. Auf die Frage des CvD »Hat jemand Ideen für den heutigen Tag?« herrscht betretenes Schweigen, die Konferenz produziert Frust bei allen Beteiligten.

Dieses Schweigen hat mehrere Gründe: Zum einen ist eine Redaktionskonferenz eine recht komplexe gruppendynamische Veranstaltung: Hier treffen persönliche Faktoren (Ideenfilter, Angst vor dem Widerspruch, Angst vor der Unvollkommenheit) und strukturelle Ideenkiller (Konzentration auf Fehler, Macht- und Meinungskämpfe etc.) aufeinander. Die wenigsten Beteiligten einer Redaktionskonferenz bewerten bei einer Diskussion ausschließlich die Idee. Strategische Überlegungen des Einzelnen, ob und inwieweit es für ihn vorteil- bzw. nachteilhaft ist, die Idee eines Anderen gut oder schlecht zu finden, spielen immer eine Rolle. Wer genau beobachtet, wird feststellen, dass die Bewertung von Ideen häufig parallel zu den herrschenden Meinungsgruppen einer Redaktion verläuft.

Dazu ist die Konferenz häufig der einzige Ort, an dem sich Redakteure profilieren können. Wenn der einzelne Redakteur in seiner täglichen Arbeit wenig Kontakt mit höheren Vorgesetzten hat und diese Konferenz die einzige Gelegenheit ist, eine Reaktion des Vorgesetzten auf die eigene Person und das eigene Tun zu bekommen, wird die Sitzung fast automatisch zur Bühne: Bei manchen Konferenzteilnehmern bekommen die Wortbeiträge einen strategischen Unterton. Es geht darum, die eigene Position im Machtgefüge der Redaktion zu festigen oder zu verbessern. Andere verstummen aus Angst, etwas Falsches zu sagen und unangenehm aufzufallen. Eine offene Diskussion kann so schnell verstummen bzw. einen vollkommen anderen Verlauf nehmen. Kein ideales Klima, um Ideen gedeihen zu lassen.

Auch der Aufbau der Redaktionskonferenz ist nicht unbedingt kreativitätsfördernd: Da gibt es zum Beispiel die *Konferenz der Pflichttermine* mit der Dramaturgie einer Kaninchenzüchter-Hauptversammlung: Beginn kurz nachdem der letzte Schlaftrunkene im Morgengrauen die Redaktion betreten hat. An eine Tasse Kaffee geklammert lassen die Anwesenden die anstehenden Pressekonferenztermine über sich ergehen und die Themen des Tages an ihren Ohren vorbeirauschen. Wie jeden Morgen fragt der CvD nach Ideen, wobei er angesichts der hängenden Köpfe nicht ernsthaft damit rechnet, eine Antwort zu bekommen. Der CvD reagiert frustriert, verteilt PK-Termine und verlässt den Raum.

Der Konferenztyp *Die es genau wissen wollen* stammt aus der gleichen Familie: Als gäbe es einen Orden dafür, möglichst viele Themen bis ins letzte Detail zu klären, wird jeder noch so kleine Termin vorgetragen, analysiert und besprochen. Eine Konferenz, die förmlich zur Passivität einlädt. Nach fünf Minuten sind die Anwesenden – mit Ausnahme der Hauptredner – eingeschlafen. Fachsimpelei statt kreativer Themenfindung.

Lebendiger – aber leider nicht effektiver – ist der Typ *Basisdemokratie*. Die Redaktionskonferenz als Ort des Meinungsaustauschs, der dummerweise nie aufhört. Einen solchen Debattierklub zu entlarven, ist nicht immer einfach. Die Diskussionen bewegen sich häufig auf einem hohen Niveau und oberflächlich haben sie tatsächlich den Anschein, wirklich etwas zur redaktionellen Kreativität beizutragen. Wer die Ergebnisse betrachtet, wird häufig nüchtern feststellen: Viel Rauch um nichts. Mitunter entsteht aus einer basisdemokratischen Gesprächsrunde eine Podiumsdiskussion, bei der wenige Redakteure das Wort an sich reißen und der Rest schweigsam folgt. Wenn nun auch noch der Redaktionsleiter begeistert an dieser Podiumsdiskussion teilnimmt, gehört eine Menge Mut dazu, zu protestieren. Kennzeichnend für unproduktive Konferenzen sind Sätze wie die Folgenden:

- »Wir diskutieren uns zu Tode.«
- »Ich bin der Einzige, der Ideen bringt.«
- »In der Konferenz fühle ich mich wie bei meiner mündlichen Schulprüfung.«
- »Wir haben keine Zeit für Kreativität.«
- »Mit Ideen kommt man in der Konferenz sowieso nicht durch.«

Häufig reicht es, die Dynamik der Konferenz zu verändern, um aus der Verwaltungskonferenz oder dem Duell der Fachsimpler eine kreative Runde zu machen. Manchmal allerdings spielen persönliche Faktoren wie Machtkämpfe eine so große Rolle, dass der Prozess der Ideenfindung am besten woanders stattfindet. In den kommenden Abschnitten werden einige Möglichkeiten aufgezeigt, verkrustete Konferenzstrukturen aufzubrechen, um mehr Raum für kreative Arbeit zu gewinnen.

Verbieten Sie Killerphrasen!

Alltag in der Konferenz: Ein Redakteur macht einen Vorschlag, ein Kollege verdreht die Augen und schüttelt den Kopf. Was folgt, sind typische Killerphrasen:
- »Was für eine blöde Idee.«
- »Das hatten wir schon einmal so ähnlich.«
- »Das interessiert unsere Zielgruppe nicht.«
- »Zu teuer.«
- »Zu wenig Personal.«
- »Das klappt nie.«
- »Viel zu aufwändig.«
- »Da finden wir keinen Ansprechpartner.«
- »Das ist kein Thema für uns.«
- und so weiter ...

Killerphrasen sind ein effektives Mittel, um jede Idee und jeden neuen Gedanken effektiv und schnell zu töten, denn sie haben eine fatale Wirkung: Wer eine Idee vorschlägt, gerät sofort in eine Rechtfertigungsposition und beginnt, sich zu verteidigen. Um eine Redaktionskonferenz produktiv zu gestalten, gehören solche Killerphrasen verboten. Eine sehr effektive Möglichkeit ist, die häufigsten Killerphrasen auf ein Flipchart oder ein Plakat zu schreiben und mit dem großen Vermerk VERBOTEN! im Konferenzraum aufzuhängen. Nicht derjenige, der eine Idee vorschlägt, soll sie verteidigen. Wer Einwände hat, soll sie begründen.

Verlagern Sie Kreativität auf viele Schultern!

Redakteure, die eine Konferenz leiten, beschweren sich häufig darüber, dass sie sich allein für Ideen verantwortlich fühlen. Die Teilnehmer treten ihnen mit der Erwartungshaltung gegenüber, dass ihnen Themen genannt werden, die sie bearbeiten können. Eine bezeichnende Frage für diese Situation ist: »Was soll ich heute tun?« In Redaktionskonferenzen, in denen dieses Prinzip über einen längeren Zeitraum praktiziert wird, ist es irgendwann vollkommen normal, dass der Leiter für Ideen allein zuständig ist.

Dieses Problem ist häufig hausgemacht. Ein Konferenzleiter, der am frühen Morgen verkündet, welche »Themen heute wichtig sind« und welche »Pressekonferenzen besetzt werden müssen«, signalisiert zwischen den Zeilen, dass er den anderen Teilnehmern das Denken bereits abgenommen hat. Was zu verschiedenen Reaktionen führt: Konferenzteilnehmer, die ohnehin einen Hang zur Auftragsarbeit haben, fühlen sich für die Themen- und Ideenfindung nicht mehr verantwortlich. Aus ihrer Sicht ist es zunächst bequem, später wird es eine immer größere Selbstverständlichkeit, dass sie mit Aufträgen versorgt werden. Irgendwann fühlen sie sich ausschließlich dafür verantwortlich, Themen umzusetzen. Andere Teilnehmer fühlen sich ausgebremst: Aus ihrer Sicht hat der Konferenzleiter bereits gezeigt, dass er Prioritäten gesetzt hat und dass ihre Einfälle allenfalls dazu dienen, Lücken zu füllen.

Ein Konferenzleiter, der aus der Position des alleinigen Themen- und Ideengebers heraus möchte, muss seine eigene Rolle überarbeiten und bewusst darauf achten, für die anderen Konferenzteilnehmer nicht zu viel vorzudenken. Ein Beispiel: In einer Konferenz sollen Themenideen rund um die Reform der Agrarbeihilfen gewonnen werden. Der Konferenzleiter beginnt mit den Worten: »In Brüssel tagen heute die Agrarminister der EU. Das ging ja überall durch die Zeitungen: Es geht darum, die Agrarbeihilfen von der Produktion zu trennen, direkt auszuzahlen und zu begrenzen. Ich denke, dass wir auf jeden Fall unseren Korrespondenten auf das Thema ansetzen. Hat sonst noch jemand Ideen?«

Durch die Wortwahl signalisiert der Konferenzleiter unbewusst Folgendes:
- Es geht um ein aktuelles Thema, über das der einzelne Redakteur eigentlich Bescheid wissen sollte. (»Das ging ja überall durch die Zeitungen.«) Konferenzteilnehmer, die über die Agrarreform nicht so gut informiert sind, werden sich tendenziell eher damit zurückhalten, Vorschläge zu machen, weil sie befürchten, ihr Unwissen preiszugeben.
- Über einen Teil der Berichterstattung (Korrespondent aus Brüssel) ist bereits entschieden. Die Formulierung »Hat sonst noch jemand Ideen?« lässt darauf schließen, dass andere Vorschläge prinzipiell zwar gewünscht sind, doch in der Wertigkeit weiter unter stehen. Außerdem fragt der Konferenzleiter mit seiner Formulierung nach fertigen Themenideen und lässt kaum Platz für Gedankenspiele.

Um aus der Gruppe wirklich Ideen für die Berichterstattung zu erhalten, muss der Konferenzleiter die Fragestellung verändern. Zum Beispiel, indem er bewusst die Fragen derer, die nicht so tief in der Materie drinstecken, in die Diskussion bringt: »Das Thema Agrarreformen ist so komplex, dass kaum jemand durchblickt. Ich würde unsere Berichterstattung wirklich gerne mal von der politischen Ebene etwas herunterholen. Was fragt sich der einzelne Leser/Hörer/Zuschauer, wenn er das Wort Agrarreform hört?«

Eine andere Möglichkeit ist, konkrete Aufträge zur Ideenentwicklung zu vergeben. Eine häufige Situation in Konferenzen ist, dass die Diskussion über ein bestimmtes Thema zwar viele Fassetten hervorgebracht hat, diese aber letztlich mehr zur Verwirrung als zur Klärung beigetragen haben. Der Auftrag an den Mitarbeiter lautet dann: »Kümmre dich mal darum!« Ein solcher Auftrag führt zu

Ratlosigkeit. Besser ist es, dem Mitarbeiter konkret den Auftrag zu geben, die vielen Fassetten als Anregung zu nehmen, konkrete Ideen für ein Thema zu entwickeln und ihm eine klare Deadline zu setzen: »Mach doch bitte einmal einen Rundruf bei verschiedenen Bauern und frage, wie sich die Agrarreform bei ihnen auswirkt und arbeite bis zur nächsten Konferenz drei mögliche Themenvorschläge aus.«

Generell kann eine Konferenz sehr gut dazu genutzt werden, Aufträge zur Ideenentwicklung zu delegieren. Eine Gruppe von Redakteuren kann beispielsweise den Auftrag erhalten, mithilfe der Mindstorming-Technik innerhalb einer bestimmten Frist ein Minimum von 20 Ideen zu einem Thema bzw. einer Fragestellung zu erarbeiten. Am Anfang steht zum Beispiel eine aktuelle Nachricht, eine unausgereifte Themenidee, manchmal auch nur ein Schlagwort, das in eine konkrete Frage formuliert wird:
- »Wie wird sich das Thema innerhalb der nächsten Woche entwickeln?«
- »Was interessiert unsere jüngeren Lesen/Hörer/Zuschauer an diesem Thema?«
- »Welche Gefahren birgt dieser Vorgang?«

Die Frage hat eine Art Lenkungsfunktion: Je eindeutiger sie formuliert ist, desto wahrscheinlicher ist es, dass am Ende gute Ideen entstehen. Nicht jeder der Vorschläge wird brillant sein, doch in der Masse der Antworten und Ideen findet sich mit Sicherheit ein Thema, das sich sofort umsetzen lässt und dazu eine Vielzahl weiterer Anknüpfungspunkte, aus denen sich neue Ideen generieren lassen. In einen solchen Mindstorming-Prozess müssen übrigens nicht nur Redakteure eingebunden werden: Auch Mitarbeiter des Leser-, Hörer- oder Zuschauertelefons, Praktikanten oder Mitarbeiter anderer Abteilungen können gute Ideen einbringen.

Ein Konferenzleiter, der jeden Tag einen Mindstorming-Auftrag vergibt und den Beteiligten ein Minimum von 20 Ideen vorgibt, kommt auf 100 zusätzliche Vorschläge pro Woche und über 5.000 im Jahr. Unter diesen Ideen sind mit Sicherheit viele, die brillant sind.

Eine Konferenz kann auch der Startschuss zu einem internen Ideenwettbewerb sein, bei dem zwei oder mehr Gruppen den Auftrag bekommen, möglichst viele Ideen zu entwickeln. Die Gruppe, die die meisten Ideen hat, hat den Wettbewerb gewonnen. Diese Vorschläge mögen in eingefahrenen Redaktionen vielleicht ungewöhnlich erscheinen. Doch wenn Kreativität als verbindliches Ziel definiert ist und wichtige Grundbedingungen erfüllt sind (siehe Kapitel *Redaktionelle Kreativität*), gibt es keinen Grund, es nicht zu versuchen. Wenn die Früchte der kreativen Arbeit erst einmal auf dem Sender bzw. im Blatt erkennbar sind, wirkt sich das fast automatisch positiv auf die Motivation aus: Gute Ideen motivieren die Person oder die Gruppe, die sie geboren hat. Eine höhere Motivation sorgt dafür, dass neue Ideen entstehen. Und so weiter und so weiter …

Wichtig ist, dass sich der Konferenzleiter innerlich aus der Rolle desjenigen verabschiedet, der allein für den kreativen Input zuständig ist. In einer Konferenz, die der Ideenfindung dienen soll, sollte Kreativität auf möglichst viele Schultern verteilt sein.

Konferenzgestaltung unter Zeitdruck

Mit einem klaren Ablauf und einer strikten Zeit- und Kommunikationsdisziplin ist es möglich, eine Redaktionskonferenz auf eine halbe Stunde zu begrenzen, ohne auf kreativen Input verzichten zu müssen. Ein gewisser Zeitdruck kann den Ideenfluss sogar fördern. Die ersten fünf Minuten der Konferenz wird den anwesenden Redakteuren ein kurzer Überblick über die Themen des Tages gegeben. Es folgen zehn Minuten Brainstorming, bei denen offen und ohne jede Rücksicht auf Sendeplätze und Vorgaben Ideen gesammelt werden. In den nächsten zehn Minuten werden die Themen bewertet und sortiert. In den letzten fünf Minuten fließen Pressekonferenzen und sonstige Pflichttermine ein, es werden konkrete Aufgaben verteilt.

Eine Konferenz wie diese versucht in kurzer Zeit, möglichst viel zu erreichen. Zwangsläufig können Diskussionen hier nicht zu Ende geführt werden, auch Themenfindung und -planung werden nicht vertieft. Die Redaktion wird nur stichwortartig über die Themen des Tages informiert. Dem gegenüber steht ein enormer Zeitgewinn und eine – wenn auch begrenzte – Themendiskussion. Es empfiehlt sich, eine solche Konferenz nicht zum einzigen Instrument redaktioneller Kreativität zu machen, sondern angefangene Diskussionen später in einem kleineren Kreis wieder aufzugreifen.

7.2 So wird Ihre Konferenz kreativ

Um eine Themenkonferenz konstruktiv zu gestalten, muss sie vom journalistischen Kleinkram befreit werden. Informationen über Routineereignisse, die erfahrungsgemäß zu keiner erweiterten Berichterstattung führen, bedürfen keiner Erwähnung im Plenum. Sie können auf einer Liste zusammengefasst und an die Teilnehmer ausgehändigt werden.

Die eingebrachten Themen müssen weitgehend vorsortiert werden, wobei folgende Frage zu Grunde gelegt wird: Welche Themen gehören ins Plenum, welche lassen sich besser in einer Kleingruppe bzw. in einem Vieraugengespräch lösen? Flipcharts oder ein Overheadprojektor sollten zur Grundausstattung eines

Konferenzraums gehören, um die Themenplanung des aktuellen Tages bzw. der aktuellen Woche auch visuell darzustellen. Es empfiehlt sich, eine Konferenz zur Themenfindung in drei Phasen aufzuteilen: Ideensammlung, Diskussion und Entscheidung.

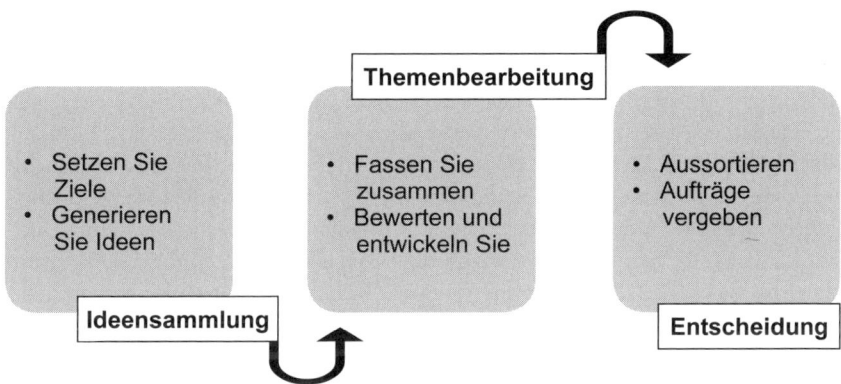

Abb. 48: Die drei Phasen der Themenfindungskonferenz

Als optimale Länge haben sich 15 bis 20 Minuten herausgestellt, wobei diese Zeit nur ein Anhaltspunkt ist: Ideen für einen Beitrag oder Artikel lassen sich häufig schon in fünf bis zehn Minuten sammeln, umgekehrt kann sich die Ideensuche für einen längeren Zeitraum (Stichwort: Sommerloch) auch über ein bis zwei Stunden hinziehen. Die einzelnen Schritte können wiederholt werden: Während im ersten Durchgang die Themen gesucht werden, geht es im zweiten Durchgang um die Umsetzung.

Ideensammlung

In dieser ersten Phase geht es zunächst einmal darum, möglichst viele Ideen zu generieren. Hier können Kreativtechniken wie Perspektivenwechsel, die Suche nach ungelösten Fragen oder Brainstorming helfen. Wenn die Gruppe die Zahl von 5 bis 7 Mitgliedern übersteigt, macht es mitunter Sinn, Arbeitsgruppen zu bilden (siehe auch: *Das Potenzial von Kleingruppen nutzen*). Für diese erste Phase gelten folgende Regeln: Die Ideen werden weder bewertet noch kommentiert. Jeder Versuch einer Diskussion wird mit dem Hinweis unterbunden, dass später diskutiert wird. In dieser Phase gibt der Moderator in erster Linie Stichwörter bzw. stellt Fragen und wendet verschiedene Kreativtechniken an. Die Phase der Ideensammlung sollte nicht mehr als zwei Drittel der Gesamtzeit in Anspruch nehmen, weil sonst zu wenig Zeit für Diskussionen und Entscheidungen bleibt.

Themenbewertung und -entwicklung

In der zweiten Phase werden die Ideen zusammengefasst und bewertet. Die Teilnehmer diskutieren, welche Vorschläge gut bzw. weniger gut sind und überlegen gemeinsam, welche Themen sich verwirklichen lassen. Auch Aspekte hinsichtlich der Machbarkeit bzw. der Finanzierung fließen hier ein, wobei Killerphrasen nach wie vor verboten sind. Wichtig ist darauf zu achten, dass die Diskussion zielgerichtet bleibt: Detailbeladene Fragen und langwierige Fachdiskussionen führen häufig dazu, dass am Ende wenig dabei herauskommt. Ziel der Diskussion ist nicht, dass jeder seine Meinung zu einem bestimmten Vorschlag sagt und am Ende klar ist, dass es viele Ansichten gibt. Ziel ist es, die verschiedenen Ideen und Ideenansätze zu bewerten und Themenpakete zu schnüren, über die dann entschieden werden kann.

Entscheidung

Am Ende der Diskussionsphase geht es auf eine Entscheidung zu. Der Übergang ist oft nicht ganz einfach, weil Diskussionen nicht enden wollen oder immer wieder aufflammen. Als Grundsatz gilt: Die Entscheidung fällt, wenn alle wichtigen Punkte ausgesprochen sind. Über Detailfragen kann später geredet werden. Hier haben sich zwei Ansätze ergeben:
- Aussortieren durch Negativliste
- Weiterentwicklung der besten Ideen

Bei der Negativliste heißt die Frage: »Welche Themen kommen nicht in Frage?« Bei der positiven Herangehensweise: »Welche Themen haben Potenzial?« Bei der Negativliste besteht die Gefahr, dass Themen durchfallen, die bei guter Umsetzung sehr schön hätten werden können. Bei der umgekehrten Herangehensweise fällt am Ende unter Umständen die Entscheidung schwer. Für welche Herangehensweise sich der Konferenzleiter entscheidet, ist deshalb immer eine Frage des Einzelfalls.

Es ist übrigens möglich, dass am Ende der Entscheidungsphase immer noch mehrere Themen übrig sind. Das liegt daran, dass sich viele Vorschläge erst durch weitere Recherche zu einem Thema entwickeln oder sich aber herausstellt, dass bestimmte Ideen nicht zu verwirklichen sind. Die Entscheidung am Ende einer

Kreativkonferenz kann also durchaus lauten: »Lass uns in diese oder jene Richtung recherchieren.«

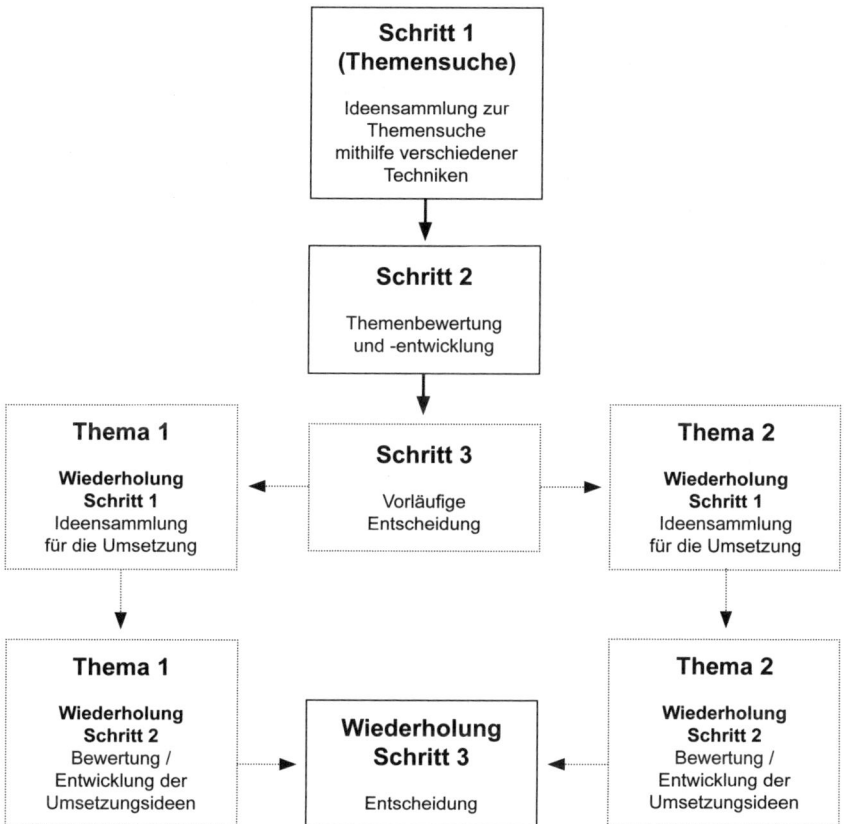

Abb. 49: Ablauf einer Kreativkonferenz

Die Redaktionskonferenz

Der Leiter

Im kreativen Prozess fallen dem Leiter folgende Rollen zu:
- Katalysator für neue Ideen: Der Leiter kann sich stellenweise aus der Führungsposition in eine Moderationsrolle begeben, Fragen stellen bzw. Kreativtechniken anwenden und so eine Vielzahl von Ideen sammeln.
- Moderator: Der Leiter steuert die Konferenz und lenkt Diskussionen. Er gibt kreativen Input, muss aber darauf achten, nicht immer fertige Antworten zu liefern. Er kann delegieren, indem er Arbeitsgruppen einsetzt und bestimmte Fragen außerhalb der Konferenz lösen lässt.
- Polizist: Der Leiter muss streng darauf achten, unkonstruktive bzw. vernichtende Kritik zurückzuweisen. Auf keinen Fall darf die Offenheit verloren gehen, sodass sich Vorschlagende in einer Rechtfertigungsposition wieder finden.
- Richter: Der Leiter bestimmt die Ergebnisse der Konferenz, indem er die vorhandenen Ideen zu Themen zusammenfasst, den Entscheidungsprozess leitet oder am Ende selbst die Entscheidungen fällt.

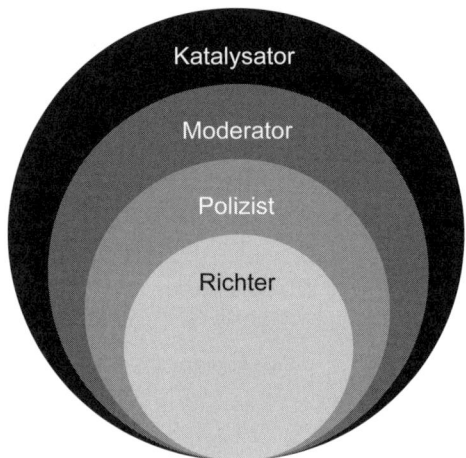

Abb. 50: Die verschiedenen Rollen des Leiters

Die Anzahl und die Qualität der Ideen wird zu einem großen Teil davon bestimmt, wie der Konferenzleiter die verschiedenen Rollen ausfüllt. Eine Konferenz zu leiten ist eine ständige Gratwanderung zwischen dominanter Führung und offenem Gespräch. Ein zu dominanter Konferenzleiter würgt schnell Ideen ab, bei zu offener Gesprächsführung besteht die Gefahr, dass das Ziel verloren geht. Das kreative Ergebnis einer Konferenz hängt ebenfalls zu einem großen Teil von der Gesprächsführung ab: Je kreativer und eindeutiger die Fragen eines Konferenzleiters sind, desto kreativer sind die Ideen der Teilnehmer.

Das Potenzial von Kleingruppen

Ideen entwickeln sich am besten in Kleingruppen, die von Offenheit, gegenseitigem Respekt, Harmonie und Spaß geprägt sind. Gruppen zwischen drei und fünf Teilnehmern erzielen in der Regel bessere Ergebnisse als Gruppen mit mehr Teilnehmern.

Dafür gibt es eine Reihe von Gründen:
- In Kleingruppen ergibt sich fast zwangsläufig eine andere Gesprächsdynamik. Während sich fünf Personen weitgehend zwanglos unterhalten können, wird das Gespräch förmlicher, je mehr Mitglieder eine Gruppe hat.
- Mitglieder kleiner Gruppen werden stärker gefordert als Mitglieder großer Gruppen. Durch die persönliche Atmosphäre einer Kleingruppe fühlt sich jeder Anwesende persönlich verantwortlich, an der Problemlösung mitzuwirken. In einer Redaktionskonferenz mit 20 Anwesenden wird die Problemlösung häufig auf die Gruppe übertragen.
- Mit wenigen Ausnahmen fühlen sich Menschen wohler, wenn sie vor kleinen Gruppen sprechen. Das kreative Potenzial stiller Mitarbeiter kann besser genutzt werden, der Einzelne hat weniger Angst, sich mit Ideen zu blamieren.
- Kleingruppen können ergebnisorientierter arbeiten, weil sie als Plattform für Selbstdarsteller weniger geeignet sind als große Gruppen.

Im kreativen Prozess überwiegen die Vorteile von Kleingruppen so sehr, dass die herkömmliche Arbeitsweise, Ideen in einer großen Redaktionskonferenz zu spinnen, beinahe unsinnig erscheint, mehr noch, eine Verschwendung kreativer Ressourcen bedeutet. Wenn ein Redaktionsleiter 20 Konferenzteilnehmer in fünf kreative Gruppen à vier Personen aufteilt und ihnen die Aufgabe gibt, Vorschläge für bestimmte Themen zu entwickeln, würde sich die Anzahl der Ideen wahrscheinlich mehr als verfünffachen. Eine Kleingruppe kann in der gleichen Zeit mindestens genau so viele oder sogar noch mehr Ideen spinnen wie eine große Gruppe.

Um ungenutztes kreatives Potenzial zu erschließen, macht es Sinn, eine Veränderung der Arbeitsweise in Erwägung zu ziehen: Weg von großen organisierten Konferenzen, hin zur Kleingruppenarbeit. Was macht eine funktionierende kreative Kleingruppe aus?

Fehlen von Hierarchie
In jeder Redaktion gibt es neben der formellen eine informelle Hierarchie. Das Zusammenspiel der Mitarbeiter wird durch Machtspiele, informelle Gruppen, Meinungsführer, Taktiken und Strategien, konstruktive und destruktive Persönlichkeiten bestimmt. Während eine große Konferenz häufig nicht viel mehr als ein Schaugefecht der Meinungsführer ist, besteht in einer Kleingruppe am ehesten die Chance, die Hierarchie – formell und informell – zu durchbrechen.

Beispiel
In einer Redaktionskonferenz streiten der Nachrichtenchef, der Leiter der Redaktion Kultur und ein langjähriger Redakteur, der seine Position als informeller Meinungsführer verteidigt, regelmäßig über die Gewichtung und die Weiterentwicklung von Themen. Dieses Spiel funktioniert so lange, bis die drei voneinander getrennt werden und in verschiedenen Arbeitsgruppen Ideen entwickeln müssen. Plötzlich sind sie auf die Mitarbeit derer angewiesen, die dem Duell der Meinungsführer sonst nur zusehen. Die übliche Hierarchie der großen Konferenz zwischen Hauptprotagonisten, Nebenprotagonisten und Statisten wird aufgelöst. Zu Beginn werden die Meinungsführer jede Neuorganisation der Arbeitsstruktur vermutlich ablehnen, weil sie instinktiv spüren, dass Kleingruppenarbeit ihre Stellung in der Redaktion gefährdet. Redaktionsleiter sollten entsprechend vorsichtig taktieren und versuchen, ihnen die neue Rolle schmackhaft zu machen. So können die bisherigen Meinungsführer zu Beginn der Umstrukturierung beispielsweise diejenigen sein, die die Gruppenergebnisse präsentieren.

Zusammenspiel verschiedener Erfahrungshorizonte
Eine große Konferenz, die in erster Linie aus dem *Duell der Meinungsführer* besteht, wird mit hoher Wahrscheinlichkeit Ideen generieren, die dem Erfahrungshorizont und den Ansichten der Meinungsführer entsprechen. In einer Kleingruppe können sich verschiedene Charaktere ergänzen, kontroverse Ideen und ungewöhnliche Ansätze haben es leichter zu bestehen. Das journalistische Produkt wird auf Dauer von der Vielfalt der Ideen profitieren.

Beispiel
Ein Radiosender wollte einen Tag der offenen Tür im eigenen Haus redaktionell begleiten. In der Redaktionskonferenz entstanden nur wenige Themenideen, die die Anwesenden überzeugten. Als eine Kleingruppe mit der Ideenfindung beauftragt wurde, teilte eine Praktikantin, die gerade vier Wochen in der Redaktion verbracht hatte, ihren Erfahrungshorizont mit: Sie hatte sich die Verkehrszentrale viel größer vorgestellt, sie hatte sich gefragt, woher die Nachrichten kommen und woher der Sender weiß, was in der Stadt los ist. Sie hatte gemeinsam mit ihren Freundinnen geraten, wie die Moderatoren und Nachrichtensprecher aussehen. Innerhalb von 30 Minuten stand das gesamte redaktionelle Konzept für den Tag der offenen Tür. Es basierte zu 90 Prozent auf dem Erfahrungshorizont der Praktikantin.
In der Redaktionskonferenz hatte sie sich nicht getraut, ihre Erfahrungen mitzuteilen. Im großen Kreis der erfahrenen Redakteure wollte sie ihre vermeintliche Unprofessionalität nicht zeigen und hielt ihre Ansichten für zu banal.

Steuerung und klare Zielsetzung
Der Unterschied in der Steuerung einer Kleingruppe und einer großen Konferenz ist nicht zu unterschätzen. Eine Kleingruppe lässt sich wie eine Segeljacht steuern, sie ist wendig und flexibel, kann in kürzester Zeit die abenteuerlichsten Drehungen und Wendungen machen und trotzdem präzise das Ziel ansteuern. Eine große Konferenz hingegen ist wie ein Öltanker: Weil sich die Beteiligten nicht unbedingt persönlich angesprochen fühlen, dauert es länger, ein Gespräch in Gang zu bringen und für einen konstruktiven Ideenfluss zu sorgen. Es dauert ebenfalls länger, ein Thema zu wechseln oder eine Phase der Diskussion zum Abschluss zu bringen, weil immer dann noch jemand etwas einzuwenden oder hinzuzufügen hat, wenn das Gespräch eigentlich beendet ist.

Entscheidung
Genauso wie sich das Gespräch in einer kleinen Gruppe besser steuern lässt, ist auch der Weg zu einer Entscheidung leichter. Weil eine große Konferenz letztlich immer auch ein Austragungsort persönlicher und beruflicher Rivalitäten ist, findet sich garantiert immer jemand, der mit einer bestimmten Entscheidung »so nicht leben« kann, der weiß, dass unsere »Zielgruppe das so nicht gut findet«, oder der der Meinung ist, dass »das so nicht geht«. Große Gruppen verwenden viel Zeit damit, eine gemeinsame Position zu finden, mit der alle Beteiligten leben können.

Die Redaktionskonferenz

Kleingruppen sind auch hier flexibler. Die Ergebnisse, die sie produzieren, sind häufig besser. Bei der Suche nach einem Kompromiss gehen viele Ecken und Kanten verloren, die ein Thema vielleicht interessanter gemacht hätten. Beispiel: In einer ZDF-Reportage über Kanzlerkandidat Edmund Stoiber erzählten die Autoren, dass der bayerische Ministerpräsident in der Schule dafür bekannt war, dass er am lautesten rülpsen konnte. Stoiber wurde gefragt, ob er das immer noch könne und ob er das einmal demonstrieren könne. (Er lehnte übrigens höflich ab.)

Wenn dieses Interview mit diesen Fragen zuvor in einer durchschnittlichen Redaktionskonferenz besprochen worden wäre, wie lange hätten die Teilnehmer diskutiert? Wie viele Redakteure hätten gesagt, dass sie das unseriös, unsachlich, irrelevant oder unverschämt finden? Wie viel eher wäre eine Kleingruppe zu einer Entscheidung gekommen?

Die Beteiligten einer Kleingruppe
Die Effizienz einer Kleingruppe lässt sich noch dadurch erhöhen, dass sie eine bestimmte Zusammensetzung hat. Wenn sie zum Beispiel ausschließlich aus Ideenspinnern besteht, kommen am Ende zwar viele Ideen und Anregungen heraus, aber nicht unbedingt umsetzbare Entscheidungen. Sind umgekehrt zu viele Entscheider in einer Gruppe, besteht die Gefahr einer permanenten Diskussion. Am Ende steht zwar eine Entscheidung, sie geht aber auf Kosten der Ideenvielfalt. Eine Kleingruppe kann ihr kreatives Potenzial voll ausschöpfen, wenn drei wichtige Pole vertreten sind.

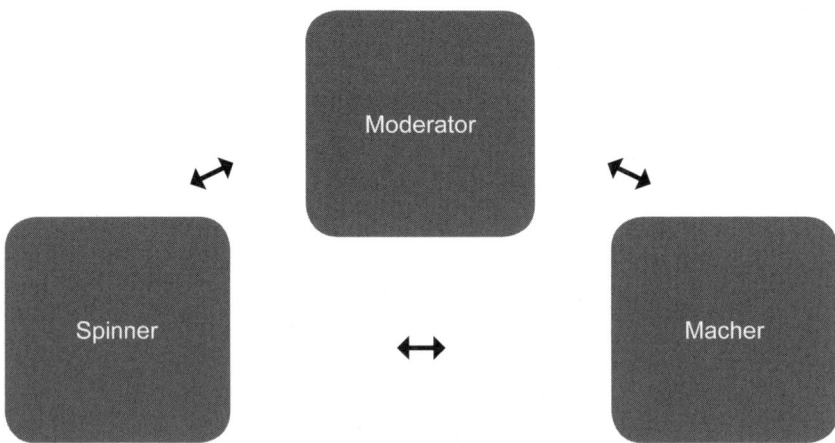

Abb. 51: Die drei Pole einer kreativen Kleingruppe

Der Moderator
Er bringt die Themen und Ideenfragmente in die Diskussion ein, er eröffnet, leitet und schließt Themen ab. Er sorgt dafür, dass die Ideenspinner das Ziel nicht aus den Augen verlieren und achtet zugleich darauf, dass die Entscheider Ideen nicht totdiskutieren, bevor sie sich überhaupt entwickeln konnten. In Trainingsgruppen hat sich gezeigt, dass schon am Anfang schnell eine Diskussion darüber entsteht, ob das Thema, über das diskutiert werden soll, überhaupt ein Thema ist. Hier hat es sich als hilfreich erwiesen, wenn der Moderator den Kritikern den Wind aus den Segeln nimmt, indem er die negative Kritik positiv auffasst und als Quasi-Idee aufschreibt oder die Kritik nicht zulässt und darauf hinweist, dass die Diskussion erst später stattfindet.

Der Ideenspinner
In beinahe jeder Redaktion, jedem Verlag, jeder Sendeanstalt gibt es die bunten Vögel, die durch Schlagfertigkeit auffallen, die mitunter an Respektlosigkeit grenzt. Diese Ideenspinner können in der eigenen Redaktion oder in anderen Ressorts sitzen, es können aber auch Karikaturisten, Comedy-Autoren, Produzenten, Techniker, Grafiker, Mitarbeiter der Marketing-Abteilung, Promoter oder Praktikanten sein.

Ideenspinner werden durch Spaß motiviert. Die Aussicht, an einer kreativen Sitzung teilzunehmen, 30 Minuten zu lachen und mit versponnenen Ideen zu jonglieren, lässt sie aufleben. Dies sind üblicherweise die Mitarbeiter, über die sich konservative Redakteure gerne aufregen, weil sie angeblich schlampig und undiszipliniert arbeiten und jede Gelegenheit nutzen, vor langweiligen Routinearbeiten zu flüchten.

Der Macher
Eine effiziente kreative Konferenz zeichnet sich dadurch aus, dass ein Teilnehmer die gewonnenen Ideen in Themen formuliert und gedanklich sofort beginnt, sie umzusetzen. Im Idealfall hat er bereits eine Vorstellung davon, wer die Ideen umsetzen kann und wie sie in das Programm bzw. die Zeitung einzubinden sind. Der Macher kann die kreative Konferenz immer wieder gezielt voranbringen, indem er nach Vorschlägen zur Umsetzung einer bestimmten Idee fragt.

7.3 Einschätzung: Wie kreativ sind Ihre Konferenzen?

Der nachfolgende Test soll Ihnen helfen, den kreativen Output Ihrer Konferenz einzuschätzen bzw. Probleme aufzudecken, die eine kreative Atmosphäre verhindern. Schätzen Sie die Situation möglichst realistisch ein. Wenn es beispielsweise heißt »Auch ungewöhnliche Vorschläge und Ideen sind willkommen«, antworten Sie nur dann mit Ja, wenn niemand in der Redaktionskonferenz lacht, die Augen verdreht, stöhnt oder Ähnliches.

	Nein	Klappt nicht so richtig	Teilweise	Wir sind auf dem Weg	Ja
Die Konferenz hat klare Zielsetzungen bezüglich der Ideenfindung					
Wir setzen Prioritäten: Journalistischer Kleinkram bleibt außen vor					
Wir nehmen uns die Zeit, kreativ zu sein und Ideen zu spinnen					
Ideensammlung und -bewertung finden getrennt statt					
Alle Teilnehmer tragen zur Themen- und Ideenfindung bei					
Auch ungewöhnliche Ideen und Vorschläge sind willkommen					
Ideen werden aufgegriffen und im Team entwickelt					

Die Redaktionskonferenz

Killerphrasen sind verboten					
Vernichtende und persönliche Kritik wird zurückgewiesen					
In der Konferenz werden Aufträge zur Ideenentwicklung delegiert					
Unsere Diskussionen sind kurz und kommen auf den Punkt					
Wir nutzen das Potenzial von Kleingruppen zur Ideenentwicklung					

Abb. 52: Der kreative Konferenz-TÜV

8 Die Stunde der Visionäre – Ideenmanagement als Führungsaufgabe

Viele Industrieunternehmen haben in den letzten Jahren eine Entdeckung gemacht, die sie kaum für möglich hielten: In den Köpfen der eigenen Mitarbeiter steckt wirklich was drin! Dem Ideenmanagement fällt im Unternehmen eine immer wichtigere Rolle zu! Dabei ist der Gedanke, Mitarbeiter am kontinuierlichen Prozess der Eigenoptimierung zu beteiligen, nicht neu. Im deutschsprachigen Raum lässt er sich bis ins Jahr 1888 zurückverfolgen. In einer vielzitierten Schrift von Alfred Krupp hieß es damals, dass »Anregungen und Vorschläge zu Verbesserungen … aus allen Teilen der Mitarbeiter dankbar entgegenzunehmen und durch Vermittlung des direkten Vorgesetzten an das Direktorium zu befördern« sind. Krupp hatte schon damals eines der wesentlichen Probleme im Umgang mit Ideen erkannt: Wie sollen Vorgesetzte mit Mitarbeitern umgehen, die zwar motiviert sind und Vorschläge liefern, aber deren Ideen entweder nicht ausgereift oder nicht umsetzbar sind? Krupp schrieb: »Eine Abweisung der gemachten Vorschläge ohne eine vorangegangene Prüfung derselben soll nicht stattfinden, wohingegen denn auch erwartet werden muss, dass eine erfolgte Ablehnung dem Betreffenden, auch wenn ihm ausnahmsweise nicht alle Gründe mitgeteilt werden können, genüge und ihm keineswegs Grund zur Empfindlichkeit oder Beschwerde gebe.«

Dieser Grundsatz hat sich bis heute im Kern erhalten. Eine der wichtigsten Aufgaben von Ideenmanagern in Unternehmen besteht darin, Mitarbeiter, die Vorschläge gemacht haben, zu motivieren, weitere Ideen zu liefern. Der wichtigste Grundsatz lautet dabei: Auf jeden Vorschlag folgt eine schnelle Rückmeldung mit einem Dankeschön. Selbst wenn eine Idee abgelehnt wird, bedankt sich das Unternehmen und teilt dem Mitarbeiter die Gründe dafür mit. Dem liegt eine einfache Logik zu Grunde: Wer eine Idee äußert, von der er selbst nicht unmittelbar profitiert, macht seinem Unternehmen ein Geschenk. Wer ein Geschenk annimmt, ohne danke zu sagen oder es ignoriert, braucht keine weiteren Geschenke zu erwarten.

Das folgende Beispiel aus einer Radioredaktion lässt sich in vergleichbarer Form sicherlich häufiger finden. Ein Chefredakteur fordert seine Mitarbeiter auf, per E-Mail Vorschläge für eine geplante Sendung einzureichen. Mehrere Redakteure machen sich Gedanken und schicken dem Chefredakteur Ihre Ideen.

Eine Woche später haben sie immer noch keine Antwort erhalten. Aussagen wie »Unverschämtheit!« und »Wieso soll ich mir hier Gedanken machen, wenn die letztlich sowieso keinen interessieren?« zeigen deutlich, dass Ideeninitiativen – falsch angegangen – demotivierend wirken können. Auch in der täglichen Redaktionsarbeit bekommen Mitarbeiter schnell das Gefühl, dass ihre Ideen und Themenvorschläge keine Berücksichtigung finden. Dabei haben ihre Ideen vielleicht gerade nur nicht in das aktuelle Bewertungsschema des CvD gepasst und wurden deshalb abgewürgt. Diese – aus Sicht des CvD durchaus nachvollziehbare – Reaktion kann Mitarbeitern schnell den Wind aus den Segeln nehmen: Um einer Enttäuschung zuvorzukommen, ziehen sie es vor, zu schweigen.

Ein gutes Ideenmanagement zeichnet sich dadurch aus, dass alle Beteiligten profitieren: Die Redaktion gewinnt eine Vielzahl innovativer Themen und Inhalte, die einzelnen Mitarbeiter fühlen sich ernst genommen und können sich entfalten, was ihre Motivation steigert und das Betriebsklima verbessert.

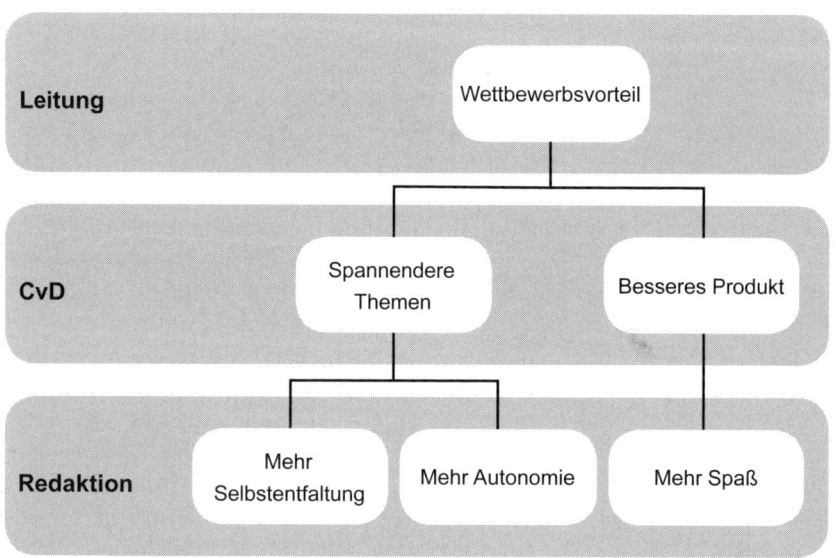

Abb. 53: Vorteile des Ideenmanagements

Das erfordert Fingerspitzengefühl und Hartnäckigkeit, vor allem zu Beginn: Viele Kreativitätsoffensiven starten schwungvoll und verlaufen im Sand, weil sie nicht konsequent genug verfolgt und für wichtig erachtet werden. Es genügt nicht, in der Konferenz zu verkünden, Mitarbeiter mögen Vorschläge bitte ab sofort beim Redakteur XY abgeben ...

Eine der wichtigsten Grundregeln für CvDs und Planungsredakteure: Sie müssen dem Mitarbeiter signalisieren, dass seine Vorschläge angekommen sind und ernsthaft bearbeitet werden. Mitarbeiter haben das Recht auf ein klares Feedback und eine Entscheidung:

- Das Thema ist so gut, dass es sofort umgesetzt werden kann.
- Für eine Entscheidung fehlen noch Informationen, ein Redakteur bekommt den Auftrag, diese Informationen zu recherchieren.
- Das Thema ist prinzipiell gut, es passt nur nicht in die aktuellen Ausgaben bzw. Sendungen. Der CvD registriert es, legt es auf Wiedervorlage und spricht es in einer späteren Konferenz wieder an.
- Das Thema wird im Vieraugengespräch CvD – Redakteur weiter behandelt.
- Das Thema ist ungeeignet.

In vielen Redaktionen fehlt ein Ansprechpartner, der sich per Definition als Ideenmanager versteht: Jemand, der Ideen aufgreift und verwaltet, entwickelt und fördert. Vielfach ist diese Funktion an den CvD gebunden, der auf Grund seiner Stellung eigentlich der richtige Ansprechpartner ist, die Aufgabe aber auf Grund von Zeit- und Entscheidungsdruck unter Umständen delegieren muss. Beispielsweise an einen Planungsredakteur, der vor allem dann ein guter Ideenmanager sein kann, wenn er sich mehr als »Themenmacher« denn als »Themenverwalter« versteht. Die folgenden Abschnitte sollen einige Anregungen für ein Ideenmanagement in der Redaktion liefern.

8.1 Ideenmanagement als Win-win-Situation

In Zeiten knapper Kassen kommt dem Ideenmanagement noch eine weitere immer wichtigere Bedeutung zu: Der Optimierung der Redaktionsarbeit. Beinahe jeder Mitarbeiter eines journalistischen Unternehmens kann in seinem Bereich Abläufe beobachten, die optimierungsbedürftig sind und bei denen der Verlag oder der Sender Geld verschwendet. Einige Beispiele:

- Ein Redakteur, der von Konferenz zu Konferenz eilt, rechnet aus, dass jede Konferenz bei strafferer Gesprächsführung 15 bis 20 Minuten kürzer sein könnte. Außerdem ließen sich drei der insgesamt fünf Konferenzen zu einer

Sitzung zusammenlegen. Er rechnet sich aus, dass jeder Beteiligte durch diese Maßnahmen zwei Stunden am Tag gewinnen würde. Dieser Gewinn lässt sich auch betriebswirtschaftlich ausdrücken: Teilnehmer multipliziert mit überflüssiger Sitzungszeit mal Stundenlohn.

- Eine Radioredakteurin stellt fest, dass ihre Fernsehkollegen der gleichen Sendeanstalt stets gemeinsam mit ihr auf Pressekonferenzen erscheinen. Dabei ist die Presskonferenz nicht so wichtig, dass sie sie vom Anfang bis zum Ende verfolgen muss. Sie hat die Idee, einen gemeinsamen Pool für O-Töne anzulegen, der von den TV-Redaktionen gespeist wird.
- Ein Fernsehredakteur bekommt mit, dass zwei verschiedene Redaktionen jeden Tag kurz nacheinander Beiträge per Satellit aus dem Ausland überspielen. Würde man diese Überspielungen koordinieren, könnte der Sender auf eine Satelitenzeit am Tag verzichten. Bedenkt man, dass eine einzige Überspielung per Satellit einen Sender zwischen 500 und 1.000 Euro kostet, wird schnell klar, welches Sparpotenzial allein in der Verwirklichung dieses Vorschlags liegt.

Die Idee, dass Mitarbeiter von Industrieunternehmen Vorschläge für Einsparungen und zur besseren Strukturierung ihrer Arbeit machen, ist nicht neu. Seit Jahrzehnten gibt es in Unternehmen und Behörden das betriebliche Vorschlagswesen, dessen wahres Potenzial jedoch erst in den letzten Jahren mehr und mehr entdeckt wurde.

In Redaktionen, Verlagen und Sendern wächst der Druck, journalistische Produkte mit immer geringeren finanziellen Ressourcen produzieren zu müssen. Die offensichtliche und vielpraktizierte Lösung, am Personal zu sparen und vermehrt Praktikanten, Volontäre und Jungredakteure an die Stelle erfahrener Journalisten zu setzen, zeigt deutliche Schwächen:

- Der wachsende Konkurrenzdruck zwingt Redaktionen, die gleiche oder sogar noch eine höhere Qualität liefern zu müssen.
- Eine Redaktion, die sich in erster Linie auf unerfahrene Mitarbeiter stützt, verbraucht viel Zeit mit Koordination, Absprachen und Korrekturen, was effektives Arbeiten schwer macht.

Die Hauptfragen, die sich eine Redaktion angesichts knapper Budgets stellen muss, sind:

- Wie können wir unsere Produktivität steigern? Wie können wir mehr aus unserer Redaktion und aus jedem einzelnen Mitarbeiter herausholen?
- Wo gibt es Einsparpotenzial in der redaktionellen Arbeit? Wo können wir Zeit sparen, damit mehr Mitarbeiter Arbeiten mit höherer Qualität und Priorität ausführen können?
- Wo stehen bürokratische Hürden einer effizienten Arbeit im Weg?

Es sind die gleichen Fragen, die Unternehmensberater regelmäßig stellen und für deren Lösung das Kapital in den Köpfen der Mitarbeiter ein wichtiger Faktor ist. Die meisten Mitarbeiter wissen durchaus, was sie für ihre Arbeit brauchen und was nicht, und wenn sie es nicht auf Anhieb wissen, dann kommen sie recht schnell auf die richtigen Antworten. Ein Unternehmen, das dieser Form des kreativen Kapitals keinen Wert beimisst, verschwendet Geld oder trifft Entscheidungen, die beinahe wie Kapriolen wirken. Zwei Beispiele aus dem Fernsehbereich:

- Einem Nachrichtenredakteur fiel auf, dass ein Großteil der tagesaktuellen Bilder von freien Produzenten nicht so spektakulär war, wie es das Angebot vermuten ließ, der Sender aber jedes Mal die Kosten für die Überspielung des Videomaterials tragen musste. Er hatte die Idee, ein Internetportal aufzubauen, in dem freie Produzenten ihre Bilder als Real Video hinterlegen, sodass die Entscheidung zur Überspielung erst nach Begutachtung der Qualität getroffen wird. Diese Idee wurde zum damaligen Zeitpunkt (im Jahr 2000) vom Sender nicht unterstützt, obwohl sie jeden Tag mehrere hundert Euro eingespart hätte.
- Einer Sportredaktion war es beinahe unmöglich, Beiträge mit rechtefreien Bildern von Sportlern zu illustrieren (beispielsweise vom Training etc.), weil es im Archiv keine entsprechende Suchfunktion gab. Das Einsparpotenzial wird deutlich, wenn man bedenkt, dass die Verwendung von Rechtebildern mehrere hundert bis mehrere tausend Euro pro Minute kostet.

Ein konsequentes Ideenmanagement kann wesentlich dazu beitragen, journalistische Produktionskosten zu senken. Im letzten Teil dieses Buches soll deshalb auch auf Erfahrungen von Ideenmanagern aus der deutschen Industrie eingegangen werden, die seit Jahren nur eine einzige Frage beschäftigt: Wie bekomme ich Mitarbeiter zum Mitdenken? Ein Ideenmanagement kann nur funktionieren, wenn eine Win-win-Situation entsteht, das heißt, wenn sowohl der Verlag bzw. die Sendeanstalt als auch der einzelne Redakteur davon profitiert, dass eingereichte Verbesserungsvorschläge realisiert werden.

Der Verlag/die Sendeanstalt
- spart Kosten, indem Arbeitsabläufe vereinfacht, überflüssige Ausgaben reduziert und bürokratische Vorgänge effizienter gestaltet werden,
- beginnt einen Prozess ständiger Eigenoptimierung, der dazu beiträgt, die wirtschaftlichen Ziele des Unternehmens zu erreichen,
- bindet Mitarbeiter in den Prozess der Optimierung ein und schafft so ein Bewusstsein für unternehmerisches Denken.

Mitarbeiter
- haben Gelegenheit, ihr eigenes Arbeitsumfeld zu gestalten und zu verbessern,
- bekommen das Gefühl, gehört und gebraucht zu werden, was einen erheblichen Einfluss auf ihre Zufriedenheit und ihre Motivation hat,
- können von den Einsparungen in Form einer Prämie profitieren.

Es lohnt sich also für beide Seiten, einen Verbesserungsprozess einzuleiten, der auf Vorschlägen und Ideen der eigenen Mitarbeiter beruht.

Hindernisse

Um Mitarbeiter gezielt in den Prozess der Innovation einzubinden, müssen sie einerseits motiviert werden, andererseits gilt es Barrieren abzubauen, die den Einzelnen davon abhalten, Ideen zu liefern: Informationsbarrieren, Fähigkeitsbarrieren, Willensbarrieren und Risikobarrieren sind vier Hindernisse, die in der Literatur immer wieder genannt werden und die von Yves Zimmermann in einer Arbeit für die Universität Bern zusammengefasst wurden[15].

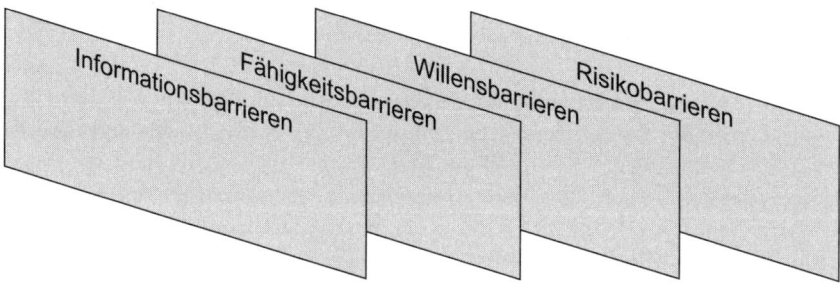

Abb. 54: Barrieren im Ideenmanagement

---

15 Zimmermann, Yves: »Vom Vorschlagswesen zum Ideenmanagement«, Rechts- und Wirtschaftswissenschaftliche Fakultät der Universität Bern, 1999

Informationsbarrieren

Nur ein geringer Teil der Mitarbeiter ist wirklich darüber informiert, welchen betriebswirtschaftlichen Herausforderungen sich ein Sender bzw. ein Verlag zu stellen hat, mit welchen Strategien er sich am Markt behaupten möchte und wie genau der Einzelne dazu beitragen kann, die Ziele des Unternehmens zu erreichen. Der Informationsstand vieler Redakteure lässt sich in dieser Hinsicht mit dem eines Taxifahrers vergleichen, dessen Fahrgast ihm an jeder Kreuzung sagt, ob er links oder rechts abbiegen soll, doch der das Ziel der Fahrt erst bei der Ankunft erfährt. Der Einzelne wird zum Befehlsempfänger, der sich nicht über einen längeren Zeitraum hinweg orientieren kann.

Es mag immer wieder Gründe dafür geben, den eigenen Mitarbeitern nicht jedes Detail der Unternehmensstrategie oder der Umsatzentwicklung mitzuteilen, trotzdem bleibt viel zu viel Wissen hinter den verschlossenen Türen der Geschäftsführung oder Redaktionsleitung. Um Mitarbeiter zum Mitdenken zu bewegen, ist ein gewisses Maß an Transparenz unumgänglich:
- Um wie viel genau ist der Umsatz am Werbemarkt im vergangenen Jahr eingebrochen?
- Wie sehen die Prognosen für die kommenden Monate aus?
- Wie viel müssen einzelne Abteilungen oder Redaktionen einsparen?
- Wie steht ein bestimmtes Unternehmen im Gesamtmarkt?
- Welche Strategien sind bei Mitbewerbern erkennbar?

Aus Sicht der Geschäftsführung wird gerade in wirtschaftlich schwachen Zeiten häufig argumentiert, man wolle keine Unruhe in die Redaktion bringen und halte gerade brisante Themen deshalb unter Verschluss. Was häufig zu Folgendem führt: Mitarbeiter hören Gerüchte, sie versuchen Signale zu interpretieren und fragen sich, warum sie nicht informiert werden. Die Angst vor dem, was kommen mag, wird zum beherrschenden Thema. Höhere Transparenz kann Denkprozesse auslösen, Angst führt zu Blockaden. Um das Beispiel der TV-Nachrichtenredaktion aufzugreifen: Ein Mitarbeiter, der sich darüber bewusst ist, dass das Budget im kommenden Jahr um drei Millionen Euro gekürzt wird, kann den täglichen Redaktionsablauf genau beobachten und nach Einsparpotenzialen suchen.
- Die Redaktion bekommt jeden Tag ein bis zwei Überspielungen von Produktionsfirmen, bei denen das Videomaterial nicht den Erwartungen des Senders entspricht. Die Kosten belaufen sich auf zirka 400 Euro am Tag, was sich bei 365 Sendungen im Jahr erheblich auswirkt. Einsparpotenzial: 146.000 Euro.
- Korrespondenten überspielen ihre Berichte auch dann per Satellit, wenn die Beiträge erst am nächsten Tag gesendet werden. Diese Praxis kommt in jedem

der drei Außenstudios zirka einmal in der Woche vor. Bei Übertragungskosten von 1.000 Euro kommt im Jahr eine Summe von 156.000 Euro zusammen. Würden diese Beiträge per Luftfracht (zirka 50 Euro) geschickt, würden sich die Gesamtkosten auf 7.800 Euro belaufen. Einsparpotenzial: 148.200 Euro.

Zwei Vorschläge, mit denen bereits ein Zehntel der Summe, um die das Budget gekürzt wird, eingespart werden kann. Transparenz über die Situation auf dem jeweiligen Medienmarkt, Unternehmensziele und Anforderungen an den Einzelnen ermöglichen es Mitarbeitern, einen Wissensstand zu erwerben und Vorschläge zu erarbeiten.

Fähigkeitsbarrieren

Verbesserungsmöglichkeiten zu erkennen, sie als Probleme zu definieren und Alternativen aufzuzeigen, sind wesentliche Fähigkeiten, um Innovationen hervorzubringen. Diese Fähigkeiten sind nicht bei jedem Mitarbeiter gleichermaßen stark ausgeprägt. Es gibt Nörgler, die punktgenau jede Schwachstelle des Unternehmens kennen und bestehende Zustände regelmäßig kritisieren, die aber nicht in der Lage sind, die Probleme als Herausforderung anzunehmen und sie zu lösen. Andere zeichnen sich durch eine gewisse Kritiklosigkeit dem eigenen Unternehmen gegenüber aus: Bestehende Zustände werden als gegeben akzeptiert. Zwar bemerken sie, dass Konferenzen zu lang sind, bürokratische Hindernisse die Arbeit erschweren oder für bestimmte Leistungen mehr Geld als notwendig ausgegeben wird, doch sie sehen darin keine Gelegenheit zur Optimierung.

Diese Fähigkeiten lassen sich fördern. Beispielsweise durch einen Newsletter, in dem Beispiele aus der Praxis vorgestellt werden: Welches Problem hat ein bestimmter Mitarbeiter erkannt? Welche Lösungsvorschläge präsentierte er? Wie wurde die Lösung umgesetzt? Oder durch konkrete Aufgabenstellungen, bei denen ein Redaktionsleiter seinen Mitarbeitern bestimmte Problemstellungen bereits vorgibt: »Wir planen gerade einen internen Bürokratie-TÜV und versuchen bestimmte Arbeitsabläufe zu vereinfachen. Wenn Sie Ideen haben, wie wir uns alle die Arbeit etwas einfacher machen können, würde ich mich freuen.«

Gerade in größeren Sendeanstalten und Verlagshäusern kann es einige Zeit dauern, bis Mitarbeiter dafür sensibilisiert sind, Verbesserungsmöglichkeiten zu entdecken und diese zu formulieren. Ideenmanagement braucht Zeit.

Willensbarrieren

Eine gewisse Trägheit und Unlust zur Veränderung gehört zum menschlichen Wesen. Es gibt Mitarbeiter, bei denen diese Bequemlichkeit stärker ausgeprägt ist als bei anderen, die im Laufe der Zeit eine Gleichgültigkeit dem Redaktionsgeschehen und bestimmte Ressentiments dem Unternehmen gegenüber aufgebaut haben. Dieses Phänomen, das vielfach mit einer inneren Kündigung gleichzusetzen ist, kann auf einem grundsätzlichen Konflikt zwischen den Vorgaben der Unternehmensführung und den eigenen Zielen beruhen, auf persönlichem Frust oder einer Ablehnung von Kollegen oder Vorgesetzten.

Risikobarrieren

In den seltensten Fällen werden Mitarbeiter zur Kannibalisierung neigen, das heißt Vorschläge einreichen, die ihren eigenen Arbeitsplatz bzw. den Arbeitsplatz eines Kollegen überflüssig machen. Auch werden Mitarbeiter eher selten Ideen einbringen, deren Verwirklichung zur Folge hätten, dass sie sich ernsthaft verändern müssten. Diese so genannten Risikobarrieren, also die Befürchtung, durch Verbesserungsvorschläge persönliche Nachteile zu erlangen, wird von Ideenmanagern immer wieder als größtes Hindernis genannt.

Diese Barrieren können nur durch Offenheit und Transparenz langsam abgebaut werden. In einem Redaktionsklima, das durch Angst geprägt ist, wird der einzelne Mitarbeiter jede Aufforderung, Verbesserungsvorschläge einzureichen, misstrauisch beäugen. Von einer Atmosphäre des Vertrauens und der Fairness hingegen kann das Ideenmanagement stark profitieren. Auch der Einsatz von Arbeitsgruppen kann helfen, Barrieren abzubauen: Wenn mehrere Mitarbeiter gemeinsam die Situation einer bestimmten Redaktion analysieren oder Vorschläge erarbeiten, um Arbeitsabläufe zu optimieren, werden die Barrieren geringer.

Natürlich ist es auch für einen Vorgesetzten gewöhnungsbedürftig, auf einen Verbesserungsvorschlag positiv zu reagieren, vor allem dann, wenn dieser auch als Schwäche des eigenen Verhaltens bzw. der eigenen Führungskompetenz ausgelegt werden kann. Vorgesetzte, die das Instrument Ideenmanagement zur Optimierung der Redaktionsarbeit nutzen wollen, müssen sich zunächst einmal von der Vorstellung verabschieden, dass sie sämtliche Abläufe in ihrer Organisation kennen, allein dafür sorgen können, dass eine Organisation effizient arbeitet und sofort auf Veränderungen reagieren und die Arbeit der Organisation anpassen können.

9 Die drei K Ihrer beruflichen Zukunft

Sie haben eine gute journalistische Ausbildung? Sie sind kompetent? Und Ihr Arbeitsplatz ist sicher? Dann sind Sie möglicherweise ein Auslaufmodell. Nicht nur die Medien – die Arbeitswelt generell befindet sich im radikalen Wandel: Weg von festen Strukturen, die nach einer Studie von IBM für viele Chefs zu »teuer, nicht reaktionsfähig genug, ineffizient und veraltet« sind, hin zu Arbeitsstrukturen, die Kreativität fördern und es Unternehmen somit ermöglichen, sich und ihre Produkte immer wieder neu zu erfinden. »Creative Work« nennt es das deutsche Zukunftsinstitut in einer Studie, die im Sommer 2007 erschien. Flexible Arbeitsverhältnisse statt fester Positionen, Bezahlung nach kreativer Leistung statt nach abgesessenen Stunden. Für die Karriere der Zukunft müssen Sie Ihr kreatives Potenzial erkennen und einsetzen: Das Neue wagen, statt im Alten zu verharren. Nach Problemen suchen, statt sie zu vertuschen. Unkonventionelle Denkansätze entwickeln statt opportunistische Durchschnittsideen. Das einzig Beständige wird die Unbeständigkeit sein. Und für Ihre persönliche Karrierestrategie sind nur noch Sie selbst verantwortlich: Immer wieder müssen Sie drei Fragen beantworten: Bin ich unternehmerisch wertvoll? Welche meiner Fähigkeiten werden gebraucht? Und: Vermarkte ich die »Marke Ich« richtig? Im letzten Kapitel dieses Buchs lernen Sie die drei K, die Ihre Karriere künftig bestimmen werden, näher kennen.

Das erste K: Ihr Kompetenzmix

Vor fünf Jahren war Bernd, 35, fest angestellter Redakteur in einer Fernsehredaktion. Er hatte ein geregeltes Einkommen, einen festen Zuständigkeitsbereich, 30 Tage Urlaub im Jahr und ein Gehalt, das jedes Jahr um einige Prozent stieg. Dann kam der Bruch: Seine Redaktion wurde ausgelagert, er war überflüssig. Eine freie Firma produzierte die Sendung, für die er zuvor zuständig war. Und als die Einschaltquoten nicht mehr stimmten, wurde der Produktionsvertrag gelöst. Bernd war arbeitslos. Für das, was er heute tut, gibt es eigentlich keine Berufsbezeichnung mehr: Er schreibt Artikel für die Zeitung, produziert TV-Beiträge und Internetauftritte, berät Unternehmen in ihrer Kommunikation, unterrichtet Studenten und hat nebenbei ein Start-up gegründet, das in virtuellen Internetwelten mit virtuellen Produkten handelt. Nennen Sie Bernd der Einfachheit halber einen Kreativarbeiter. Er hat nicht einen Chef, sondern mehrere. Früher saß er um 10:00 Uhr in der Redaktionskonferenz, heute ist er per Internet-Konferenzschaltung mit seinen Kunden verbunden. Um 10:00 Uhr recherchiert er für einen Artikel, um 11:00 Uhr überarbeitet er die Ansprache eines Vorstandsvorsitzenden an die Mitarbeiter, um 12:00 Uhr schreibt er den Artikel, um 14:00 Uhr bespricht er mit zwei Partnern die Strategie seines Unternehmens und um 16:00 Uhr trifft er sich mit dem Vorstandsvorsitzenden einer großen Firma, um eine Rede zu üben. Nach einer Stunde Kommunikationscoaching geht er noch einmal online und überprüft, ob die Redaktion noch Änderungen am Artikel haben möchte.

Die Kompetenz, die sich Bernd im Laufe seiner Zeit als TV-Redakteur erarbeitet hat, hilft ihm heute nur noch teilweise. Er hat sich Kompetenzen in weiteren Feldern zugelegt: Beim Einrichten von Internet-Auftritten, beim Programmieren dreidimensionaler virtueller Welten und im Finanzcontrolling. Für ihn gibt es keine genormte Kompetenz mehr, niemanden, der ihm sagt, was er wissen muss und auch niemanden mehr, der seine gesamte Kompetenz benötigt. Für jedes seiner Standbeine benötigt Bernd eine andere Zusammensetzung seiner Fähigkeiten, einen anderen Kompetenzmix. Natürlich wird Kompetenz auch in Zukunft noch wichtig sein, natürlich müssen Sie fundamentale Zusammenhänge Ihrer Branche verstehen und ein tiefes Know-how aufbauen. Doch die alte Weisheit, dass eine gute Ausbildung Sie automatisch wertvoll macht, gilt nicht mehr. Unternehmen, die auf neue Ideen kommen wollen, brauchen Mitarbeiter, die andere Erfahrungen einbringen. In der Kreativökonomie lautet die wichtigste Frage nicht mehr: »Was haben Sie studiert?« Sondern: »Welchen Kompetenzmix können Sie einbringen?«

Das zweite K: Ihre Kreativität

Für die bereits erwähnte IBM-Studie aus dem Jahr 2006 wurden weltweit 750 Unternehmenschefs aus 20 Branchen befragt. Zwei von drei kündigten »grundlegende Veränderungen« für die nächsten Jahre an. Um sich dem wachsenden Wettbewerb zu stellen, wollen die Unternehmenschefs ihre Geschäftsmodelle hinterfragen und vielfach komplett auf den Kopf stellen. Es kann sein, dass Ihre Abteilung in fünf Jahren nicht mehr existiert, weil Ihr Unternehmen etwas ganz anderes macht. Weil Geschäftsmodelle entworfen werden, die ganze Märkte durcheinanderwirbeln.

Hätten Sie vor fünf Jahren gedacht, dass Hersteller von Stadtplänen und Landkarten gemeinsam mit Mobilfunkanbietern Geschäftsmodelle entwickeln, um Routenplanung on demand zu verkaufen? Und hätten Sie gedacht, dass die gedruckte Ausgabe der Gelben Seiten – jahrelang praktisch eine Lizenz zum Gelddrucken – binnen weniger Jahre zum Museumsstück wird? Heute geben Sie über GOOGLE nur den Firmennamen ein und bekommen über GOOGLE MAPS binnen weniger Sekunden den Standort des gesuchten Geschäfts auf einer Karte angezeigt. GOOGLE liefert Ihnen die Informationen schneller als Sie sich umdrehen können, um zu den Gelben Seiten zu greifen. Wer vor fünf Jahren dachte, der Posten bei den Gelben Seiten sei sicher, stellt heute fest, dass seine Aufgaben möglicherweise überflüssig geworden sind.

Nehmen wir an, Sie arbeiten für ein Magazin: Wer sagt Ihnen, dass der Verlag sein Geld in fünf Jahren noch mit Zeitschriften verdient? Wer sagt Ihnen, dass Ihr Magazin nicht ein Vertriebskanal mit angeschlossenem Medium ist? Ausgeschlossen? Gucken Sie sich SUPER RTL an, der Sender, auf dem Ihre Kinder (oder die Ihrer Bekannten) Serien wie Spongebob und Bob Baumeister gucken. Mit »Toggo« und »Toggolino« hat SUPER RTL Dachmarken für den Vertrieb von Produkten aller Art gegründet: Heute gibt es den Toggo-Lolly, den Toggo-Drink und die Toggo-Verkaufsecke im Spielwarenladen. Genau an dieser Stelle wird Kreativität zur wertvollsten Ressource eines Unternehmens: Die Wettbewerbsfähigkeit von Unternehmen entscheidet sich danach, ob sie in der Lage sind, visionäre Denker – in vielen Unternehmen (noch) als »Spinner« verschrien – an sich zu binden. Und Ihre Wettbewerbsfähigkeit als Mitarbeiter entscheidet sich danach, ob Sie in der Lage sind, kreativ zu denken.

Das dritte K: Ihre Karrierestrategie

»Unsere Mitarbeiter sollen es bei uns gut haben, sie sollen zufrieden sein und ihre Arbeitsplätze sind sicher.« Solche Aussagen sind gut gemeint, sie haben aber einen fundamentalen Nachteil: Zu viel Sicherheit tötet Kreativität. Schauen Sie sich Behörden an: Festangestellte Mitarbeiter, die praktisch unkündbar sind, solange sie in ihrer Freizeit nicht gerade Banken ausrauben und sich dabei erwischen lassen. Sind Behörden mit ihren von allen Seiten abgesicherten Mitarbeitern die Keimzelle neuer Ideen? Schauen Sie sich Großkonzerne mit hoch bezahlten Fachkräften an. Wieso werden sie immer wieder von kleinen aufstrebenden Firmen geschlagen? Weil diese kleinen Firmen hungrig sind. Und sich die Sicherheit erst noch erarbeiten müssen. Wer produziert im TV-Geschäft einen Großteil der Beiträge? Fest angestellte Mitarbeiter in großen Redaktionsteams? Nein, kleine flexible Teams, die nur dann Geld erhalten, wenn sie kreative Leistungen erbringen und besser sind als andere.

»Not macht erfinderisch« heißt nicht umsonst ein altes Sprichwort. Menschen werden nur dann zu kreativen Höchstleistungen angespornt, wenn sie sich ihrer Position nicht zu sicher sind. Unternehmen, die im kreativen Wettbewerb miteinander stehen, können sich zu feste Arbeitsstrukturen einfach nicht mehr leis-

ten. Zunächst klingt das erschreckend: »Hilfe, die Sicherheit ist weg!« In Wahrheit ist die Sicherheit nicht weg. Sie wird nur in andere Hände gelegt: in Ihre. Ihre Karrierestrategie sollte drei wichtige Fragen beantworten:
- Bin ich unternehmerisch wertvoll? Überprüfen Sie regelmäßig, ob aus dem, was Sie tun, wirklich messbare Erfolge hervorgehen oder Sie Zeit absitzen. Jedes überflüssige Meeting, jede unnütze Tätigkeit und jeder unnötig komplizierte Ablauf in Ihrem Arbeitsalltag kratzt an Ihrem unternehmerischen Wert. Betrachten Sie sich ab sofort nicht mehr als Mitarbeiter einer Redaktion oder eines Verlags, sondern als Lieferant von Dienstleistungen. Ihre Dienstleistung heißt: Arbeitskraft. Sie stellen einem Unternehmen das Dienstleistungsprodukt »Ich« zur Verfügung, an dem das Unternehmen hoffentlich ein großes Interesse hat.
- Habe ich die richtigen Fähigkeiten in meinem Kompetenzmix? In dem Moment, in dem Sie Kompetenzen herausstellen, die einem Unternehmen keinen Nutzen bieten, sind Sie auf verlorenem Posten. Ihre Ausbildung kann noch so gut sein, Ihre bisherigen Leistungen können noch so überwältigend gewesen sein, wenn Sie dem Unternehmen in Zukunft keine Kompetenzen zur Verfügung stellen können, die Nutzen generieren, sind Sie überflüssig.
- Vermarkte ich die »Marke Ich« richtig? Wer sind Sie für Ihren Arbeitgeber? Jemand, der jeden Tag pünktlich kommt, alle Aufgaben erledigt und geräuschlos funktioniert? Jemand, der nicht auffällt? Oder jemand, der als Quelle für ungewöhnliche Themen und als kreativer Umsetzer bekannt ist? Sind Sie ein No Name? Oder ein Markenprodukt? Machen Sie sich klar, wie Sie sich im Unternehmen positionieren wollen und was Sie zur Marke macht. Im Zeitalter von »Creative Work« ist die »Marke Ich« besser zu verkaufen, wenn sie für Kreativität steht.

Im ersten Moment klingt das Szenario der Arbeitswelt von morgen bedrohlich. Doch es ist alles andere als das. Sie werden schnell merken, dass Sie mit den drei K das Gefühl der Abhängigkeit loswerden. Mitarbeiter, die ihren Kompetenzmix flexibel einsetzen, die kreativ sind und über eine klare Karrierestrategie verfügen, sind selbstbewusster. Dieser neue Mitarbeitertypus hat nichts mehr mit dem Beschäftigten von früher zu tun, der Anordnungen befolgte und nicht widersprach. Kreativarbeiter gestalten ihr Arbeitsumfeld mit und sie arbeiten an Projekten, die sie nicht nur mögen, sondern lieben. Zukunftsforscher prophezeien bereits einen Wettlauf um die kreativen Köpfe von morgen, die sich ihre Arbeitgeber weitgehend aussuchen können. Die in ihrer Arbeit Sinnerfüllung und nicht nur Broterwerb sehen. Und die das leben, was James Carville, der Wahlkampfmanager von Bill

Clinton, dem späteren Präsidenten, im Vorstellungsgespräch sagte: »Sie bezahlen für meinen Kopf. Und mein Herzblut bekommen Sie kostenlos dazu.« Dieses Herzblut wird das sein, was Medienunternehmen und Mitarbeiter künftig treibt.

Literatur

Bücher

Brühl, Kirsten/Kelcher, Imke: Creative Work – Business der Zukunft, Kelchheim 2007
Busch, Berhard G.: Erfolg durch neue Ideen, Berlin 1999
Cameron, Julia/Ryan, Marc/Allen, Catherine: Der Weg des Künstlers im Beruf – das 12-Wochen-Programm zur Steigerung der Kreativität, München 2000
Meyer, Jens-Uwe: Das Edison-Prinzip – Der genial einfache Weg zu erfolgreichen Ideen, Frankfurt 2008
Meyer, Jens-Uwe: Kreative PR, Konstanz 2007

Artikel

Amabile, Teresa M./Hadley, Constance N./Kramer, Steven J.: »Creativity under the gun«, Harvard Business Review, 2002
Gary, Loren: »The right kind of failure«, Harvard Management Update January 2002
Sandberg, Kirsten D.: »Building ›Incubation Time‹ into your week«, Harvard Management Update, 2001
Seiwert, Martin: »Schöpferische Kräfte neu entdecken – Kreativität in Unternehmen«, Wirtschaftswoche Okt. 2006
Wetlaufer, Suzy: »Common Sense and Conflict – An interview with Disney's Michael Eisner«, Harvard Business Review Jan/Feb 2000

Links

http://www.thinkingmanagers.com
Internetblog von Edward de Bono und Robert Heller, zwei englischsprachigen Kreativitätsexperten
http://www.ideen-box.de
Internetseite über neue Ideen
http://www.gehirn-und-geist.de
Internetauftritt der gleichnamigen Zeitschrift, zahlreiche Informationen zum menschlichen Gehirn

Index

A
Angst 46, 149
Anreiz zur Kreativität 153
Assoziation 68, 75, 90, 97, 99
Aufhänger 134
Ausbildung 49

B
Beobachtung 106
bildhaftes Denken 67
Bildsprache 113

C
Cluster 92

D
Darstellungsform, journalistische 14
Denkstrategie 81
Down-Top-Ansatz 113

E
Edison-Prinzip 50
Erzähltechnik 110

F
Fachjournalismus 116
Fähigkeiten, kreative 55
Fähigkeitsbarriere 194
Feedback 154
Fehler 52, 130
Fokussieren 87, 96
Fragetechnik 81, 83, 89, 96
Fünf-Brillen-Blick 102

G
Generalisieren 87, 96

H
Hierarchie 180

I
Ideen
    filtern 41, 94
    finden 50, 62
    -management 187, 191
    umsetzen 43
    weiterentwickeln 76
Information
    Auswahl 20, 58, 64, 136
    Bewertung 31
    Relevanz 35
    Verarbeitung 33
Informationsbarriere 193
Internet-Angebot 10
Interview 89

K
Karrierestrategie 199
Kleingruppe 179
Kombinationsgabe 64
Kommunikation 49, 74, 150, 158
Kompetenzmix 197
Komplexitätsreduktion 63
Konkurrenz 44, 77, 133
Kreativität
    Definition/Kriterien 142
    Hindernisse 40, 117, 127, 152, 192
    Rahmenbedingungen 123, 138, 163
    Strukturen 48
    Typen 74
Kreativteam 148
Kritikkultur 129
Krokodilfrage 81, 83

Index

L
Lernprozess 155

M
Medien
 -format 8
 -inhalt 11
 -konkurrenz 12
Meinung 20, 133
Mindmap 91
Mitarbeiter 143, 159, 193

N
Negativliste 84
Nutzwert 59

O
Optimieren der Redaktionsarbeit 189
Originalität 62

P
Perspektivenwechsel 70, 100
Phrase 118
Problemsensitivität 61

Q
Querdenken 55

R
Recherche 61, 63
Redaktionsklima 123, 138
Redaktionskonferenz
 Leitung 178
Reportage 105

Risikobarriere 195
Routine 42

S
Selbsteinschätzung 72, 78, 184
Selbstkritik 53, 165
Seriosität 46
Stilmittel 15, 110
Strategie 161, 164, 189
Stress 45

T
TAF-Technik 99, 120
Test 72, 78, 165, 184
Thema
 auswählen 58, 134
 drehen 85, 115, 121
 finden 95, 119

U
Unterbewusstsein 90

V
Vernetzung 158

W
WARUM-Methode 88, 96
Webportal 8
Willensbarriere 195

Z
Zielgruppe 12, 135
Zuständigkeit 47

Weiterlesen

Praktischer Journalismus

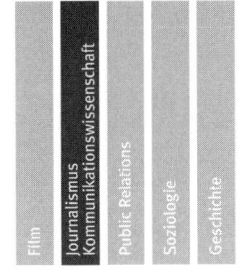

Peter Berger
Unerkannt im Netz
Sicher kommunizieren und
recherchieren im Internet
2008, 294 Seiten
100 farb. Abb., broschiert
ISBN 978-3-86764-087-9

Johannes Ludwig
Investigativer Journalismus
2., überarbeitete Auflage
2007, 438 Seiten
22 s/w Abb., broschiert
ISBN 978-3-89669-588-8

Claudia Mast (Hg.)
ABC des Journalismus
Ein Handbuch
11., überarbeitete Auflage
2008, 700 Seiten
45 s/w Abb., gebunden
ISBN 978-3-86764-048-0

Volker Wolff
**ABC des Zeitungs- und
Zeitschriftenjournalismus**
2006, 374 Seiten, broschiert
ISBN 978-3-89669-578-9

Martin Ordolff
Fernsehjournalismus
2005, 412 Seiten, broschiert
ISBN 978-3-89669-457-7

Klicken + Blättern
Leseprobe und Inhaltsverzeichnis unter
www.uvk.de
Erhältlich auch in Ihrer Buchhandlung.

UVK Verlagsgesellschaft mbH

Weiterlesen

Praktischer Journalismus

Christian Jakubetz
Crossmedia
2008, 182 Seiten, broschiert
ISBN 978-3-86764-044-2

Julian J. Rossig
Fotojournalismus
2., überarbeitete Auflage
2007, 236 Seiten, broschiert
ISBN 978-3-86764-027-5

Anton Simons
Redaktionelles Wissensmanagement
2007, 318 Seiten
24 s/w Abb., broschiert
ISBN 978-3-89669-507-9

Svenja Hofert
Existenzgründung im Medienbereich
2007, 202 Seiten, broschiert
ISBN 978-3-89669-591-8

Sabine Streich
Videojournalismus
Ein Trainingshandbuch
2008, 276 Seiten
50 farb. Abb., broschiert
ISBN 978-3-89669-590-1

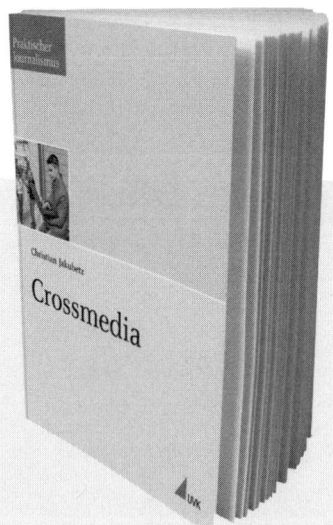

Klicken + Blättern

Leseprobe und Inhaltsverzeichnis unter

www.uvk.de

Erhältlich auch in Ihrer Buchhandlung.

UVK Verlagsgesellschaft mbH

Weiterlesen

Journalismus | Kommunikationswissenschaft | Public Relations | Soziologie | Geschichte | Film

Textsorten

Christoph Fasel
Textsorten
2008, 144 Seiten, broschiert
ISBN 978-3-86764-112-8
Wegweiser Journalismus 2

Christoph Fasel führt kompakt und präzise in die verschiedenen journalistischen Darstellungsformen ein. Anhand vieler Beispiele zeigt er, wie sie funktionieren, und regt zum Mitmachen an.
Der Leser erfährt u. a.
- was tatsachenbetonte von meinungsbetonten Texten unterscheidet,
- wie man den Kern einer Nachricht findet und schreibt,
- was Nachricht, Bericht und Feature unterscheidet,
- warum ein Interview nie so gedruckt wird, wie es gehalten wurde,
- was einen guten Reporter auszeichnet,
- wie man Menschen spannend porträtiert,
- warum ein Kommentar eine Meinung braucht – und wie man sie präsentiert,
- warum Glossenschreiber immer eine Pointe benötigen und
- was eine gute Kritik ausmacht.

Besonders geeignet ist dieser Band für junge Menschen, die Journalist werden und sich das Handwerk dafür aneignen wollen; spannend zudem für alle, die die journalistischen Spielregeln kennen lernen und beherrschen möchten. Und für Seiteneinsteiger, die sich einen Überblick verschaffen wollen.

Klicken + Blättern

Leseprobe und Inhaltsverzeichnis unter

www.uvk.de

Erhältlich auch in Ihrer Buchhandlung.

UVK Verlagsgesellschaft mbH